场 景
研究文库
SCENES
ACADEMY
LIBRARY

触碰社会更迭的高光时刻
打开人类文明的时空之窗
挖掘国家治理的文化逻辑
探寻美好生活的场景密码

场景
研究文库
SCENES
ACADEMY
LIBRARY

触摸社会更迭的高光时刻
打开人类文明的时空之窗
把捉国家治理的文化逻辑
探寻美好生活的场景密码

场景研究文库 | 主编　齐骥　特里·N.克拉克

城市文化更新
如何焕发城市魅力

Urban Renewal with Culture
How to Arouse the Charm of the City

齐骥◎著

知识产权出版社
全国百佳图书出版单位
—北京—

图书在版编目（CIP）数据

城市文化更新：如何焕发城市魅力 / 齐骥著 . — 北京：知识产权出版社，2021.5（2023.1 重印）

ISBN 978-7-5130-7481-0

Ⅰ . ①城… Ⅱ . ①齐… Ⅲ . ①城市文化—研究 Ⅳ . ① C912.81

中国版本图书馆 CIP 数据核字（2021）第 060153 号

内容提要

本书立足于历史脉络与全球视野，从时间和空间的角度审视城市更新，发现城市更新中的文化现象，寻找城市更新中的文化动力，思考城市更新中的文化价值。以期通过探寻城市与人双向互动、自然与人双向赋能的城市更新之路，为新时代的城市更新提供文化导向。

责任编辑：李石华　　　　　　　责任印制：孙婷婷

城市文化更新——如何焕发城市魅力
CHENGSHI WENHUA GENGXIN——RUHE HUANFA CHENGSHI MEILI

齐骥　著

出版发行：	知识产权出版社有限责任公司	网　　址：	http://www.ipph.cn
电　　话：	010-82004826		http://www.laichushu.com
社　　址：	北京市海淀区气象路50号院	邮　　编：	100081
责编电话：	010-82000860转8573	责编邮箱：	lishihua@cnipr.com
发行电话：	010-82000860转8101	发行传真：	010-82000893
印　　刷：	北京中献拓方科技发展有限公司	经　　销：	各大网上书店、新华书店及相关书店
开　　本：	787mm×1092mm　1/16	印　　张：	15.5
版　　次：	2021年5月第1版	印　　次：	2023年1月第2次印刷
字　　数：	250千字	定　　价：	68.00元
ISBN 978-7-5130-7481-0			

出版权专有　侵权必究
如有印装质量问题，本社负责调换。

前　言

21世纪，是文化的世纪。

文化已经深刻地融入城市发展的肌理中，嵌入城市更新的细胞中，并在城市星球的成长中散发出璀璨的光芒。

从雅克·埃吕尔（Jacques Ellul）描述的"娱乐技术"越来越成为"人们忍受城市病不可或缺的原因"的20世纪，大众娱乐方式的产业化成为城市居民重要的组成部分，到纽约"硅巷"和旧金山"多媒体峡谷"的出现，让人们力图在信息娱乐和流行时尚中寻找城市复兴的钥匙，再到乔尔·科特金（Joel Kotkin）在《全球城市史》中指出21世纪是"文化产业"在城市经济中最为活跃的世纪，城市一改过去努力留住中产阶级家庭、工厂，转而关注流行、时尚，并将其作为城市振兴的关键。过去的100年，城市在结构性变化和更迭中，戏剧性或真实性地走入了文化世纪。

21世纪，文化旅游业在罗马、巴黎、旧金山、迈阿密和纽约等城市已经成为最大、最具潜力的产业之一；拉斯维加斯和奥兰多不断通过戏剧性的文化创意及全天候的娱乐服务吸引全球眼球；而曼彻斯特、蒙特利尔和底特律等城市则寄望创建"超酷城市"吸纳全球的创意阶层，哪怕这些富有创意的人才是放荡不羁的，波西米亚气质成为许多城市复兴的引擎；巴黎、维也纳和柏林也更加青睐以文化为依托的经济产业，甚至将波西米亚邻里的打造作为经济低迷中力挽狂澜的稻草。

21世纪，越来越多的国际城市将文化作为城市复兴的重要支点，制定并常常更新"文化规划"，为城市发展探寻可持续动力。不管是伦敦还是芝加哥，"文化规划"都继承了悠远的城市精神，发挥了具有合法性的城市传统，并创造出具有活力的城市版图，吸引并鼓励着具有创意精神的公民参与文化组织、参加文化活动，打造文化场所、营造场景精神。从上海提出建设更具活力的创新之城、更富魅力的人文之城、更可持续发展的生态之城，到北京立足全国文化中心，将三条重要的文化带纳入城市整体布局，不管是世界还是中国，文化都展现出赋予城市生机、魅力、灵魂和风情的魅力。

I

诚然，21世纪的全球城市依然面临各种各样的冲突，依然遭遇形形色色的挑战，在许多全球性城市急迫地将古老的货栈、工厂甚至办公大楼改造成优雅的住宅区，城市经济的中心在向住宅休闲区逐渐转变的时代，正如建筑史学家罗伯特·布鲁格曼（Robert Bruegmann）指出的，"曼哈顿下城衰落的金融中心似乎不可能作为技术中心再度繁荣，但可以把原来商业中心的建筑外壳巧妙地改造成住宅区，使其成为希望享受城市休闲舒适生活的'富有的世界公民'长期或临时的家"。❶ 在城市更新的全球博弈中，人类聚居地不断进行自我生长，尺度更为灵活，功能更为复合，文化体验和借此产生的场景精神逐渐成为城市更新的准则。尽管这种以文化为依托的更新范式在维持创新和创造更新方面同样困难重重，但是文化的确提供了一种新时代城市更新的可行性方案。

在全球城市时代，城市更新展示出新的文化趋向。文化场景成为承载城市精神的叙事场所，产业群落交织了创意阶级点燃梦想的火光，文化线路串联起城市星球共同瞩望美好生活的黎明和黄昏。城市更新开始进入更有品质、更有温度的文化发展阶段。构筑有文化安全的城市、打造有文化认同的城市、创造有文化生境的城市和塑造有文化精神的城市，为城市提出了新的文化命题。

在全球城市时代，作为生命共同体的城市，不断寻求充盈的文化动力。如何神形兼备地塑造一座"有文化"的城市，成为全球城市共同追逐的目标。从彼得·霍尔（Peter Hall）的"世界城市"到萨斯基亚·萨森（Saskia Sassen）的"全球城市"，从伦敦、纽约推出"夜间市长"，点亮城市夜色，到东京、芝加哥不断更新"文化规划"，创造卓越场景，城市文化更新以历史脉络为经，以全球视野为络，越来越表现出弹性适应和柔性蔓生的精神特征。

在21世纪的时间节点和全球城市演进的空间片段上，以文化为思维方式、逻辑主线、发展范式和创新实践思考城市更新问题，就如同站在新的时空坐标上，仰望星空，展望未来。文化仿佛打开了新的时空通道，让21世纪的城市发展开始转变观念，更新思路，将文化作为一种城市执政理念、一种情怀和自信的渊源，渗透在城市的成长中。越来越多的城市将"未来城市"作为一种发展理想，提出了"留白"的思路，以期为文化发展预留更大空间；越来越多的城市改变了"大拆大建"的方式，将"不离本土"作为一种城市更新方式，提出了文化驱动的城市更新路径；越来越多的城市将"文化复兴"作为一种建设方式，提出了触媒城市和城市针灸的改造梦想，将充盈了时间记忆的工业区、商业区、居民区和街区改造为富于场景精神的功能空间，延续历史并重塑当下。

将全球化的镜头拉回中国，21世纪，越来越多的城市在约定城市发展文化红线的同时勾勒出精彩的文化轴线。从丝绸之路经济带到大运河文化带，从长江经济带到泛亚大

---

❶ 罗伯特·布鲁格曼.美国城市：都市失常或未来一瞥[M]//乔尔·科特金.全球城市史.王旭，等译.北京：社会科学文献出版社，2010.

通道，跨越文化地理的发展轴线促生了以文化为纽带的城市合作。从西山永定河文化带到长城文化带，从藏羌彝文化产业走廊到杨浦江创意经济带，穿越时光之河的发展轴线促生了以文化为动力的城市成长。

在全球视角和中国底色的双重语境下，在历史文脉的时间主线和具体场所的空间节点上，本书探索的是一种立足于城市自身结构，起底于城市生命周期，着眼于文化生活圈美好图景的思维方式和行动逻辑。尽管纷繁复杂的21世纪，更加广泛的人口流动趋势为城市带来长期而严峻的挑战，更加激烈的文化社会冲突对城市分层和社会安全构成威胁，更加追求效能的城市规划依然让文化的多样性和文明的特色化失去光辉，文化的确愈加成为城市更新的精神支柱。

本书试图回答的是，作为神圣的、安全的、繁忙的合流之地，今天的城市如何秉持天真并塑造人类未来的文化启发。正如社会学家罗伯特·以斯拉·帕克（Robert Ezra Park）认为的，"城市是一种心灵的状态，是一个独特的风俗习惯、思想自由和情感丰富的实体"[1]，在城市文化更新的探索中，与其找到一些固定的模式或被城市成功的范式，远不如发掘一个城市的精神、遵从一个城市的性格，在行走城市、理解城市、感知城市的基础上，发掘让城市自由生长的文化动力，激活让城市美好生长的文化基因，以居民的视角爱上城市的每一次更新、每一次蜕变。

---

[1] 罗伯特·以斯拉·帕克等. 城市社会学：芝加哥学派城市研究［M］. 宋俊岭，郑也夫，译. 北京：商务印书馆，2012：2.

目 录

第一章 城市更新的文化命题

第一节 城市更新的文化转向 ································· 2
一、城市更新的历史转向 ································· 2
二、城市更新的时空转向 ································· 10

第二节 城市更新的文化导向 ································· 14
一、以文化场景驱动城市更新 ····························· 14
二、以产业群落推动城市更新 ····························· 15
三、以文化线路联动城市群更新 ··························· 16

第三节 城市更新的文化诉求 ································· 18
一、构筑有文化安全的城市 ······························· 18
二、打造有文化认同的城市 ······························· 19
三、创造有文化生境的城市 ······························· 20
四、塑造有文化精神的城市 ······························· 22

第二章 城市更新的文化动力

第一节 城市动力的叙事表达 ································· 24
一、城市文化生产的机制 ································· 24
二、城市文化创新的基本模式 ····························· 26

三、城市文化更新的特点和趋势……………………………………29

第二节　城市更新的文化产业动力……………………………………31
　　一、文化产业促进城市更新的基本原理……………………………31
　　二、文化产业促生城市更新的动力模式……………………………35

第三节　城市更新的公共艺术动力……………………………………41
　　一、公共艺术促进城市更新的场景构建……………………………41
　　二、公共文化服务促进城市更新的表现……………………………47
　　三、公众参与创造城市更新的动力模式……………………………51

第三章　城市空间的文化再构

第一节　从时空到动量：城市空间再构的文化逻辑…………………58
　　一、以文化历史搭建时间逻辑………………………………………58
　　二、以文化正义形塑空间逻辑………………………………………60
　　三、以文化意象丰富物质逻辑………………………………………62
　　四、以文化动力创造能量逻辑………………………………………64

第二节　创造文化奇点：城市空间再构的文化行动…………………66
　　一、以文塑城：实现有创想的生活…………………………………66
　　二、以文兴业：实现有尊严的就业…………………………………67
　　三、以文拓境：实现有交互的容纳…………………………………69
　　四、以文赋能：实现高效能的治理…………………………………70

第四章　城市历史的文化再生

第一节　历史文化街区的文化复兴……………………………………74
　　一、历史文化街区在城市更新中的实质……………………………74
　　二、历史文化街区为城市更新赋能的逻辑…………………………76
　　三、历史文化街区传承和发展的创新路径…………………………79

第二节 文化遗产的社区再生……83
一、文化遗产在城市更新中的本质……83
二、文化遗产为城市更新赋能的逻辑……87
三、文化遗产保护和发展的创新路径……89

第五章 城市生活圈的文化营造

第一节 从生活圈到文化生活圈……94
一、城市更新语境下的生活圈营造……94
二、文化生活圈的逻辑构建……96

第二节 文化生活圈的二重性……102
一、文化生活圈的二重属性……102
二、美好生活的二重视角……103
三、文化生活圈的二象性……104

第三节 文化生活圈的再生……107
一、以地方文化传承为基底……107
二、以文化融入生活为核心……108
三、以社会共同参与为手段……109
四、以文化景观营造为支撑……110
五、以整体风貌提升为导向……111

第六章 城市更新的文化实践

第一节 工业区更新：从锈迹斑斑到熠熠生辉……114
一、纽约高线公园——城市带状更新的创意实践……114
二、台北华山1914——以文化之力驱动城市更新……127
三、成都东郊记忆——以音乐之声唤醒城市动能……137

第二节　商业区更新：从水泥森林到文化魔方 ········· 147

　　一、东京六本木新城——引入文化舒适物，创造宜居城市 ········· 147

　　二、芝加哥"The 78"——大规划打造未来城市创意引擎 ········· 155

　　三、伦敦金丝雀码头——立体有机更新，打造金融心脏 ········· 161

　　四、北京郎园三园——创意蝶变，深耕城市文化运营 ········· 172

第三节　居民区更新：从生活场所到共生场景 ········· 184

　　一、芝加哥威克公园——文化艺术释放场景红利 ········· 184

　　二、汕头小公园——文化保育推动城市渐进更新 ········· 192

　　三、丽江古城——场景精神重塑文化旅游 ········· 201

第四节　街区更新：从文化织补到文化共栖 ········· 210

　　一、伦敦国王十字街——织补文化肌理，激活城市机能 ········· 210

　　二、成都宽窄巷子——保留历史风貌，创造巴适生活 ········· 218

　　三、北京南锣鼓巷——优化文化生态，实现共生共栖 ········· 223

后　　记 ········· 235

第一章 城市更新的文化命题

　　"文化"是城市创新图变的精湛"技术",更是城市传承嬗变的万能"工具"。它既秉承着文化的精神,遵循城市自然的山水格局,建立城市与自然相融的空间结构,将城市"轻轻地放在山水之间";又夹持着文化的灵性,凸显着文化的特色,延续着文化的风貌,创造着优美的城市轮廓、景观视廊、建筑风格与色彩,为每一个人提供丰富多彩的公共空间。文化视角下的城市更新,既践行着城市规划的技术公约,以协作式、参与式、渐进式规划的技术路径推进着城市的有机更新,又遵守着标准的规制,既保障着既有土地权属和居民权益,又约定着历史文化保护、公共设施完善、公共绿地及开放空间建设、城市功能和形象提升等内容的设计,促进着城市的创造性更新。

第一节 城市更新的文化转向

"城市之所以是一部代表了我们作为一个物种具有想象力的恢宏巨作,正是因为我们具有能够以最深远而持久的方式重塑自然的能力;城市也代表着人类不再依赖自然界的恩赐,而是另起炉灶,试图构建一个新的、可操控的秩序。"城市作为要素集聚的富集之地,是多元文化、多维生态的熔炉。在城市发展和演进的过程中,城市更新是一种不可或缺的形态。随着城市化率不断提高,城市更新越来越成为新时代优化城市空间、创造美好生活的重要载体。

一、城市更新的历史转向

城市更新(Urban Renewal)与城市再生(Urban Regeneration)、城市复兴(Urban Revitalization)、城市重建(Urban Redevelopment)、城市修复(Urban Rehabilitation)等既有相同之处,也有所区别。城市更新、城市再生和城市复兴涉及大尺度的城市活动。城市更新包括贫民窟的消除过程和综合考虑多种因素的物质环境重建进程。城市再生和城市复兴内涵相同,指解决城市衰败区多方面的问题,以改善其经济、物质、社会和环境等条件为主的总体蓝图和行动。城市重建和城市修复涉及的活动内容则更为具体和微观,前者常指在一个具体的已开发地块上的城市再建设活动,如把一个老工业区再开发成住宅项目;后者常指修复破旧建筑到健康、正常运行状态或拓展其容纳能力。[1]

城市更新具有悠久的历史。最早的"城市更新"概念可以追溯到城市发展的初期,而19世纪城市更新作为一项摆脱困境的方案被正式提出。当时,受工业革命影响,伦敦、纽约、巴黎等城市因为城市高速发展,都出现了严重的拥挤状况。于是,政府希望通过对城市高密度地块的土地再开发,来摆脱城市拥挤不堪的困境。那时候的城市更新还只是小规模的尝试。如1853年,拿破仑三世聘用奥斯曼男爵(Baron Georges-Euène Haussmann)对巴黎的贫民窟进行了重建工作。而雅各伯·里斯(Jacob Riis)致力于纽

---

[1] SMITH N. Gentrification [M] //VLIET, VAN W. The encyclopedia of housing. London: Taylor and Francis, 1998: 198-199.

约落后地区的拆迁工作就可以被视为城市更新项目的雏形。同样，如纽约中央公园和1909年丹尼尔·伯翰（Daniel Burnham）的芝加哥规划，这些设计、建设项目都可以被看作早期的城市更新项目。

经历了两次世界大战，美国在20世纪50—60年代也出现了过度郊区化引发的中心城区衰退现象，发起了"消除贫民窟"的运动。此后，各个国家相继发起了大规模推倒重建式的城市更新运动。从20世纪40年代开始，城市更新真正进入最为轰轰烈烈的大发展阶段。西方国家的一些著名大城市，如巴黎、伦敦、慕尼黑、纽约等，开始探索并尝试大规模整容式的"城市更新"之路。粗放而缺少规划的城市拆建和改造，使城市空间变得缺乏历史感和人性的环境，城市变得索然无味。[1] 1950年5月，匹兹堡成为第一个开展现代城市更新项目的重要城市。匹兹堡曾作为全世界最脏乱、经济最萧条的城市之一而臭名昭著。随着战后城市更新的时机成熟且势在必行，市区核心位置的大片区域被拆除，重建成公园、办公楼和体育场馆，并更名为"金三角"（Golden Triangle）。后来"金三角"家喻户晓，也成了更新项目成功的一个重要标志。[2] 1961年，简·雅各布斯（Jane Jacobs）出版了《美国大城市的死与生》，作为最早的、言辞最激烈的批判现代大规模城市更新的著作之一，书中对现代化进程中的城市发展问题提出了警示和反思，但却并未阻止大规模的城市更新活动。几年后，美国爆发了真正有组织的反对城市更新运动的事件。从1965年到1967年，暴乱席卷了全美的大部分主要城市，并以底特律的"12街暴动"为代表，暴乱达到顶点。20世纪70年代，美国许多大城市开始反对已经席卷全国的城市更新计划。在波士顿，社区积极分子们抗议，要求停止已经施工了3英里[3]的西南高速公路的建设。在旧金山，约瑟夫·阿里奥多（Joseph Alioto）是第一个公开拒绝城市更新的市长，并在社会团体的支持下，迫使州政府停止建造高速公路穿过城市心脏的工程建设。终于，美国国会于1973年宣布终止"城市更新计划"，开始将对于城市的更新改造转向对于社区居民需求的关注。[4]

正是城市更新运动中出现的问题，促使政府开始思考美国城市的未来之路。联邦政府开始注重公共艺术对城市更新的介入，以公共建筑的改建和美化作为一个城市更新的典范。文化政策主导下的城市更新（Culture-Policy-Led Regeneration）应运而生，而公共艺术被作为进行社区更新、公共空间改造的有力途径。在同一时期，为了更好地协调城市与区域间的关系，区域性规划（Regional Planning）在美国空前发展，而公共艺术被引入修订的《区划法》（Zoning Code）中，在保障城市规划建设的同时也加大对公共艺术的建设。同时期，联邦总务管理局（General Service Administration）及国家艺术基金会

---

[1] 林家彬. 对城镇化问题的几点思考[J]. 中国发展观察，2013（9）：30-31.
[2] 彭伟，朱琳. 走出衰败社区：城市更新的历史与现状[J]. 公共艺术，2013（6）：48-53.
[3] 1英里=1.609344千米，下同。
[4] 同[2].

（The National Endowment for the Arts）分别以不同的项目推动了公共艺术的发展。前者注重于以联邦政府的资金为主的公共建筑美化，后者更多的是倾向于资助本土艺术家参与公共艺术创作。联邦总务管理局的"建筑中艺术项目"（Art-in-Architecture Program）将艺术融入新建、大修和改建的联邦政府的建筑，规定将所有的公共建设费用的 0.5%~1% 用于艺术品。国家艺术基金会于 1967 年设立的"公共空间艺术计划"（Art-in Public Places Program），标志着在城市重建与扩张的背景下美国政府对公共艺术的全力支持。[1] 国家艺术基金会的设立，也可以看作文化介入城市更新的一个标志。多元文化美学思潮以及文化艺术对城市发展的作用日益显现。

与大兴土木的拆迁计划相比，文化政策主导下的城市更新有一定的持续性，渐渐成为旧城中心区更新的一种新模式，在改变城市形象、推进文化旅游、吸引投资和人才方面发挥着积极的作用。[2] 文化设施逐渐从以往独善其身的布局模式转向结合商业、旅游的混合模式。美国这种以文化政策为主导的城市更新的成功经验影响到一部分欧洲及亚洲国家。这类城市更新中最常见的类型是通过文化设施建设，改善城市形象，以此来吸引文化旅游，并带动房地产、服务业、金融等行业发展。[3]

20 世纪 70 年代之后，越来越多的西方国家逐渐意识到大规模的推倒重建并不能一劳永逸地解决城市问题，开始转为小规模、渐进式和分阶段的城市更新，并从纯物质形体规划研究转向社会、经济、文化等相结合的综合更新规划。此后，文化政策开始尝试作为城市经济复苏手段应用于城市更新中。在美国匹兹堡文化地区、波士顿昆西市场的建设中，文化场景的营造和文化活动的打造，成功地实现了城市创新和产业繁荣。以文化复兴城市的实践开始为全球城市所接受并逐步推广。与此同时，由于全球化所带来的产业转移和城市自身的郊区化，以及城市中心出现的犯罪率升高等原因使欧洲城市普遍需要重振城市中心。英国北部城市谢菲尔德是这一时期探索文化引导城市更新的典型代表。谢菲尔德是 20 世纪 70 年代英国第五大"钢铁城市"，随着钢铁业的衰落，谢菲尔德被废弃的工厂和破落的社区包围。随着 20 世纪 80 年代流行文化的兴起，以"人类联盟合唱团""17 号天堂"等乐队为代表，具有强烈创新意识和先锋精神的音乐人以废旧厂房为创作基地实现了集聚。在随后的 20 年中，谢菲尔德逐渐积聚起 300 多个从事音乐、电影、电视、电台节目制作、新媒体、设计、摄影和表演艺术的创作组织和企业。谢菲尔德市议会为了支持文化区建设，于 2000 年成立"创意产业区服务机构"，负责制

---

[1] 汪单.城市更新下的公共艺术发展历程：以 20 世纪 60 年代美国艺术百分比为例[J].新美术，2019(7)：123-127.

[2] 周延伟.被展示的文化：关于文化导向型城市更新中特色塑造策略的思考[J].装饰，2018(11)：108-111.

[3] 同[1].

定和实施推动文化区建设的相关政策。曼彻斯特政府还专门制定了"创意小区计划"来支持北部文化小区的发展。尽管创意小区计划由于诸多客观原因和历史性问题而难以执行,当地音乐公司和音乐创作者对政府干涉的不信任感及抵触情绪不断滋生而最终导致了"创意小区"计划的失败❶,但文化政策在城市更新的过程中所起到的作用以及所激励的社会参与和社群创新,为文化创意视角下的城市更新提供的探索和尝试,却不可忽视。

1977年,国际建协制定的规划大纲《马丘比丘宪章》指出,"不仅要保存和维护好城市的历史遗迹和古迹,而且还要继承一般的文化传统,一切有价值的、说明社会和民族特性的文物都必须保护起来。"城市历史保护是多种多样的,除物质保护以外,还要重视城市的非物质文化的传承和社区保护。其中,城市更新中的"社区价值",即健康的邻里关系、合理的社区结构,在城市的健康发展中具有重要意义。这种对社会文化因素日益关注的可持续发展的城市更新思想成为社会共识,城市更新更加强调更新规划的过程和规划连续性,强调城市的继承和保护。❷ 随着城市的发展和城市化进程的加速,社会发展变迁和文化时空演进越来越成为城市更新中不可或缺的部分。倡导人居和谐的城市更新方式,越来越成为全球城市发展的共识。当然,在城市更新或复建的过程中,秉持审慎和理性的态度,也越来越为被城市管理者所倡导的城市治理方式。在此背景下,改造、选择性拆除、商业发展、税收激励等各因素融为一体的渐进式更新逐渐成为最常见的振兴城市社区方式。在开展城市更新的过程中,不再将建筑作为关注的焦点,反而将经济因素、文化因素、可持续发展因素结合起来,用充满人文关怀的视角审视这一过程。

随着人本主义逐渐深入城市发展,保护性更新开始成为许多城市针对传统城市空间结构破坏和城市文脉断裂而采取的重要措施。更加适合人的居住,更加有利于自然生态的演进和历史风貌的存续,更加重视老城的保护并恢复传统城市中心的活力,开始成为人们的共识。这一时期,诸如欧洲莱茵河畔城市博物馆、艺术馆等文化场景的打造,文化中心、商业活动中心的建设,产城融合的混合区域的营造,使更新区域不断展现出文化发展的活力。这一阶段,以荷兰城市更新为典型代表,历史文脉和传统风貌引导的城市更新开始发挥出优势。

20世纪70年代,德国由"保留周边、推倒内部"的旧城改造阶段进入以城市改造增加城市中心密度为主的阶段。而一直注重历史文化名城保护的意大利则依然保持保护式更新,并在历史的发展中延展文脉、复兴邻里。这种更加侧重于以文化生态和文化环境为居民提供居住吸引力的城市更新方式,使城市更新步入更加综合性的发展阶段,并推动城市更新走向经济、社会、文化复兴多元协同的内生式、渐进式更新。20世纪80

---

❶ 陈倩倩,王缉慈.论创意产业及其集群的发展环境:以音乐产业为例[J].地域研究与开发,2005(5):5-8.

❷ 翁华锋.国外城市更新的历程与特点及其几点启示[J].福建建筑,2006(5):22-23.

年代，荷兰针对旧城功能振兴、旧城区改造的开发控制，开始重点加强中心车站和商业区的改造。当然，这一时期的城市更新不免遭遇诸多挑战，如对一些丧失原有功能的城市地区（如工业区和码头区）加以再开发，同时尽可能整合现有地区（如福利房、工厂和码头），在此基础上规划新的居住区和工作社区，并在研究现有建筑的城市肌理、文化风貌基础上，决定城市再开发或内填式开发的方式。❶ 这种保持城市空间的文化关联性、保留地方特色和历史见证的城市更新方式，影响了许多地区城市更新的理念。这一时期，法国的城市更新进入权力下放和社会住宅政策阶段，关注居民的生活质量、服务水平、公民参与城市管理。

整个20世纪80年代，充满艺术气息的街区、图书馆、博物馆、美术馆、体育馆、音乐厅、书店、画廊、咖啡馆、茶馆等设施场景，营造出多样化的文化氛围和充溢着地域文化气息的社区，不断提升城市的文化品位和审美化情趣，成就一种有"黏性"的城区生活。❷ 城市文化生活圈开始接入居民生活中，文化作为一种氛围、一种场域、一种生活方式，逐渐标榜着一种不带功利性的反思，城市艺术家的"闲逛"，是艺术创造的原动力之一。❸ 在文化日益重要、文化政策不断引导城市规划要着力凸显不同城市的审美特征，并以此作为城市文化的主题和名片的20世纪80年代，许多城市开始表现出不同的文化气质和不同的审美特征，"美学城市"逐步成为城市发展的风尚。

在20世纪80年代城市变革的潮流中，美国第三大城市芝加哥率先建立内阁文化事务部，迈出了将文化部门作为公共治理重点机构的第一步。起步于1986年的芝加哥文化规划是当时美国主要城市中一个富有远见的专门的文化规划。此后，其他几十个城市也纷纷效仿芝加哥，制定了自己的文化发展规划。在芝加哥文化规划中提出的许多举措，如环路中的伦道夫街剧院区、海军码头的再开发等文化引导的城市更新方式，在其后的城市发展中一一实现，并成为今天芝加哥重要的文化场景。

20世纪80年代的城市审美浪潮让更多的城市开始发掘自身的城市之美，历史古城宜突出幽雅、别致、恬静、舒适、深厚的审美品格，现代型城市则以顺畅、繁华、开放、包容、活力为基本美学品格，流畅的线条、明快的风格、恢宏的气势，符合现代城市的发展理念，可以激发市民巨大的创造潜力和丰富的审美想象。日本美学家今道友信曾将城市美学特征概括为两种：一种为"巨视的美"，具有这种审美特征的建筑多位于交通繁忙的地带，由于人们无法驻足静观，所以只有"巨视的美"才易于观者在疾驰的车辆中也能有所领略；另一种为"细巧的美"，具有这种审美特征的建筑或景观一般位于公

---

❶ 阳建强.西欧城市更新[M].上海：东南大学出版社，2012：18-51.
❷ 范玉刚.文化场景的价值传播及其文化创意培育：城市转型发展的文化视角[J].湖南社会科学，2017（2）：160-167.
❸ 杭间.关于"美学城市"的理解[J].设计中国，2013（5）：54-56.

园社区，它适合于人们闲暇游览时凝视静观，细细品味。前者本质上是一种流动的美，是一种时间艺术；后者本质上是一种静止的美，是一种空间艺术。前者的审美特征可以用"崇高"来概括，后者的审美特征则可以用"优美"来概括。崇高与优美的交替变换，组成了现代城市的欢快乐章。国际范围的城市规划体系也逐渐从早期侧重建筑外形到重视经济发展计划，再到强调城市社会、经济、生态的协调控制，开始注重美学元素的使用和审美体验的融合，在城市文化空间、文化氛围、公共景观等基础设施中融入审美因子，从而提升城市软实力，开始成为城市发展的共识。至此，文化在城市更新中的作用开始进入整体性、系统性作用的释放阶段。

从20世纪90年代开始，"文化导向复兴"开始越来越广泛地应用到城市更新中。作为一个成功的文化引导城市更新的实践项目，注入利用"波西米亚"文化吸引游客的都柏林圣殿酒吧，开始被借鉴和推广。1992年的夏季奥运会为巴塞罗那提供了改善设施和改建水岸区域的契机，作为城市复兴的典范，毕尔巴鄂的新艺术馆建筑专注于将城市的废弃码头改造成新的商业区，城市更新项目也成功地推动毕尔巴鄂从工业型经济转型到创意经济。毕尔巴鄂采用了都市针灸的方式对城市进行渐进式更新。在这一理念下，艺术馆、博物馆等城市场景，一方面通过大胆前卫的设计和独具魅力的馆藏彰显传统文化的魅力和现代时尚的引力，另一方面通过建筑与城市的融合以及场景与生活的结合，让毕尔巴鄂这座已经逐渐被遗忘的老工业城市重新成为文化高地和精神灯塔，极大提升了城市知名度的同时重新唤起了市民的自豪感和创业动力。1996年6月3日至14日，联合国在土耳其伊斯坦布尔召开第二次联合国人类住区会议（以下简称"人居二"）❶，会议通过了解决城乡人类住区的有关问题的《伊斯坦布尔宣言》和《人居议程》（原则、承诺和行动计划）。与20年前在加拿大温哥华召开的第一次联合国人类住区会议（以下简称"人居一"）❷不同，人居二从关注单一的住房问题转向更加人性化、可持续的居住区建设与人类发展问题的相关性。人居二集中关注了人类住区的可持续管理问题，包括农村住房问题以及联系城市和农村住区的各种关系。会议确立的21世纪人类奋斗的两个主题——"人人都有合适的住房"和"城市化世界中可持续的人类住区发展"也明确指出了当前城市更新政策的价值取向。❸"以人为本"的城市更新策略在实际演进和发展

---

❶ 1996年6月3日至14日，联合国在土耳其伊斯坦布尔召开第二次联合国人类住区大会，出席会议的有来自171个联合国会员国的3000多名政府代表、600多名地方当局代表、获联合国认可的非政府组织2000多名代表。

❷ 第一次联合国人类住区大会于1976年5月31日—6月11日在加拿大温哥华召开，132个国家及国际组织代表参加了会议。人居一是在当时居住问题严重的背景下召开的，目的是促使各国交流技术和经验，推进人居领域内的国家政策制定和国际合作。本此会议通过了《温哥华人类住区宣言》以及《温哥华行动计划》，建议在肯尼亚内罗毕设立联合国人居住区中心（联合国人居署前身）。为了推动世界各国重视住房问题，人居一还促使联合国大会通过决议，将每年10月的第一个星期一定为"世界住房日"。

❸ 秦虹，苏鑫.城市更新[M].北京：中信出版社，2018：14.

中，逐步成为一种影响生活方式和重塑思维方式的文化价值，并逐步改变着城市更新的时空结构。世纪之交，时任英国首相托尼·布莱尔（Tony Blair）1997年入住唐宁街之后提出"新英国"构想，将文化创意产业作为改变英国老工业帝国陈旧落后形象的重要产业，并成立文化体育与传媒部，开启了文化创意推动城市发展的时代。

21世纪，随着全球化进入新的发展阶段，多元文化与多样文明的共生，自然秩序与精神秩序的共通，生态文明和科技进步的迭代越来越激烈，文化价值观选择的困惑、坚守的彷徨、创新的探索，深刻地呈现在城市更新的轨迹中。但文化却日益成为城市发展的重要导向，世界城市的竞争力越来越成为文化发展的角力。文化产业作为融合型新业态，开始成为一种战略性产业融入城市经济社会全面发展，并以强大的吸纳力和创新力开启了引领城市更新的新时代。

2000年，法国颁布了《社会团结与城市更新法》，将城市更新定位为以推广节约利用空间和能源、复兴衰败城市地域、提高社会混合特性为特点的新型城市发展模式。❶ 城市更新的时空关系开始发生演变，保留历史的时间价值，关注功能的空间优化，以满足居民对更高品质的生活需求，为城市更新提出了新的命题。2002年，伦敦市政府制订的到2020年完成的"伦敦重建计划"（The London Plan）则提出，新的伦敦社区必须满足"人与自然的融合交流、人与人之间的沟通交流"这两项基本要求。英国副首相约翰·普里斯科特（John Prescott）更是强调，伦敦城市复兴的重大意义在于用持续的社区文化和城市规划的前瞻性来恢复城市的可居住性和信心，把人们再吸引回城市。城市更新运动重新回归对城市核心价值的思考，人们也就社区活力、居民舒适及满意度是城市发展的基本着眼点等问题达成了共识。❷ 2003年，英国又制定了《可持续发展社会规划》，主张在以人为本的原则下，通过社区的可持续发展与和谐邻里的建设来增强城市经济活力，并重视从战略和区域的角度解决城市问题。这也进一步标志着西方城市更新运动已经进入可持续发展和多目标和谐发展的新阶段。❸ 随着城市更新进入新的阶段，纯空间领域的物质规划影响日渐式微，全面追求城市发展活力、激发城市生长动能、激励居民自主创新的文化发展方式日益成为塑造一个动态、活态和可持续的城市更新之路的重要维度。

从2000年开始，文化开始由介入城市更新转为嵌入城市发展过程。在城市研究中，文化也开始成为社会科学领域中最受的研究课题，寻求一个以文化为主线、连贯性的理论框架来识别和组合城市发展中文化分析的基础要素，并将之与社会科学和政策制定有机地结合在一起，成为新千年社会学家们关注的议题。改变以往学者们"习惯性忽略美学或将其仅仅看作是上层建筑"，而是要置于当今社会的背景中不断进行丰富和重构的场景理论

---

❶ 秦虹，苏鑫. 城市更新[M]. 北京：中信出版社，2018：14.
❷ 彭伟，朱琳. 走出衰败社区：城市更新的历史与现状[J]. 公共艺术，2013（6）：48-53.
❸ 同❶.

应运而生，它以消费为导向，以生活娱乐设施为载体，以文化实践为表现形式，推动着经济增长，重塑后工业城市的更新与发展路径。持这种观点的学者有芝加哥大学社会学教授特里·N.克拉克（Terry Nichols Clark）、哈佛大学经济学教授爱华德·格莱泽（Edward Glaeser）、多伦多大学的理查德·佛罗里达（Richard Florida）和丹尼尔·西尔（Daniel Silver）等。场景的核心是创建一套解决城市如何吸引高级人力资本的学术语法体系。从这种意义出发，新芝加哥学派城市研究把"场景"称为城市发展新的舵手，城市更新与转型的驱动力。事实也是如此。场景理论作为新芝加哥学派的城市研究新范式，把城市空间的研究从自然与社会属性层面拓展到区位文化的消费实践层面。他们对纽约、洛杉矶、芝加哥、巴黎、东京和首尔等大城市进行研究后发现，都市生活娱乐设施的不同组合会形成不同的区位"场景"，不同的区位场景蕴含着特定文化价值因素，文化价值观因素又吸引着不同群体，从而催生并形成高级人力资本与新兴产业的聚集效应，推动着城市更新与发展。这正是后工业城市发展的典型特点。❶事实上，将"消费和生产的崛起作为身份界定、社会关系以及尤尔根·哈贝马斯（Jürgen Habermas）和汉斯·约纳斯（Hans Jonas）所提倡的将宏观与微观进行综合阐释的立足点，与卡尔·马克思（Karl Marx）和芝加哥宏观社会学实用主义在社会互动领域的研究一脉相承，结合沃尔特·本杰明（Walter Benjamin）树立的早期范式所形成的"场景理论"❷，从化学元素周期表中汲取灵感，从诗歌、小说、宗教信仰、审美理念、文化理念以及哲学等文化范畴中寻找关键要素构成主维度，以此形成的"文化元素周期表"，创新地解释了新世纪以来城市更新和发展明确的历史转向，"人"的体验和成长作为新城市主义关注的重点，愈加明确地贯穿在城市的更新和建设中。

在"场景理论"中，文化的革命性突破在于，从介入城市更新、激发城市活力转变为嵌入城市发展、成为城市内生动力。"场景理论"所包含的范畴，既包括了地理学概念上的社区（其小巧的体量比之城市或国家之类较大的空间范围，更易捕捉到内外部的区别），也包括了显著的实体建筑（如舞蹈俱乐部或者购物中心，将场景植根于有形的、可识别的集聚空间），更涵盖了种族、社会阶层、性别、受教育程度、职业和年龄等各不相同的人以及将这些要素链接起来的特色活动，所有场景要素综合在一起形成了场景象征意义的表达，即共同的价值观。❸

在以文化价值为引导、以文化规划为指南、以文化场景为载体的新时期城市更新中，无疑，文化竞争力成为城市竞争力评价的综合性要素。一些世界级城市的政府也越来越重视文化在促进发展方面的特殊作用，纷纷从城市未来发展角度提出了一系列增强文化

---

❶ 吴军.城市社会学研究前沿：场景理论述评［J］.社会学评论，2014（2）：90-95.

❷ 特里·N.克拉克，李鹭.场景理论的概念与分析：多国研究对中国的启示［J］.东岳论丛，2017（1）：16-24.

❸ 同❷.

竞争力的新的要求和目标。[1] 我国"文化城市"是在以政体转型为背景的城市演进中提出的，是相对于"政治城市""经济城市"而言的一种城市化模式。相对于政治城市（1949—1978年）、经济城市（1978—2005年），文化城市（2005年以来）以人本为基本诉求，以人类的共同的理想图景为目标，旨在通过"以文塑城"实现"以文化人"，进而实现城市的传统文化得到极大的挖掘与弘扬，现代文明得到极大的拓展与彰显，人的整体素质得到极大的完善与提升。文化城市赋予了城市更新特色发展的动力，并使城市更新不再仅仅是线性的"破旧立新"的发展过程，更是城市文化价值凝练的萃取过程和城市文化特色升华的推演过程。它可以更好地在城市更新中为城市注入人文关怀、关注人文精神、融入人文内涵，从而实现以文化自觉为内在精神力量，走因地制宜、各具特色的城市更新之路。

二、城市更新的时空转向

当前，城市更新从大规模更新转向针灸式更新，从重建式更新转向修补式更新，从地景更新转向场景更新，以街区和社区为代表的生活空间更新成为城市更新的重要方式；胡同、弄堂中的小尺度空间被赋予更加灵活的功能，成为文化更为多样的空间；口袋公园在城市化的空间挤压中，成为城市活力的策源地；旧工业区、商业区在创意营造的氛围下，往往被改建成富有个性的创意园区、艺术公园，并集聚了大量居民；城市公共空间也开始从远离市区的大尺度单体建筑逐步更新为小尺度的复合空间，嵌入城市居民的日常生活图景中，而从中也可以发现当代城市更新的几个转向。

一是城市开始将文化担当与文化使命作为重要的功能和责任。城市不是孤立存在的，城市和城市之间的联结，形成了一个个文化共同体，在城市群、经济带构筑的文化时空中，分布着许多全球城市、区域性中心城市、门户城市和枢纽城市，不仅具有经济功能，同时还具有特殊的文化担当和文化使命。综观世界大都市群和国际化的城市，文化定位一直是城市重要的名片。这些城市更加强调以文化的理念来指导和影响城市的发展与市民的成长，核心做法是高度重视文化在城市发展中的顶层设计，着力将文化纳入城市规划和建设的全过程中。例如，首尔曾明确提出"设计首尔"的概念，将文化设计理念融入城市建设和创新发展之中，倡导以"4U"（即 Universal——万能的、Unique——独特的、Ubiquitous——无处不在、By U——取决于你）为中心，将"设计"融入城市发展理念、城市建设、经济社会发展和市民生活中，通过"为所有人的设计"打造一个幸福都市。澳门新城区在城市规划中则侧重于创造提高生活素质和城市品质的文化场景，强调涵育文化生态，专门规划了滨海绿廊、公共建筑及旅游文化设施区域，与西望洋山景观相融合，延续城市中心功能，

---

[1] 单霁翔.从"功能城市"走向"文化城市"[J].中国名城，2008（1）：10-14.

通过串联科学馆、文化中心、观音像、旅游塔至妈阁庙的景观资源,在突出海滨城市形象的同时,也有效强化了城市的中心功能,整体优化了公共文化服务体系。

二是城市规划对文化的阐发更加兼具全球化和本土化色彩。全球化视域下,城市表现出更加开放的心态、广阔的视域、包容的精神;本土化战略中,城市则以特色文化、区域禀赋和自然生态创造着文化竞争力。如何神形兼备地塑造一座"有文化"的城市,成为全球每一个城市共同追逐的目标。许多城市以发达的文化产业吸引创意阶层就业,留住创意人群,又以丰富的文化活动吸引更多富有创意的游客,创造城市活力,使本土族群与国家创客不断产生交融和碰撞,激发更为广泛的创意灵感。从文化产业发展的角度看,打造核心文化产业门类不仅仅是城市经济发展的需要,更是彰显本土文化特色的重要手段。利物浦是艺术与体育的文化大熔炉,从传统制造业到数字创意产业,从单纯依赖地缘优势到全心营造商业友好型设施,在文化产业的催化中实现了传统港口城市的文化复兴。尤其值得学习的是,披头士乐队及利物浦足球俱乐部的周边文创产品,极大地提升了城市文化经济竞争力,有力地塑造了城市特质。而从文化活动打造的视角看,大型活动能够有效激发城市内部动力,释放文化发展潜能,有助于城市文化建设。筑波在城市发展中,高度关注重点活动的文化牵引作用。如1985年,筑波举行了主题为"人类、居住、环境与科学技术"的世界博览会,吸引了46个国家和37个国际组织参加展出,日本各大公司组织了28个馆参展。展出期间共接待观众2000万人次。筑波世界博览会极大地推动了筑波科学城的国际化,提高了城市知名度。筑波科学城因此成为国际闻名的科学城,并且奠定了其作为国际科学交流基地的地位。相似的例子还有利物浦通过"欧洲文化之都"评选,一年内推出了350多项文化活动,包括音乐、文学、戏剧及街头表演等,全方位展示了利物浦的风采,并且借此契机推动城市的复兴。

三是文化在城市发展中越来越突出地表现出弹性适应和柔性蔓生的特征。城市发展开始转变观念,更新思路,将文化作为一种城市执政理念,一种情怀和自信的渊源,渗透在城市的成长中。许多城市将"未来城市"作为一种发展理想,提出了"留白"的思路,为文化发展预留更大的空间。综观全球,一个城市的文化积淀是否深厚、文化氛围是否浓郁、文化凝聚力和辐射力是否强劲,是衡量其综合竞争力的重要指标。许多前瞻性的规划,设计文化发展的未来路径,诸如伦敦、巴黎、东京、芝加哥和纽约等城市,通过不断更新的文化规划,为城市的发展提供成长指南,并且这些文化规划往往跟随城市更新、伴随市民参与而不断进行修正,为最新的城市更新提供创新洞见。如在芝加哥的城市规划中,有一项针对"骑行城市"的专项规划——"2020年自行车街道计划"(Streets for Cycling Plan 2020)。作为一个冬季时间长达6个月的北美城市,芝加哥的"骑行规划"并没有因为冬季的漫长而削减,嵌入湖景和天际线的骑行路线,因为冬季文化景观的壮美反而别具风情,吸引了大量参与冬季项目的市民。"骑行规划"中提出,打造一个长达 645 英里的道路自行车道网络，贯穿城市的文化景观、自然风光、历史遗存和生活圈落，鼓励所有居民——年轻的、年老的和介于两者之间的骑行，以骑行设施的完善改善所有芝加哥人的生活质量，并促进整个城市社区的经济增长。

许多城市改变了以往"大拆大建"的方式，将"不离本土"作为一种城市更新方式，提出了文化驱动的城镇化发展逻辑。当前，以居民区、工业区、商业区和部分农业区改造而成的新的社区文化圈、文化创意聚落、文化公园、文化旅游综合体和田园综合体等形态，已经成为中国普遍性城市更新的主要方向。这些更新地的文化元素、城市遗产、历史风貌和资源禀赋被最大尺度地保存下来，并在规划师和市民的共同创造下获得新的生命，展示出文化在城市复兴中熠熠生辉的价值。还有许多城市将"城市复兴"作为一种建设方式，提出了触媒城市和城市针灸的改造梦想，将充盈了时间记忆的旧厂房改造为文化创意空间，延续了历史，重塑了当下。如从历史文化和市民生活中寻找特色和发现灵感，为城市更新创造新的文化聚落，不失为一种城市复兴中重新激发活力、创造动力的方法。澳门作为一个洋溢着异国情调、活力充沛、发展迅速的城市，一直以其别具一格的方式延续着它的历史文化。澳门新城区规划特别注意了传统文化在城区中的价值。如议事厅前地一直是澳门传统的市中心地标，而澳门南端经填海发展而成的海滨大道，亦将成为澳门的新地标及公共面貌。澳门新城区规划通过缔造一条连贯性的通道，起点由目前的港澳码头，经渔人码头、科学馆，沿兰桂坊大道、拟建的政府及文化中心，至地标性的澳门旅游塔，设计及兴建一条绕城的环回步径。尽管现在城区的连贯性仍不完整，但通过计划修订，重新分配用途及建筑群体，整合经改良后的延展城市网络，塑造了全新的天际面貌，也为澳门市民和游客提供了新的景观地标。

四是在约定城市发展的文化红线的同时勾勒出精彩的文化轴线。随着文化遗产的传承和创新及文物保护和利用被纳入城市规划法定图则，文化有了更加自信和充满张力的城市表达。历史文脉、地脉和人脉共同构成的时间逻辑，重构了城市发展的文化线路，也创造了更加精彩的城市形象。综观全球，一条河流在城市中穿过，河流两岸往往是创意节点富集之处、创意人群的闲逛之处、创意生活的蔓延之处。这些聚焦在城市现状空间上的创意节点，有利于补充完善城市文化功能，推进产城互动，形成以大带小、以小补大、相互促进的文化产业集群化发展的优势，有利于整合文化产业空间资源，拓展中心城市文化产业发展空间，吸引文化企业和从业人员集聚，增强区域文化产业的综合实力，激发组团区域经济内在活力，形成新的城市景观群落和文化聚落。正是因为城市滨水空间的连续性使其往往成为创意节点的串联轴线，其休闲、娱乐功能和创新、创造价值往往在城市空间布局中发挥着重要的聚合作用。作为城市中一个特定的空间地段，城市滨水带因为能见水、近水、亲水的特色景观环境，也是城市生态与城市生活最为敏感的地区之一，具有自然、开放、方向性强等空间特点和公共活动多、功能复杂、历史文化丰富等特征，聚集着城市的创意能量，也释放了城市的创意激情，它们往往构成了城市更新不竭的动力。不管是伦敦的泰晤士河，还是巴黎的塞纳河，抑或是芝加哥河，都涌动着创意的热点。而回到中国，俯瞰大地，从大运河文化带到藏羌彝文化产业走廊，从长江经济带到泛亚大通道，跨区域的文化轴线，促生了以文化为纽带的城市合作。从西山永定河文化带到长城文化带，从波士顿景观项链到杨浦江创意经济带，城市文化轴线让城市在全球化进程中熠熠生辉，延续了古老的文明。

21世纪以来，城市更多新的文化转向也进一步促生了多样化的城市文化群落，并构筑起不同范畴的文化经济圈。历史文化街区构成的动态文化叙事，生态博物馆展示的活态文化景观，特色小镇村落阐发的原真性文化生活，让城市有了张弛有度的呼吸，不仅构成了新的城市文化及森林，而且也让城市中的人们对美好生活有了更高的满意度。"文化规划"成为引导城市更新转向的新的工具，作为一种改变传统城市改造中"成片整体搬迁、重新规划建设"的刚性方式，转变为以"区域系统考虑、微循环有机更新"的方式进行更加灵活、更具弹性的节点和网络式软性规划，"文化"为城市更新创造出社会、历史、文化与城市空间有机存在和相互关联的城市脉络。

第二节　城市更新的文化导向

在文化日益成为城市生活场景和社会图景的新时代，在文化产业日趋成为城市增量创造的新增长点并驱动城市发展的新阶段，立足于以传统文化资源的盘活创造城市发展的增量，以业态创新引领城市更新的模式，以多元化和多样性的价值创造提升城市发展的层次，以集群式和集约化的发展路径提高城市治理效率的城市更新范式，已成为全球化和现代化进程中城市发展的重要命题。

新时代的城市更新中，文化价值呈现出更加多元化和包容性的特征，对城市发展产生的作用和激发的动力也更强劲。一方面，文化本身的社会和经济双重属性使其在新旧动能转化中发挥着关键性作用，对传统产业的关联和渗透进一步蔓延，在推动经济保持中高速增长、产业迈向中高端水平方面做出了更大的贡献，这也促使城市更新更加主动地寻求产业更新的方式进行蓄能。另一方面，文化开始跳出文化领域进入更全面的城市发展视野，相应地，文化产业开始从一种产业、一个行业形态，转向一种思维模式和一种平台理念。用文化产业的思维发展城市、营造生态、更新产业、复兴传统已经成为一种共识，甚至是一种城市发展的默契。不管是旧厂房改造还是旧城区更新，也不管是新型城镇化还是新区发展，建设一座卓越的文化之城，是许多全球城市共同的思想契约。在此背景下，文化引导的城市更新开始分化和重组，对区域的重塑产生出不同的类型。

一、以文化场景驱动城市更新

文化的本质特征是多样性。文化多样性的特质在城镇化进程中往往产生触媒作用，这种触媒性既作用于传统的居住空间，也作用于现代的工作处所，而且还推动了能够彰显一定价值观维度的新社会消费场所的产生。因而，文化产业触发了作为文化消费的"场景"。文化场景体现为一定区域内蕴含特定价值观的城市设施组合。[1]"场景"的重要社会意义在于，它补充了以往只是对作为文化载体的设施个体的抽象表达，通过倡导一种将鱼放回到水中，对"鱼在水中游"场景融入与区域缝合的有机保护方式，打破了产业和城市的界限，消融了集群和社群的隔阂，加速了文化生产和消费之间的流通。

---

[1] 徐晓林，赵铁，特里·N.克拉克. 场景理论：区域发展文化动力的探索及启示[J]. 国外社会科学，2012（5）：101-106.

文化产业触发文化场景最典型的表现形态就是文化舒适物。图书馆、咖啡馆、创意市集往往成为城市文化触媒，而以文化景观、文化遗产、村落文化为基本表现形态的生活、生态型群落，以城市边缘地区旧厂房为代表的生产型群落等，则往往成为乡村文化触媒。在城市，充满艺术气息的街区、图书馆、博物馆、美术馆、体育馆、音乐厅、书店、画廊、咖啡馆、茶馆等设施场景，营造出多样化的文化氛围和充溢着地域文化气息的社区，不断提升城市的文化品位和审美化情趣，成就一种有"黏性"的城区生活。[1] 在乡村，白洋淀湖泊景观的宜居宜业触发了白洋淀科技城的建设蓝图，生态景观、文化积淀和城镇经济地理格局又进而催生了雄安新区的发展宏图。而位于四川大邑县的建川博物馆群落，将30余座博物馆汇集在一起。"博物馆"成为一个构筑文化场景的"触媒"。在文化场景中，各种配套业态如酒店、客栈、茶馆、文物商店等汇集在一起，并与其原生景观如老街、老公馆群街坊等衔接，使安仁古镇连片成为文化旅游重要目的地和城镇居民优美的安居地。文化产业的触发作用既构筑了单体的文化场景，又影响到周边的文化景观，进而加速了城镇化进程。还有许多因地缘驱动作用形成的诸如北京宋庄艺术村和上海田子坊这样的文化产业园区，其原本是处于城郊边缘地区的自然村落或农村社区，因为艺术家的触媒介入而集聚了大量创意阶层。文化产业构筑的文化场景对当地农民的发展起到了重要激发作用，不仅转变了农民的身份，而且转变了农民的观念，使市场意识和商业意识逐渐渗透到农村生产、生活中。可见，以文化产业触发文化场景的方式是因地制宜的本土化经济战略和多元融合的协同创新战略的一种表现，文化场景重塑的产城融合方式不但释放了城镇化的内生动力，而且在一定程度上消弭了快速城镇化伴生的社会问题。

二、以产业群落推动城市更新

文化产业的产业黏性和融合特征使其具备通过知识资源共享、优势互补、共同投入、风险共担方式创造群落文化的优势，不但克服了单一主体创新资源不足的困难，还分散了风险，提高了创新能力和效率。[2] 文化产业以文化创新、积累与共享为核心特征，以地缘、资源和成本等要素配置为驱动力，既构建了以文化产业集群为代表的产业组织形态，也孕生了以创意社群为代表的基层组织形态，重构了城镇空间新秩序。

文化群落以高度的集聚性，实现了产业的集约化、专业化和规模化发展，其所体现并重构的多元文化、混合动力发展体系不断成为全球创新活力最强劲的地区和资本、技术、人才等要素流通最迅速的中心地。它们构建的创新生态为全球市场提供了优质的内容供给和有利于创新的产业空气。如在厄瓜多尔的西格乔斯，许多手工艺人生产陶瓷、编织品，并重新按照老样式设计产品。在叙利亚的阿勒颇，微型及小型企业在小城镇

---

[1] 范玉刚.文化场景的价值传播及其文化创意培育：城市转型发展的文化视角[J].湖南社会科学，2017（2）：160-167.

[2] 余晓泓.创意产业集群模块化网络组织创新机制研究[J].产经评论，2010（4）：5-9.

地区聚集，用3000年传统的古法生产绿橄榄肥皂。这些因传统文化而蔓生的文化群落，很难区分到底是产业集群还是生活社群。而在我国的青海吾屯热贡文化艺术村446户农民中，从事热贡艺术品业的便有437户，占全村总户数的98%。热贡艺术品销售收入已成为村民的主要经济来源，在推动农村发展、促进农业结构调整、增加农牧民收入方面起到了带头作用。苏州的刺绣文化产业群则涵盖了镇湖全镇30多家工厂和320多家刺绣经营户，以及与之配套的40余家专业商店。刺绣文化作为转变生产和生活方式的重要蔓生媒介，对城镇化起到了重要驱动作用。

毋庸置疑，文化群落以文化产业为主业，以传统方式的文化传承优势结合自然资源的排他优势，将传统形式生产活动在市场化的环境下转化为文化商品，有效解决了城镇化动力滞后的问题，使人口、土地城镇化不同步的问题迎刃而解，并为城市产业结构优化升级注入了新的动力，也使城市更新在向城市群更新转型的过程中更富有可持续性。

三、以文化线路联动城市群更新

文化是一个综合性、渗透性、关联性比较强的生态系统，与多个产业存在天然耦合关系，具有跨界融合的深厚基础和广阔空间，既符合经济社会发展向多元动力、混合动力发展的市场逻辑，又具备不断颠覆原有动力结构并优化经济发展的组织结构的特征。以文化为主线构筑的文化线路，既可以创造城市线性文化景观，又可以依托城市间的带状布局打造群落性文化景观。随着"一带一路"、长江经济带和京津冀协同发展战略的推进，国内不同区域板块（东部、中部、西部和东北四大板块）间以及我国与周边国家的经济地理间的信息交流与能量交换❶，文化景观在空间上的延展，构成了经济增长新动力。

城市线性文化景观是在文化景观、线性文化景观、城市文化景观等内涵基础上提出的城市文化景观类型，同时也可作为整合城市历史文化资源的一种手段，将城市中点状分布的文化景观整合为有机关联的文化景观群落，形成网状的城市线性文化景观，由此实现城市历史文化遗产资源保护的价值最大化，同时有利于推动城市旧城的文化复兴。❷按城市线性文化景观的功能及综合价值可分为四种类型。其一是指文化线路、遗产廊道、遗产运河等穿越城市与乡村地区的大型线性文化景观中的城市段部分，一般是文化价值较高的线型文化遗产中的城市段部分，如京杭大运河中的扬州城市段。其二是指存在于城市内部的线性文化景观，一般是具有一定文化价值的线性开敞空间，并非遗产类型，如线性绿地公园、城市滨水区景观带、城市文化景观街道（如上海的南京路、重庆解放碑的十字金街）、铁路公园、城市遗产旅游步道（如香港文物径）等。其三是与某一历

---

❶ 胡鞍钢，周绍杰."新常态"至少可延伸至2030年 如何培育中国经济新增长点[J].人民论坛，2015（27）：30.

❷ 罗·范·奥尔斯，韩锋，王溪.城市历史景观的概念及其与文化景观的联系[J].中国园林，2012（5）：16-18；单霁翔.浅析城市类文化景观遗产保护[J].中国文化遗产，2010（2）：8-21.

史主题或与某一历史事件相关的文化长廊，如城市抗战文化长廊。其四是跨越较长历史时期，具有较高历史文化价值的线性历史遗迹，如环城古城墙、城市中轴线（如北京、西安中轴线）、法国巴黎的香榭丽舍城市大道等。❶

集合特殊文化资源结合的线性或带状区域内的文化遗产族群而形成的文化线路，把多样的地理、自然和文化景观关联，并由于经过地区和区域的不同而展示出各自的风格和特征，让活跃的文化流动可以更好地将遗产资源置于真实的空间范畴去生存和演绎，使传统文化从静态向动态、从单个遗产向群体遗产转变，既拓展了传统文化的空间序列，也为文化产业构筑文化线路提供了以文化景观为软性节点的行进方式。文化景观是文化现象在时间与地域空间上的具体表现。文化景观的连续性实现了历史文化、乡土情结、文化身份等在城镇化演进中的传承、维系和认同，不仅构筑了人们生产、生活必需的物理空间，更构筑了人们赖以生存与发展的文化空间。

文化产业构筑的文化线路，跳出了区域行政界限壁垒，从藏羌彝走廊到泛亚国际大通道，从长江经济带到大运河经济带，再到跨越国界的"一带一路"文化经济带，文化线路构成的记录"活态性"、体现"传统性"、具有"整体性"的特殊空间形态，不仅具有城镇集成创新和集约发展的优点，又以农田、优美小镇、都市农业、大片绿地等形式保留住乡村环境的优美，为特色城镇化提供了清晰的动力路径。

不管以哪一种场景或哪一种产业组织形态为驱动力开展城市更新，作为一种城市发展战略，文化主导的城市更新方式正逐渐回归公共性。文化公共性越来越体现为对于不同社会阶层空间需求的包容性上，以创新触发、共生蔓延的方式渗透到城市内生生长的肌理中。文化导向的城市更新通过再生产不同阶级的审美观来实现空间的占有。越来越多的城市以中产阶级的审美和需求作为政策制定的出发点，以求增强城市对于"人才"和中产阶级的吸引力。也正是由于坚持这种政策理念，从而推动了城市绅士化的进行，以及越来越多具有准入门槛的城市空间。具有包容性的城市更新理念则强调，在城市空间再生产过程中平衡中产阶层与大众的需求。在这样一种理念下，需要更加理性地看待那些传统的、更加契合大众生活方式的城市空间，包括露天市场、街边小吃店、传统开敞式社区等，将这些空间合理地保留、修缮，而不是简单粗暴地推倒重建。以文化为主导的城市更新模式也需要平衡经济发展与社会复苏两个方面的目标，这也是其回归公共价值的重要表现。文化导向的城市更新虽然不是解决社会问题的"万能灵药"，但是对于其社会功能需要给予重视，并加以反思，以求城市更新更好地发挥复兴社区文化、培育社会网络、推进公民教育等职能。❷

---

❶ 肖洪未，李和平. 城市文化资源的整体保护：城市线性文化景观的解析与保护研究[J]. 中国园林，2016（11）：99-102.

❷ 黄晴，王佃利. 城市更新的文化导向：理论内涵、实践模式及其经验启示[J]. 城市发展研究，2018（10）：68-74.

第三节　城市更新的文化诉求

在全球化和现代化的浪潮中，特别是在西方强势文化的影响下，许多富有特色的传统文化因为失去赖以生存的土壤、失去文化自信、失去文化创造力而逐渐式微。一方面，全球文化经济一体化使传统文化及其生存空间不再是一个与世隔绝的世外桃源，其存在方式、生活方式、生产方式和思维方式不断受到全球文化的冲击和影响。另一方面，"千城一面"的快速"造城运动"使传统文化传承的时间价值不再是一个连贯的线性逻辑，作为"具有历史、艺术和科学意义或某一族群世代相传的，反映其特殊生活方式的知识、实践等传统文化形式"的极富时间价值的传统文化正不断受到城镇化带来的冲击。因此，对传统文化传承与创新的价值逻辑进行重构，构成了城镇化进程中文化发展的新命题。

一、构筑有文化安全的城市

传统文化是一部厚重的史书、一本鲜活的档案，记录着一个地区真实的发展历程，承载着当地丰富的社会文化信息，反映着当地特有的历史风貌和人情世俗，体现着当地民众特有的思维方式和价值观念。传统文化与民族智慧和灵魂血脉相连，保留着我们最纯粹、最古老的文化记忆的文化基因的财富，它们一旦消失，损失将无法挽回。因此，守护文化安全是城市更新的前提。安全既是一种状态，又是一个过程。

任何一种文化，只要它的文化记忆还在发挥作用，就可以得到持续发展。相反，文化记忆的消失也就意味着文化主体性的消亡。文化记忆是将民族成员紧密联系在一起的纽带，也是民族成员一代又一代人的创造与付出的延续，经历着从胚胎、童年、青年到成熟的成长过程，并通过地名、老街、老建筑等形式定格下来，展示着它宽广而深厚的人文阅历以及独有的个性和身份。一座理想的城镇除它的光鲜外表和富有活力的经济之外，更应体现在它的文化氛围、它的从容生活、它的优雅开放、它的人文情怀、它的居民表情之中。[1]而部分地区以经济导向为主导的城镇化，却加剧了传统文化在城镇混合

---

[1] 邹广文.推进有文化记忆的城镇化[N].光明日报，2014-02-10（002）.

空间中生存和发展的困境。许多传统文化的原生地坐落在生产力不发达的民族和农村地区，在信息触角愈加发达、文化变革愈加迅速的时代，作为传统文化的历史景观、传统习俗和人文图景或正成为以"文化自卑"为代表的"文化包袱"，成为其民族成员日益强烈和迅速要摆脱的束缚。一面是具有悠久历史而现实又岌岌可危的古村落和古建筑，另一面是生活在近乎危房的文物建筑中向往"水泥森林"式现代生活又经济拮据的居民。在现代化使人们"衡量舒适和方便的标准"发生了极大的变化[1]的同时，民族成员"对传统的文化价值规范、社会生活准则的怀疑，乃至激进的批判和攻击"的"破旧立新"中变异，导致了文化记忆的消失和文化情结的消解。

因此，文化安全的内在逻辑是"历史参与未来的继承与创新。"[2]不难看出，传统文化的文化安全首先是文化主体的生存权利、生存方式和生存发展得到理解、承认、尊重与保护，并不处于受威胁和危险的状态。更进一步讲，传统文化的文化安全还折射着其所标榜的文化及其核心价值的合法生存及合理发展保存着相对独立的状态，并不受外来思想的消解、侵蚀和异化。

二、打造有文化认同的城市

文化情结是营造心灵故乡的动力，以乡愁为代表的"人们对所在地域的精神依恋、倾注的情感之间有无形的勾连关系"的文化情结，折射出城镇化进程中人们对"家园守望"的向往。乡愁蕴含了对故乡、乡土及其所代表的人文自然的归属感和亲近感，能有效促进社会转型下的地域再生。但乡土中国"回不去的乡愁"和城市中国"失落的工业乡愁"，正与日俱增地与全球化和消费主义一起伴生城镇化的历史进程并异化着"乡愁"，最终导致乡土文化缺乏传承主体，乡村社区漠视乡土文化。一方面，城市文明的冲击、经济观念的强化、家庭意识的淡化及恋土情结的弱化等，影响和动摇了农村社会结构的变化及稳定，而由于生产方式、思想观念的演变，乡村中古老的民俗风情、道德理念也在城镇化进程中濒临瓦解。另一方面，失落的乡愁使传统文化难以得到保护，优秀的民间艺术、传统技艺、农耕文明濒临灭绝，进而对乡村社区的日常生活乃至延续发展都具有深远的负面影响[3]，文化情结也逐渐成为城镇化进程中的稀缺品及过去式。

当下，"文化情结"已经成为人们重新认识城镇化并推动其作用于城镇建设的重要因子，但由于文化情结在城镇建设中表现出阶段性特征而显得异常艰难。如文化情结在城镇建设的前期多基于保护和抢救的视点，偏重于村落民俗志的写作、民俗资料的搜集、

---

[1] 陈立旭.欧美日历史文化遗产保护历程审视[J].中共浙江省委党校学报，2004（2）：49-54.

[2] 王元.城镇化进程中的城市文化安全与文化遗产保护[J].北京社会科学，2015（3）：96-102.

[3] 林森.生态视角下乡土文化传承的整合社会工作[J].社会工作，2012（4）：35-39.

整理、记录。中期集中于对文化情结认识的探究。后期逐渐侧重发展和实践角度，关注民俗的变容、新旧居民的融合、环境民俗、城乡民俗的连贯性、传统生产生活中的民众智慧等内容❶。如何融入实践视角，从参与农村更新、社区复兴到地域振兴、一村一品、新社区建立等活动，是传统文化在城镇化进程中逻辑嬗变的核心。

文化是产生民族认同感的内在力量，文化认同是民族认同感与归属感的主要来源，也是传统文化不断传承的基础。传统文化作为一种由经济与政治、自然生态与人文社会结合而成的复合型系统，是一种"充满永不竭的创造能力，具有吸收和代谢功能"❷的时空存在。它不是时间和空间上凝固不变的对象，而是深深植根于民间和民族个体心灵深处，体现着各民族的价值观念、审美情趣和心理特征，承载着各民族特定的历史记忆和遗传基因，寄寓着各民族的生活情感与人生理想。所以，当人们触及集体记忆象征体的传统文化的时空形态时，实际上接触到的是民族、同胞、传统中最美好和最优秀的特质。如果进一步从时空脉络上去看，在携带文化认同的城镇空间中，传统文化作为被珍视和善待的历史，一定会通过作用于城镇市民的精神能动性产生积极效应，进而呈现出一座座精神饱满、性格健全、特质鲜明的城镇。从这一维度看，文化认同是传统文化传承的重要纽带。

三、创造有文化生境的城市

当前，全球现代化、信息化、城镇化、市场化与分权化的加速，促进了城镇化加速发展，并在新经济地理空间上不断形成新的城镇聚落。随着城镇化率的迅速提高，一系列问题也随之涌现，集中式、规模化的城镇改造与传统文化传承复杂性之间的矛盾也愈加突出。城市化进程中将"土地财富"转化为"快速增长的内需"的商业开发使传统文化的生存空间受到挤压，过度商业化泯灭了文化特色、淡化了文化传统、消解了文化基因，使传统文化的人居空间不断变异。例如，城市化加速了古村落文化的瓦解和空间的消失，民众对古村落的文化认同和历史记忆逐渐弥散在已渐趋碎片化的传统居住空间景观之中，村民原先引以为傲的村落历史记忆如今竟成为文化负担。古村落的视觉景观已经被马赛克化，历史感虽然还可以感受到，但其中所蕴含的生命已经支离破碎。❸而这些承载着独特的人居文化思想的古村落有的偏居深山不为人知，有的虽已引起关注和探

---

❶ 郭海红.日本城市化进程中乡愁的能动性研究［J］.山东大学学报（哲学社会科学版），2015（3）：115—125.

❷ 张保国.新疆对外开放战略研究［M］.乌鲁木齐：新疆人民出版社，1989：167.

❸ 韩雷，杜昕谕.居住空间认同与古村落保护：以温州永嘉苍坡村为例［J］.温州大学学报（社会科学版），2013（5）：13—22.

究,但保护措施却遥不可见。村落文化根植的复杂性、现代生活空间与传统文化日常景观交织混合的复杂性、文化传统与现代文明冲撞异化的复杂性,使传统文化在人居空间中的有效传承更为棘手。

文化景观是文化现象在时间与地域空间上的具体表现。一座城市的文化景观是城市发展的忠实记录者,也是人与城市进行交流的媒介。公众无时无刻不依靠其与城市进行互动,进而在和城市的不断接触中收获体验,并最终借由体验创造出各类新的城市景观。❶ 以城市文化景观为载体,以城市文化精神为灵魂,呈现出的文化场所构成了城市文化生境这一将景观和精神融合的生态体系。在文化生境的城市表达中,城市性质、城市规模、城市布局的不同,以及建筑物、构筑物、街道、广场、绿化等空间载体的差异,使文化生境千差万别,但它们无疑都是文化与自然的结合,是城市空间活动高度集中的结晶。在城市文脉的传承和发展中,在人与城市的相互作用过程中,城市文化景观扮演着举足轻重的角色。文化景观的连续性实现了历史文化、乡土情结、文化身份等在城镇化演进中的传承、维系和认同,不仅构筑了人们生产、生活必需的物理空间,更构筑了人们赖以生存与发展的文化空间。文化景观的提出,是城镇化进程中对传统文化保护方式的补充,它不仅补充了以往只是对物品个体、民俗资料的割裂性保护,而且倡导"将鱼放回到水中",对"鱼在水中游"的广阔空间实行有机整体的保护。

文化生境是传统文化的策源地,一座城市的历史、思想、人物、事件及场景均是城市文化景观的组成部分。在优秀的设计中,公共艺术可以通过自身属性与场地景观相结合,以隐喻的手法将这些内容聚现为实体,让历史文脉不仅在物质空间内得以保存,更在人的精神世界中得以延续。❷ 从文化生境衍生的文化生活图景看,从文化景观到历史街区,从文物古迹到地方民居,从传统技能到社会习俗等,文化生境所构建的记录"活态性"、体现"传统性"、具有"整体性"的空间,构成了传统文化群体性传承的重要载体。让古老的风景可以散发出城市更新的永恒韵味,亘古的遗产可以盘活为创意人群的思想聚落,滨江水畔的田园景致可以开辟并引导新的生活潮汐,交通廊道的纵横格局可以承接产业转移并引导新城开发,居住社区和产业园区可以因为文化纽带的植入而成为产城融合的富庶城市功能区。

---

❶ 李源,李险峰.喻情为景:公共艺术在城市文化景观中的隐喻表达[J].华中建筑,2014(11):119-123.

❷ 同❶.

四、塑造有文化精神的城市

城市文化精神，是一座城市在其诞生与发展的进程中历经无数的努力与积淀，最终形成的属于该城市的精髓与灵魂所在。文化是城市精神的灵魂，同时又是城市更新的缘起和归属。这是因为，城市文化精神的深层内涵，通常又经由历史精神的嬗递、思维方式的聚合、审美意趣的凝结、艺术风尚的传扬、时代情趣的氤氲等过程，得到高度的凝练、抽象与概括。城市文化精神具有鲜明的个性色彩，因文化构成及其内涵的差异，不同城市之间的文化精神各具特色，其间既有属于本城市自身文化的沉积，也有与其他文化形态交融结合的元素。❶ 在当前文化特色日渐消弭、城市化方式快速粗放的时代，追寻城市文化的唯一性、差异化和个性化已成为人们普遍的价值观念。如何使自己的城市具有与其他城市相异的、个性化的城市形象，已成为共识。而如何提炼城市文化精神的文化内涵，使其成为表征城市文化精神个性化的符号❷，一直是城市更新的难题。

塑造有文化精神的城市，需要把握城市精神的特点和城市文化的规律。一方面，城市精神蕴生于城市文化之中，为城市更新提供强大的精神力量。城市文化是一个广阔的概念，包含城市社会文化的各个领域和不同层面，既涵盖着城市的物质文化，也涵盖其精神文化，在精神文化中，又包容着与人们的精神生活息息相关的各个方面，如政治、艺术、教育、科技、新闻、出版等各个领域，形成了城市的政治文化、经济文化、艺术文化、科技文化等。城市文化精神是对城市文化总体的涵盖、提升与抽象，是在一定文化氛围与文化背景下的浓缩与升华，是城市赖以生存和传承的巨大的精神力量。当这一精神为人们共同认可、向往和遵循时，便会化作巨大的精神力量，在一定的条件下，甚至会产生具有一定信仰的力量和权威的作用。城市文化精神是城市文化的精髓，它通常须经过漫长岁月的陶冶，与城市的形成与发展同步，凝结着市民的观念与意趣，表现着人们的价值与理想，同时也清理着一些污浊的和消极的文化构成。经由人们不断创新、聚合与凝结的文化内涵逐渐获得定格，便形成了代表该城市最具核心价值的文化精神，成为该城市的精神坐标。另一方面，城市精神发轫于城市重要的文化遗存、社会习俗等无形资产，并由对城市文化建设做出重要贡献的人们于精神形态中显现出来。城市精神渗融于城市的政治风尚、民风民俗、伦理道德、艺术创制、建筑器物、有形的和无形的文化遗存等不同领域，集中体现于市民的价值观念及其文化品位。❸

---

❶ 田川流.论艺术与城市文化精神的传承[J].山东社会科学，2010（12）：25-29.

❷ 厦门大学城市规划系，厦门市城市规划委员会，厦门市城市规划学会.文化决定空间：消费社会语景下的城市文化精神[J].规划师，2008（11）：5-9.

❸ 同❶.

第二章　城市更新的文化动力

从城市更新的历史转向和时空转向中，我们越来越深刻地认识到，文化是人类发展和社会进步的动力，也是经济发展和城市成长的动力。从全球城市的发展脉络到城市更新的历史进展，无不说明繁荣和创新的城市不但具有鲜活的资本、卓越的人才、领先的科技和信息资源，更具有独特的文化发展气质。从城市空间的句法更新到城市再生的模式创新，也不无说明新文创时代城市动力的内在机制迅速发生转变，以文化驱动的城市更新促进了文化产业的快速发展，创意阶层的迅速崛起，文化消费的迭代升级，为城市造就了新一轮成长引擎。而公共文化的积极参与，也促进了公共空间的场景更新，社会组织的日渐活跃和文化"蜂鸣"的不断涌现。文化为城市发展带来了新的能量源。

第一节　城市动力的叙事表达 *

传统印象中，北京、上海、广州、深圳等一线城市在文创产业发展中一直走在最前列，然而在互联网时代，"文化+科技"的融合使所有城市抛却基数，重新站在了起跑线上。于是我们看到，在那些具有创意活力的城市中，如以"抖音之城"出名的西安、因《王者荣耀》走红的成都、互联网之都杭州的活跃程度超过一线城市，成为新时代的"网红"。这也说明，在新文创时代，推动城市文化发展的动力和方式已经发生颠覆性变化，新文创如何推动城市文化的发展，是新时代赋予城市的新命题。

一、城市文化生产的机制

新文创是一种全新的文化生产和传播方式。新文创是一种更系统的发展思维，希望通过更广泛的主体连接，推动文化价值和产业价值的相互赋能，从而实现更为高效的复合化生产和IP构建。❶ 与泛娱乐相比，新文创更加注重文化内容中的人文价值和文化底蕴，不再将娱乐作为内容生产的核心卖点。❷ 在文化消费升级及居民文化品位提升的情况下，新文创概念的提出说明中国文化产业的品质在不断提升。"像中国这样一个历史悠久的国家，除列入保护名册的历史名城与历史地段外，可以借题发挥大做文章的城市、地段几乎所在皆是，就看你如何去因借创造。"❸ 新文创对城市文化发展的推动并不局限在传统的历史文化资源名城，而是全面布局，充分利用城市文化特色，形成了独特的文化生产机制。

---

* 本节作者宋朝丽，河南牧业经济学院副教授，博士。
❶ 程武.新文创是一场面向未来的文化生产"新实验"[EB/OL].（2019-03-24）[2020-05-17].https://tech.qq.com/a/20190324/002882.htm.
❷ 李卓.从泛娱乐到新文创，文化与科技的新认知[N].中国文化报，2018-04-28.
❸ 吴良镛.论中国建筑文化研究与创造的历史任务[J].城市规划，2003（1）.

（一）打造城市 IP，讲好城市故事

城市文化 IP 创作的核心是"文化资源+价值观念"。文化资源包括能够体现城市文化特色的文化遗址、地标建筑、历史人文、民间传说、生活习俗、宗教信仰等，是 IP 创作的基础材料。同时，城市文化 IP 的塑造更需要借助普世意义上的"价值认同"，即以城市文化资源为载体，传递城市思想和文化，凝练城市精神，并使这种价值观念能够为大众所接受，形成文化效应。例如，西安永兴坊的"摔碗酒"通过抖音短视频在全国走红，成为西安旅游必体验项目之一，表面上是借助摔碗酒这一当地风俗，实际上传递的是西安人豪爽、敞亮、干脆的性格及西安这座城市的风格。

（二）科技为 IP 赋能，资本将 IP 变现

新文创不仅讲究好的内容，更强调用好的方式将内容传播出去。在文化创意转变为文化产品的过程中，要经历两个惊险的跳跃，一是文化创意转变为实体作品，二是作品被受众所接受。科技可以促使文化产品"惊险跳跃"的安全着陆，通过科技手段让内容表达更形象、更生动，如虚拟现实和增强现实技术的运用，可以让人产生身临其境的感觉，为文化生产过程赋能；同时，4G、5G 技术的发展，为文化价值实现提供了更为便捷的渠道和平台。而将城市文化 IP 与商业结合，通过社会资本创造 IP 市场，需要通过 IP 连接多种类型文化业态，拉长产业链条，尽一切可能实现城市文化 IP 的商业价值。打通动漫、游戏、电影、小说、电竞等领域的界限，将城市文化 IP 与旅游、体育、信息、物流、建筑等相关产业融合，通过在各行各业加入文化元素，进行文化场景营造，彰显城市文化意象。如诚品书店，通过将书店重新定义为公共艺术空间和博物馆，在实现商业价值的同时，也提升了城市的文化品位。

（三）创造文化生态，营造文化场景

新文创城市的实质是营造一种有利于人的全面发展的文化生态，创造出一种提供高品质美好生活的文化场景。如何让城市普通居民变成空间场馆的受众爱好者，这是城市文化空间文化亟待解决的问题。从居民体验的角度而言，一方面要打破拘谨的场馆礼仪。因为一般人群会因为无法理解貌似艰深的作品而对现场呈现的作品"敬而远之"，观众拓展的意义在于移除观众与文化活动中存在的各种"壁垒"，为文化团体搭建通往观众的桥梁，同时也为观众铺设抵达文化作品殿堂的道路；另一方面还应使城市的文化活动内容具有可接近性。这就需要为活动设定一个主题，借以提升吸引力，亦使演出或展览被观众更好地理解、接受。抑或是打造亲切友善的气氛，增进观众的体验，以及通过别

出心裁的互动环节，调动观众的欣赏积极性。❶ 而从城市文创吸引力塑造的角度而言，则更要注重通过体验营销、故事营销、社会化媒体营销等方式进行城市文化整体营销宣传，打造宣传平台，扩大宣传渠道，让更多的市民认识城市、理解城市、爱上城市，要吸引更多的游客闲逛城市、体验城市、消费城市。如西安通过抖音短视频的传播，吸引了一大批"粉丝"，在全社会范围内营造出一种古老与时尚相结合、有魅力有温度的城市文化氛围，成功地成为网红打卡地，推动了城市文化整体发展。

二、城市文化创新的基本模式

（一）文化旅游营销模式

这种模式以城市传统文化资源为 IP 塑造的核心，通过现代科技对传统文化进行重新演绎，转变成符合现代审美观的潮流品牌，并通过现代传播方式进行城市营销，使传统文化焕发出新的活力，以此更新城市品牌形象，发展文化旅游产业。最典型代表是"抖音之城"西安。西安作为六朝古都，历史文化底蕴深厚，一直都是文化旅游城市。从 2017 年开始，西安为了进一步提升城市旅游品牌，硬件上打造永兴坊、大唐不夜城、回民街等文化街区，软件上推出《西安人的歌》《文物戏精大赛》，并对西安的美食、民俗、名胜在抖音平台上进行全方位推广，使西安迅速成为网红打卡地。西安市政府部门紧跟潮流，发起"不服，来抖！"挑战，西安旅游发展委员会与抖音短视频开展全方位合作，抖音通过文化城市助推、定制城市主题挑战、抖音达人深度体验、抖音版城市短片对西安进行全方位包装。因此，在 2018 年腾讯研究院、标准排名城市研究院共同推出的《中国城市新文创活力排行》中，西安排在了第四位。2019 年春节和清明假期期间，西安的游客人次同比分别增加了六成和四成，城市文化活力和影响力大大提升。

（二）产业引领发展模式

这种模式集中优势力量发展某一优势产业，并以优势产业的辐射力量带动相关产业发展，最终形成文化发展生态，促进城市文化整体发展。新文创的核心是数字娱乐产业，IP 经济、电子竞技、网络游戏、网络文学、网络视频都是近年来发展速度很快、市场潜力很大的产业类型，以"互联网+"为主要形式的新文创产业，仅 2017 年的增速即达 34.6%。❷ 因此，一些城市，如杭州、成都，将数字娱乐产业作为产业结构调整重点，通过产业辐射，

---

❶ 颜煌，王润清.场景理论视域下的城市文化空间主体审美研究［J］.文化创新比较研究，2019（3）：72-73.
❷ 你们都在说的"新文创"，到底为什么让人着迷？［EB/OL］.（2018-07-31）［2020-05-17］.https：//www.sohu.com/a/244423405_796676.

吸引更多的人从事新兴产业，带动整个城市文化业态的创新和文化氛围的提升。作为全国乃至全球年轻人社交游戏《王者荣耀》的诞生地，成都的火锅、春熙路、宽窄巷子、熊猫谷、川剧变脸、太阳神鸟等文化元素已被成功融入游戏场景，让更多人通过游戏了解成都文化。2019年，《王者荣耀》职业联赛KPL将西部赛区主场设在成都，成都已经成为电子游戏竞技赛事的重要赛地。2019年，成都与腾讯共同启动"数字文创城市共生计划"，推动成都新型数字文化建设，共同打造中国数字文创第一城，积极探索打造城市与文创企业合作的新模式、新动能、新平台、新标杆，大力促进成都建设世界文化名城。

事实上，新文创的作用不仅表现在产业本身，更多的是对其他产业的辐射带动作用。如电竞地产项目，2018年1月，国内知名文创企业创梦天地与华侨城签订战略合作协议，建设全国首个数字娱乐产业中心，打造24小时线上线下娱乐生活圈。2018年9月，创梦天地与腾讯视频合作打造新型线下文娱业态——好时光实体店，融合网红直播、电竞、观影、知名IP衍生、餐饮等，吸引了大量"90后"和"95后"，电竞已经开始从线上走向线下，成功营造了城市文化生态环境。

（三）品牌形象驱动模式

这种模式以设计城市文化符号为起点，围绕特定文化符号打通各个领域，通过城市整体形象设计更新人们对某一城市的认知，形成城市新的亮点。有的城市本身并没有深厚的历史文化资源，但是借助于文化IP的开发，无中生有地打造出属于自己的文化符号，并通过多种渠道对文化符号进行宣传推广，成功塑造并传播城市品牌形象，提升城市知名度，吸引更多人到城市投资或旅游。这种模式特别适用于资源枯竭型城市的转型。如2011年，日本熊本县为了宣传本地形象，设计了吉祥物"熊本熊"。熊本熊以真人的形式出现，它稍微歪头、双手捂住嘴巴、抬脚等动作都经过精心设计，迅速赢得了女孩子们的喜欢，纷纷把照片发在自媒体上，使熊本熊的形象在推特上迅速走红。后来，熊本县主要依靠脸书和推特，策划了一系列活动，包括任命熊本熊为熊本县营业部部长、熊本熊失踪事件、腮红丢失事件等，让熊本熊的影响力扩大到全球范围，熊本县因此成为全球知名的旅游城市，根据熊本熊形象开发的衍生产品——熊本熊列车、指示牌、熊本熊广场等也成为潮流时尚。日本熊本县发布的数据显示，2017年熊本熊的周边产品销售额达到1408.742亿日元，同比增加10%。[1]

（四）龙头企业带动模式

这种模式以培育企业为工作重心，注重营造宽松良好的市场氛围，为企业提供政策

---

[1] "熊本熊"经济效益刷新高，海外销售额翻倍［EB/OL］.（2018-03-21）［2020-05-14］.http：//www.japan.people.com.cn/n1/2018/0321/c35421-29881152.html.

优惠，吸引更多企业和人才入驻，形成产业集聚效应，实现企业和城市共生共长的良性循环，如美国的硅谷、华尔街。在中国，新文创发展较好的城市，如北京、杭州、上海，都注重对文化企业和文创人才的引进和培养，注重企业家精神的养成。杭州作为互联网之都、阿里巴巴总部所在地，注重数字内容产业领域龙头企业的培养。网易云音乐自2012年成立之后，目前已经完成A轮融资，用户数突破4亿人。咪咕数媒正在推进"数字阅读+"计划，打造智能化、社交化数字阅读u平台，拓展人工智能、文学阅读、专业出版、在线教育、有声阅读等细分领域，打造全产业链条。短视频新媒体企业二更传媒以"更杭州"为起点，将都市融媒体的产业布局延伸至全国30个大城市。龙头企业的带动，让杭州在数字内容产业方面走在全国前列，努力打造全国数字内容产业中心。财经作家吴秀波认为，数字经济是杭州新旧动能转换的关键，使杭州实现了由旅游业和百货业为重点产业的城市向数字化城市的转型，让杭州变得越来越年轻。❶

（五）公共文化联动模式

这种模式将能够体现城市文化特色的公共文化资源作为IP开发的对象，利用公共文化资源自身的影响力以及文化资源的衍生辐射能力，将传统文化与数字科技融合起来，产生奇妙的裂变效果。如利用博物馆的文化文物资源开发影视剧、文创产品、手游等，让传统文化在普通民众中得到更广泛的传播，同时也提升了城市的文化品位和对外传播能力。大英博物馆、纽约现代艺术博物馆、梵蒂冈博物馆、故宫博物院等文化文物单位已经成为城市重要的文化名片，利用文物资源进行文创产品开发，大大提升了城市文化的传播力。腾讯与敦煌研究院的合作，让敦煌这座地理位置并不占优势的小城成为网红城市。人们对敦煌的认知大多离不开敦煌壁画，2017年7月，腾讯与敦煌研究院宣布战略合作和"数字丝路"计划，设计了一系列活动，如敦煌主题的中秋月饼、敦煌主题的音乐会、敦煌景区的智慧小程序、探索AI修复受损壁画等，将敦煌的文化元素通过腾讯这一互联网平台在全国传播。尤其是腾讯在《王者荣耀》中推出的杨玉环"遇见飞天"皮肤、"数字供养人"H5、敦煌诗巾定制等活动，让更多人足不出户就能感受到敦煌文化。"新文创"概念的提出者程武对敦煌未来的期许："让敦煌活到世界各地去，让敦煌在我们的现实空间成为一个数字和永生的敦煌。"❷

---

❶ 吴秀波谈杭州数字经济：年轻的产业、年轻人和"年轻的钱"[EB/OL]．(2018-8-2)[2020-05-15]．http://biz.zjol.com.cn/zjjbd/cjxw_11149/2018/20180802_7925292.shtml.

❷ 揭秘腾讯与敦煌合作：从最初的不理解到深度合作[EB/OL]．(2018-11-26)[2020-05-15]．https://baijiahao.baidu.com/s?id=1618167055519769312&wfr=spider&for=pc.

三、城市文化更新的特点和趋势

（一）城市文化更新的特点

多元化的城市文化内容生产方式。与传统的城市文化生产方式相比，新文创不再将城市文化符号局限在城市地标、地方美食、历史资源、文化遗产等浅层面，文化生产主体也不再局限于政府宣传部门等官方机构，任何企业和个体都能够成为城市文化内容的生产者。因此，新文创时代，城市文化内容能够以更灵活、更接地气的方式展示城市的美好和独特的性格特征，传播的内容也更能够为现代民众所接受。如广为流传的歌曲《西安人的歌》，并不是从传统宣传的大雁塔、兵马俑等角度来宣传文化厚重的西安，而是从普通个体的角度唱出对西安的感受，"西安人的城墙下是西安人的火车""给你说西安地灵说话不敢胡说"等歌词，表达出西安人心中西安的样子，传播日常亲切的西安形象，更符合现代人的审美口味。

多样化的城市文化内容传播方式。传统城市文化宣传方式，多是依赖主流媒体进行城市形象整体宣传，如发布城市宣传片广告。新文创对城市文化的传播手段更加灵活，尤其注重利用社会网络新媒体和社群进行传播，更能够被"90后""95后"的年轻群体接受。首先，重视新技术在城市文化内容传播中的运用，虚拟现实、增强现实、混合现实、人工智能、区块链等技术等运用，能够给人带来更为真实和震撼的互动体验和沉浸式体验。其次，利用抖音、快手、小红书等当下最火的短视频平台，通过粉丝经济和社群传播，制造"网红效应"，使年轻人改变对城市的原有观念，产生新的期待。总体来看，新文创对城市文化内容的宣传方式更加符合大众碎片化、情感化、故事化的接受习惯。

实现城市文化价值和产业价值的相互赋能。新文创注重文化价值和产业价值的相互赋能，在精心打造城市文化符号的基础上，注重城市文化符号通过产业方式获得商业盈利，很难将产品的文化价值和产业价值、经济效益和社会效益分开。新文创在传播城市文化的手段上更注重创新性，如《王者荣耀》在普及历史文化知识的同时获得了巨大商业利益，仅2018年全球营收达就到近20亿美元（不包括国内安卓客户端收入）；腾讯发布"腾讯艺术+"计划，上线"博物官"小程序，帮助艺术爱好者解决逛博物馆的疑难杂症，以此作为大平台进行艺术教育的国民培训，布局产业长远发展，实现长期利益。

以城市文化IP打破产业和地域边界。基于互联网时代的特点，新文创的传播完全突破了产业和地域的限制。在产业布局上，新文创打破细分行业、文化产业与非文化产业、产业和非产业的界限：第一层面，利用城市文化IP，融合动漫、游戏、影视、音乐、周边等不同产业形态；第二层面，将城市文化IP运营与旅游、餐饮、工业设计、快消品、主题公园等实体领域融合；第三层面，将城市文化 IP 与博物馆、非物质文化遗产、艺术教育等非产业结合起来，发现城市文化 IP 传播的更多可能渠道，营造城市整体文化生态。在地域布局上，新文创涉及的领域，如数字阅读、电子竞技、网络游戏，从来不受地域限制，注重在全球范围内的布局传播。如阅文集团虽然在上海，但作为网络文学平台，其以全民阅读为目标，建立了满足大众阅读需求的正版中文电子图书馆，无论是作家还是读者，都不受地域限制。

（二）城市文化更新的新趋势

更成熟的盈利模式和资源获取能力。在城市文化发展方面，新文化做出了新的尝试，打造了新的"爆款"城市，但从长远发展来看，凭借流量红利获取大量用户关注的时代已经过去，未来新文创将更加理性和谨慎，更加注重城市文化内容的打造，更加注重投资的"实际效果"和真实价值，新文创将会在文化企业的推动下，探索更加成熟的盈利模式，以更理性的态度布局城市文化生态。

更多元的城市文化符号与发展业态。新文创的发展与技术进步联系密切，5G 时代的到来将会对新文创的运营环境产生颠覆性影响。可以预见，不久的将来会出现更多的文化业态，新技术将彻底改变城市文化现有的生产方式、传播方式和运营模式，催生更多新的市场、新的产品和新的盈利模式。城市的发展也将不再受传统的地理位置、经济水平等条件约束，城市发展模式和评价标准也将重新界定。

更灵活的城市文化治理与服务形式。新文创将带来城市文化生产和文化治理的"去中心化"，在城市文化生产和传播中，政府不再是唯一主体，而是规则制定者和价值引导者，创造更富创新和活力的文化生产氛围，鼓励更多企业和个体进行城市文化传播，文化产业和公共文化事业的边界也将变得更加模糊。这将给传统的文化管理体制机制带来挑战，文化治理模式和文化安全管理问题需要重新审视调整。

凯文·林奇（Kevin Lynch）认为："城市可以被看作一个故事，一个反映人群关系的图示，一个整体和分散并存的空间。"[1] 新文创对城市文化的塑造重新回归了城市的本质，无论是以文化符号打造的方式，还是产业发展的方式，都对城市的文化个性和气质进行了全新的阐释。城市文化的发展传承，新文创只是先行者，未来，更多的文化企业将在城市文化发展中承担起责任和使命，共同打造更美好的城市文化环境。

---

[1] 凯文·林奇. 城市形态 [M]. 林庆怡, 等译. 北京：华夏出版社, 2001.

第二节　城市更新的文化产业动力

文化产业是文化生产最重要的表现形态。文化产业的成长速度、产业黏度、联动发展特性和协同发展优势，越来越凸显出经济新常态下对转变经济发展方式、推动产业转型升级重要的配合作用，甚至在推动产业融合、推进城镇化发展、加速区域协同创新、参与全球文化经济角力及实现包容性发展等方面不断实验新路径、创造新模式、重塑新动力，起到经济发展的引领作用。当然，在文化领域配合经济领域供给侧改革的同时，必须认识到，文化产业的多重属性决定了文化产业动力逻辑的多元性，而文化产业政策价值取向的多样性又使文化产业动力逻辑呈现出混合性。以"经济性、政治性、社会性、文化性和意识形态性"[1]为多重性和多样化特征的文化产业，既遵循经济运动的基本规律，也具有文化运动的特殊法则。而正是基于文化的诸多特性，文化发展并未完全限于传统动力桎梏中，而是通过不间断的创新和共生创新重塑并创造了永续动力与迭代动力，通过跨界思维和平台思维改造传统动力并激发内生动力，这对经济社会全方位、各领域的改革创新都具有重要的意义和价值。

一、文化产业促进城市更新的基本原理

文化产业是为社会公众提供文化产品和文化相关产品的所有文化生产活动。[2]《文化及相关产业分类》是《国民经济行业分类》的派生分类，而文化同样作为与经济、政治和社会相对应的范畴，与国民经济和社会发展相辅相成、相互促进。一方面，文化生产活动离不开国民经济体系支撑，经济发展和动能转换同样驱动着文化产业自身的结构调整和布局优化；另一方面，文化产业服务于国民经济的空间广阔，在文化产业和国民经

---

[1] 胡惠林.论文化产业的属性与运动规律[J].上海交通大学学报（哲学社会科学版），2007（4）：5-13.

[2] 本节对文化产业的界定来自国家统计局《文化及相关产业分类（2012）》。国家统计局关于文化产业的定义及分类更体现"统计"特征，其看重统计数据可得性和注重统计数据比较性的特点，有利于为文化产业发展的宏观决策提供基础数据支持。

济融合过程中，文化产业广泛而深入地渗透于不同行业、不同领域中并因产业融合而发生裂变，在一定程度上推动并引领了经济领域跨界发展和迭代创新。而市场主导和资本驱动下的现代文化产业则在知识经济背景下快速成长，并逐渐凸显出以知识和创意为主要资源和核心资产的特征，为构建经济发展新动能提供了新思维和新范式。

（一）创新驱动

文化产业以创新驱动为主要特征，其所代表的战略性新兴产业具备接驳新旧业态，实现动力平稳过渡的能力。文化产业的实质在于创新。创新位列"创新、协调、绿色、开放、共享"的五大发展理念之首，是供给侧结构性改革的关键，也是"互联网+"时代最重要的经济和社会现象之一。新旧动能接驳期，文化产业的驱动特点和动力特征体现出强大的动力"续航"能力。

一方面，高度体现并践行创新驱动的文化产业作为一种经济发展新动力已经成为一种基于发展理念的共识。在全球城市中，文化产业是城市竞争力的核心，也是提高城市幸福感的重要组成。

在英国，创意产业已经成为增长最快的行业之一，并保持快速增长趋势。2017年，创意产业贡献了1015亿英镑的总增加值（GVA）。自2010年以来，GVA创意产业总增加值增长了53.1%，创造了英国经济总量的5.5%。自2011年以来，从事创意经济的工作岗位增加了30.6%，全英国共有200多万个工作岗位从事创意产业，这一比例占了全部岗位的1/10，比金融服务业多雇用了70万人。而到2018年，超过320万人在创意经济领域工作。与此相对应的，是28.9万家创意企业，这些企业占英国所有企业的总数的11.9%。在创意工作者中，33%是自营职业者，而整个劳动力中只有16%。自由职业者在创意产业的自营职业者中占很大一部分。创意产业还是英国每个地区的经济动力。英国劳动力市场预测显示，从现在到2024年，创意和科技行业的增长率将是整个英国经济平均就业增长率的两倍以上。

从国际城市的角度看，伦敦是英国创意产业的重镇。2016年，伦敦创意经济领域的就业岗位比2012年增加了近1/4（24.2%），从事创意经济的岗位占全部岗位的16.9%，这一比重远远高于英国的平均值（相比之下，英国其他地区的这一比例为7.9%）。2009—2015年，伦敦创意产业的总增加值增长了38.2%。相比之下，所有行业的平均增幅为30.6%。其中，IT、软件和计算机服务子群所占比例最大，达到38%。而伦敦人的生活方式同样受到创意产业的影响。1/3的伦敦人在晚上工作，2/3的伦敦人经常在晚上活动，1/4的伦敦人经常在午夜以后睡觉。伦敦人喜欢在闲暇时间去办私事、购物、社交和运动,更热衷于参加文化活动、参与社区团体。[1]生活方式的多样性造就了伦敦文化的多元性。

同样的例子在今天的中国也十分普遍。2011—2015年,中国文化领域呈现出蓬勃发展的态势,文化产业增加值从2010年的1.1万亿元增加到2015年的2.58万亿元,增速远远超过同期GDP增速,释放出强劲的发展活力,成为经济发展"L"型走势下的新亮点。

另一方面,文化产业融合创新和迭代创新的特征又不断地颠覆原有的动力结构,体现着科技创新和产业发展双螺旋上升的基本格局,有效解决了新旧动能接驳器伴生的动力断层问题。2016年上半年,中国规模以上文化及相关产业10个行业的营业收入均实现增长。其中,实现两位数以上增长的5个行业中,以"互联网+"为主要形式的文化信息传输服务业营业收入为2502亿元、增长29.7%。[2]这充分说明,新旧技术的转换更迭共同推动形成技术不断进步的高峰,进而带动"新经济"发展的趋向性特征越来越明显。随着供给侧结构性改革力度不断加大,文化产业市场主体创新创业活力将不断激发,骨干文化企业得以做优、做强、做大,新型文化业态得以培育,文化产业继续保持快速增长势头将有效推动经济发展实现动力的平顺接驳过渡。

从城市的角度看,与伦敦相似,中国城市居民消费夜间强于白天,东部远强于西部。约60%的城市居民消费发生在夜间。夜间经济消费存在"胡焕庸线",东西差异明显。夜间消费绝大多数集中哈尔滨—北京—成都—腾冲一线以东,北京与东南沿海最活跃,并在18:00左右的晚高峰和21:00-22:00夜高峰出现夜间消费的双高峰。而根据滴滴网约车的数据,北、上、广、深和部分珠三角及东部沿海城市佛莞厦被定义为双高峰"不夜城",北京成为为数不多的夜间消费活跃的北方城市。在夜间出行前10城市排名中,北京也领先深圳、上海、广州而居于首位。夜间经济是国际城市文化发展的一个缩影,也是创意阶层集聚程度的重要象征。不管从哪个层面看,城市的创新环境和文化氛围吸引着创意人群的集聚,而人才的生长和生活也决定了一个城市的创新和发展。伦敦和北京文化经济的发展、夜间经济的活跃,都离不开城市更新中文化的动力作用以及文化动力所塑造出的城市价值。

(二)融合发展

文化产业以融合发展为主要特征,其横纵联合、深度交融和产业黏性符合经济社会发展向多元动力、混合动力发展的特征。从产业属性看,文化产业是一个综合性、渗透性、关联性比较强的产业,与多个产业存在天然耦合关系,具有跨界融合的深厚基础和

---

[1] 参见 *London's creative industries - 2017 update*。

[2] 数据来源:国家统计局官网,http://data.stats.gov.cn。

广阔空间。文化产业的融合发展有效推动了产业结构、产业链条、产业形态的创新，实现了产业转型和动力接续。

文化产业的融合发展还把与产业功能高度重合的城市功能剥离出来，通过创造核心产业彻底转变了城市形象，实现了城市驱动力的转型。从空间布局看，文化产业本身具备较强的跨界特点，空间界限的打破和行政藩篱的去除为文化产业重构经济地理格局、打破高度甚至过度依赖资源的掣肘提供了有利契机。随着"一带一路"、长江经济带和京津冀协同发展战略的推进，国内不同区域板块（东部、中部、西部和东北四大板块）间以及我国与周边国家的经济地理间的信息交流与能量交换[1]，构成了经济增长的新动力，文化产业的空间组织开始进入城市群和产业群协同发展的时代。

以文化产业集群为代表的产业组织形态，以高度的集聚性，实现集约化、专业化和规模化的发展，形成了发达的产业体系和成熟的市场体系，构成了世界经济版图上色彩斑斓、块状明显的"经济马赛克"[2]，其所体现并重构的多元文化、混合动力发展体系，不断成为全球创新活力最强劲的地区和资本、技术和人才等要素流通最迅速的地区。它们构建的创新生态为全球市场提供了优质的内容供给和有效的空间组织形态。

文化产业以特色发展为识别特征，其因地制宜、以文兴业、以文塑城的发展特点，不但释放了城市更新的内生动力，而且在一定程度上消弭了城镇化伴生的社会问题。促进三次产业融合发展，强化产业支撑，是城市更新的内在要求。在城市更新中，特色文化产业的发展不仅转变了农民的身份，而且转变了农民的观念，使市场意识和商业意识逐渐渗透到农村生产、生活中。以文化为驱动力的方式所引领的城镇化，在尊重文化发展规律的前提下，挖掘先进文化基因，传承民族文化传统，可以有效破解人口城镇化滞后于土地城镇化的困境。例如，"特色小镇"建设中以自然村为单位，以农民为生产主体，以传统手工艺生产或休闲农业经营为主业，实现了"就地城镇化"，创造出的城乡融合、产城一体、文化生态与文化旅游结合的新业态已经成为"就地城镇化"具有代表性的文化范式。而"易地扶贫搬迁"一旦与特色文化和资源禀赋对接，既可以有效解决农村剩余劳动力的就业问题，使城镇化过程中的社会问题迎刃而解，还可以更好地传承本土文化，延续历史文脉，通过再造文化生产方式、营造生活方式来消除"异地"不适，使城镇化进程中的"乡愁"记忆和"家园"精神得到存续，激活主体空间的内生动力。

---

[1] 胡鞍钢，周绍杰."新常态"至少可延伸至2030年 如何培育中国经济新增长点[J].人民论坛，2015（27）：24-27.

[2] "经济马赛克"现象的核心就是在一个地区，围绕一种主导产业，形成了原料、销售、科研、教育培训、文化、专业咨询、广告、商务中介等服务体系，这种产业丛群、企业集群的经济现象像一片马赛克镶嵌在土地上。经济马赛克现象的最大特征是系统集成，强大产业。据统计，美国新兴财富的绝大多数都是在"经济马赛克"分布的块状区域被创造出来的。20世纪90年代中期，美国380个产业集群生产了全美近60%的产出。

二、文化产业促生城市更新的动力模式

(一)生产消费——文化生产的根本动力

城市文化具有社会功能意义上的双重属性——生产性与消费性。前者关注城市文化与城市生产部门的紧密联系,尤其强调文化产业对于城市经济发展的引擎作用,以及对于城市就业结构、收入分配以及城市竞争力的重塑作用。而后者关注点在于城市文化与消费环节的内在关联性,具体表现为城市消费空间的文化转向以及城市文化设施、文化氛围对于追求文化消费的人群的吸引力上。❶ 近年来,中国居民消费持续扩大升级,已进入消费需求持续增长、消费结构加快升级、消费拉动经济作用明显增强的重要阶段。文化消费兼具产业、市场、要素和意识形态等多重属性,在稳增长、促改革、调结构、惠民生过程中发挥着重要作用,已成为国民经济新的增长点、转型升级新的支撑点。如何更好地释放和激发文化需求潜力,以消费升级带动产业升级,实现文化产业供需匹配,既是促进现代文化市场体系建设的重要路径,也是满足人民群众对美好生活更高期待的有效方式。

首先,要以要素创新驱动业态创新。文化产业以要素创新为重要手段,其着眼于全面要素创新和擅长于迭代创新的特征是突破传统动能发展遭遇"天花板"和新旧动能交替时期面临"玻璃门"的有效路径。文化产业是以创新为主要特征的战略性新兴产业,以科技创新为先导实现文化科技深度融合的迭代创新,以跨界创新为主导实现文化创意和设计服务与相关产业深度融合的协同创新是文化产业创新之翼,它们共同构成了文化产业动力逻辑的主体。一方面,文化产业借助科技力量不断突破发展的"天花板",实现自身转型升级,通过把握科技的规律、掌握科技的特点,解决"S 型曲线"导入期市场失灵问题,着力营造创新驱动"新经济"发展的生态环境,注重营造创新驱动创业的生态环境等❷ 文化产业要素创新,重塑了经济发展新的动力结构。另一方面,文化产业不断打破边界固定、行业分立明显的局面,以文化产业与旅游、信息、制造、建筑、体育、休闲、会展、商贸、零售等相关业态的融合,以文化产业与科技、创意、资本、市场、人才、品牌、渠道等相关要素的融合,不断实现行业的整合、要素的集聚,起到了推动新旧动能转换"加速器"的作用,并扮演了新旧动能转换"稳定器"的角色。

其次,要以产业转型拉动消费转型。文化产业发展以产业转型为核心目标,其通过

---

❶ 张京祥,邓化媛.解读城市近现代风貌型消费空间的塑造:基于空间生产理论的分析视角[J].国际城市规划,2019(1):72-73.
❷ 郑世林.李克强谈"S 型曲线"理论:用新动能带动新经济[EB/OL].(2016-05-21)[2020-05-15].http://www.gov.cn/xinwen/2016-05/21/content_5075377.htm.

扩大有效供给和引导优质供给的发展动力是供给侧改革的核心，是解决"供给抑制"和"供给约束"并存矛盾的重要突破口。世界各国的经济发展史证明，从中等偏上收入国家向高收入国家迈进的时候，恰恰是产业结构变化最剧烈的时候。在我国经济进入新常态、面临一系列新的突出矛盾和主要问题的环境下，产业结构供给侧失衡，供给抑制和供给约束共同存在的问题也开始显现出来。可以明确的是，供给侧的结构性问题，关键是供给主体的结构问题。只有供给主体充满市场活力、形成与时俱进的竞争力，才能形成供给侧改革的内生力量，源源不断地向市场提供更优的有效供给，不断激活市场需求，创造消费动力。[1]

文化产业的产业特征表明，发展文化产业是在市场经济条件下满足人民群众多元化、多样化、多层次精神文化需求的基本途径。伴随着主要从提供"物质"解决温饱转变到着重于提供"人的质量提高"服务转变的供给侧改革过程的，是改革开放以来，我国居民消费结构的"排浪式"变化。以"互联网+"为基础的传统产业改造，以及相应的新模式、新业态、新经济共同推动文化消费转向更加多元和丰富的精神性产品和服务阶段，文化产业消费类型开始从以中低端文化产品和服务为主的基本文化消费，向逐渐注重产品和服务的品质与体验价值的发展型消费及更加注重个性化与精品化的享受型消费转变，文化产业越来越具备为传统产业转型提供有效动能和为供给侧改革提供实验创新的可能性。

（二）文化创新——文化生产的动力机制

创新既是文化的形态所需，又由文化的本质所赋。构建创新驱动型经济是我国实现可持续发展、促进经济结构优化、增强国际竞争力的必然要求。从国际经验看，文化创新在一定程度上优化了国家发展战略，重塑了新的经济路径价值导向。从历史的角度看，20世纪70年代欧美国家人均GDP先后达到5000美元进入工业化中后期时，这些国家出现了产业转型升级的趋势。在产业转型升级中，大众对知识、智慧、创新和审美等文化要素的需求更加强烈，将文化纳入国家发展战略，并以政府力量推进文化建设成为这些国家重塑经济动力的共识。以"创造性"为主题的国家文化发展战略的确立，为这些国家经济高级化构建提供了有利条件。可以说，文化产业在产业转型升级、经济结构调整优化中发挥了巨大的作用，并积累了丰富的创新经验。从当前的趋向看，世界正在酝酿新的科技革命和产业变革。"工业4.0"使信息化和传统精良制造结合起来，推动制造业更加智能化，形成新的国际竞争力。结合当前我国处于大力推进新型工业化、信息化、城镇化和农业现代化关键时期的特征看，文化产业已经跳出了作为战略性新兴产业的认

---

[1] 董小麟. 着力优化供给主体结构和市场环境[N]. 南方日报，2016-03-14（004）.

知框架,变成一种发展理念和发展思维。

　　文化产业对塑造经济发展永续动力的启发,首先源自文化产业自身的不间断创新。文化产业作为一种战略性新兴产业,以创新创意为灵魂,低耗能高附加值的产业特征本身便是经济发展的新动力,其具备的强大的动力"续航"能力不断突破经济"L"型走势,频频创造发展亮点。与此同时,文化产业自身也在不断进行供给侧结构性改革,力图进一步优化产业形态、集约空间布局、实现经济结构合理化和高度化,为构建新动力、创造新动能提供稳固支柱。文化产业在永续创新中的自我更新,正是实现永续动力的基本逻辑。而事实上,以创新求发展从来就是社会的进取法则与内在动力,也是经济发展的重要引擎与改革源泉。文化领域的创新和突破,不但颠覆了文化与经济基本属性二元对立的偏颇认知,而且更为经济发展和经济社会全方位的供给侧改革提供了创新思路和创新立面。

　　文化产业创造城市更新的基本作用,是以制度创新为根本,为城市发展注入活力、动力。制度创新是最为重要的经济发展"发动机"之一。良好的制度环境不仅是提高文化产业经营效率的重要保障,还是文化创意迸发、文化创新涌现的强大诱因。制度创新始终是创新体系中执行难度最大的内容。然而,制度却提供了一种经济的激励结构:随着激励结构的演进,制度决定经济变化的走向是增长、停滞,还是衰退。[1]文化产业供给侧结构性改革在经济发展动力体系构建中最大的贡献在于对文化产业政策的实验、试错和文化治理模式的探索、创新。就前者而言,以国家文化产业创新实验区、国家文化金融合作实验区为代表的区域合作模式和发展范式,是对以制度创新为核心的实验机制的探索,更是对以"有形之手"破除"市场失灵",以"无形之手"解决"政府失灵"的制度创新的尝试。从后者来看,建立"文化治理体系"是国际上通行的成功的社会参与文化管理形式,也是推进国家治理体系和治理能力现代化的重大举措。改革文化治理模式即以市场经济的方式实现文化的政治、经济和社会的价值性转换,进而改变和重塑国家治理模式。文化产业供给侧结构性改革的制度创新之首便是通过有效的政府管理经济、社会方式的创新,形成国家文化治理体系。它增强了文化治理的协调性,并将与文化产业相关的工作纳入政府整体的工作体系、规划设计和考核制度,使文化产业成为国民经济的重要组成部分。同时,它激活了文化治理的能动力,充分释放了文化市场的公平与正义[2],更全面释放了经济社会的发展活力,为经济发展提供了有效动力。

---

[1] 李兴耕,李宗禹,荣敬本.当代国外经济学家论市场经济[M].北京:中共中央党校出版社,1994:158.
[2] 胡惠林.在文化发展的实践中推进文化理论的创造性发展[J].中国编辑,2015(2):27.

（三）多元共生——文化生产的迭代动力

当前，全球化、技术的交叉渗透、产业界限与企业边界日益模糊、信息技术的快速发展等，对创新提出了新的要求。开放市场环境和开源技术环境下，新产品、新技术的生命周期被不断缩短，市场要求的创新频率不断加快，新产品的开发与应用所需的投资也日益增大，传统的纵向一体化模式❶（产品的设计和开发、生产、分销等产业链上的各个环节全部由一个公司来完成）的创新越来越难以独自实现。而随着文化与科技深层次、全领域的融合，文化市场的驱动方式也不断发生异质性变化，通过寻求迭代创新来源源不断地提供优质产品和服务的文化市场，开始以市场主体的自发力量展开基于创新链条的广泛合作。

在传统的经济学理论中，企业之间不外乎竞争和合作两种关系，但无论是对抗性竞争，还是单一的合作，都有缺陷。对抗性竞争往往导致两败俱伤，而单一的合作会由于逆向选择和道德风险具有不稳定性。❷在这样的形势下，改变以竞争或者单一合作求生存和发展的战略，转而以竞合理念整合企业内外资源，与相关企业在竞争中合作、在合作中竞争，实现共同发展。文化产业的协作模式和共生生态，以及文化产业以集群方式构建的知识体系和创新网络，为经济发展寻求迭代动力、实现共生创新提供了有效范本。

文化产业对塑造经济发展迭代动力的启发，主要源自文化产业在集群模式的合作中构建的共生创新系统。建立在"共生"生态上的文化产业集群，是全球资本、技术和人才等要素流通最迅速、对创新和创造成果的应用最敏捷的地区。它们打破了单打独斗的"独立创新"范式，以生态链接构成了全球文化经济的协作网络。其"共生创新"的基本理念是，以智力成果和知识资源为集群凝聚的核心，以创新为动力，建立受文化保护作品的创作、生产、传播、使用和消费基础之上的产业组织形态。可见，文化产业共生创新的核心在于构建了"共生"的系统和在该系统模块下创新单元、创新环境、创新基质和创新界面协同的网络。在共生网络中，创意阶层、创新环境营造者、创新制度和法制环境、创新反馈等共同推动着发展动力的更新、换挡、超越。

（四）跨界融合——文化生产的永续动力

随着我国居民人均收入和精神生活水平的提高，文化需求层次不断提高且日益多样化，文化产业消费类型开始从以中低端文化产品和服务为主的基本文化消费转向逐渐注重产品和服务的品质与体验价值的发展型消费，转向更加注重个性化与精品化的享受型

---

❶ 赵志耘，杨朝峰．创新范式的转变：从独立创新到共生创新[J]．中国软科学，2015（11）：155-160．
❷ 谭介辉．竞合战略：企业逆境突围的利器[J]．中国经济周刊，2013（23）：21-21．

消费,转向更加注重沉浸式和体验式的交互型消费。而新一轮科技革命又不断促使技术、信息、资本等要素跨国界、跨区域流动日趋频繁,以"跨界"为新供给特征的现代文化市场体系逐渐凸显出新的趋向。

从跨行业区间的要素融合看,文化与信息化的深度融合,将加速促使产业升级,增强产业竞争力;文化与城镇化的良性互动,将加快构筑优势互补、特色集约的城镇产业格局;文化与农业现代化的相互协调,则将加快形成因地制宜、产城人文有机融合的城乡一体化格局。不难看出,文化产业正不断通过创新驱动激活区域内生增长动力。从跨时间、区间的资源整合看,文化产业擅长于从"时间"的逻辑主线中寻找素材,并力图通过历史与未来的对话,在"留住往日的时间""再造往日的空间"的过程中实现文化的时间价值。正是一种跨界思维的体现。于传统工艺中寻求载体,在历史文化中寻求灵感,从村落记忆中寻找素材,不断催生新的产业集群出现,并在一定程度上推动了城镇化进程,更为重要的是,释放了二元经济地理结构下乡村的发展活力。从跨空间、区间的区块链接看,文化产业以文化认同构筑文化纽带的特点使它在区域空间中很容易形成新的逻辑框架,它们或者以"文化线路"的形式带状分布形成文化经济带,或者以"文化集群"的方式圈层扩散形成增长极。这些打破行政区划而由文化聚合力重组而成的区块,如同"经济马赛克"一般,闪耀着创新的光芒并不断颠覆着传统经济发展动力模式。

跨界思维对传统经济发展动力的颠覆和重构,是建立在供给侧结构性改革基础上适应和引领消费趋势基础上的裂变式创新。文化产业视阈下跨界思维带来的创新裂变,一方面打破了传统经济发展动力的线性模式,不断突破单一的、静态的串联式产业链而演化为复合的、动态的并联式协作的网络,重塑了以"大文化"为纽带、打通经济发展时空关联的动力机制。另一方面打破了传统资源的排他型消费模式,将传统生产活动和生活图景在市场化的环境下转化为文化商品,建构了文化经济的新秩序。

(五)界面平台——文化生产的内生动力

平台思维基于"分享经济"的商业模式,通过对使用权的重新安排使资源得到最大化的利用,为市场需求者提供更优质的服务,实现了生产与消费的更好统一。平台思维也是适应供给侧改革要求的创新范式,它以按需分配为基础,以共同生产为纽带,使每个生产者同时也是消费者,每个人都可以按照自己意愿与能力进行选择与才能发挥,从而实现人的自由发展。每个人都是"平台"上的节点,每个人都可以通过"平台"实现产品和服务的生产与供给,每个人都可以为满足他人的需求与发展创造条件。❶

平台思维把知识的获取、共享、创新和应用建立在开放的平台上,打破区域行政壁

---

❶ 姚鸿.分享经济释放社会发展新动力[J].红旗文稿,2016(7):24-25.

垒，以文化创意资源的开发整理与重塑为主体，以文化创意和技术创新为驱动要素，能够有效实现资源的整合与市场的配置，往往成为政府经济调控的战略重点。平台思维可以更好地推动基于知识产业链升级及契合，或引领市场需求的消费升级。开放平台的建立，能够对要素结构、需求结构和产业结构进行综合配置，并基于产业本身知识价值链展开分工与合作，实现资源共享。平台思维可以更好地推进隐性知识创新，并提高隐性知识显性化所创造的产业附加值。隐性信息实现了各个具有不同创造能力和技术知识水平的创意企业依靠组织内部公开的界面规则或关系契约，在创意设计、生产、流通等各个环节实现灵活的专业化分工和松散的耦合，形成非线性的，多层次、多功能的网络合作关系❶，这种多层次的、灵活的网络通过创造"产业空气"激发市场主体的内生动力。

可见，平台思维是"文化+"和"互联网+"的高级阶段，也是将单一的"加法"运算向综合函数转变的复合法则。作为一种实现优质供给和有效供给的协同网络，平台思维激发经济发展内生动力的关键是创造优化经济发展的激励机制，构建产业结构优化的激励基础，完善市场竞争的激励机制，形成创新资本积累、创新制度积累、创新人才涌现、创新技术突破和创新治理渐进的动力机制，从而实现以开放的平台促进社会的公平与正义，以信息的共享促进社会的自由与开放，以高频与速度促进社会运行的效率提升，以永无止境的创新促进社会的不断进步❷的改革路径。

---

❶ 余晓泓.创意产业集群模块化网络组织创新机制研究[J].产经评论，2010（4）：5-9.
❷ 韩智英.中国经济增长动力机制研究[J].管理纵横，2016（13）：9.

第三节　城市更新的公共艺术动力

城市作为一种社会空间存在，是一种物化的资本力量，这种力量表现为经济与文化要素的集聚。不管是文化场景对城市的解释力，还是公共场地对市民的吸引力和凝聚力，抑或是文化场域对人类活动参与性的激发，一个充分发展的城市社会空间，既能够成为城市人创造新生活方式的动力，又能够在改变社会关系的同时"形塑"城市市民的生活方式。[1] 从这一维度看，城市功能的空间映像是社会发展的集中反映，也是文化逻辑的系统呈现，是一个将抽象的文化意象转变为具体的城市的空间格局、街区肌理、社区格局的过程。文化激发了城市功能演进中的自主动力，也赋予了城市空间映像中的特殊气质，让城市呈现出宜人的景观、优美的街道、迷人的场景、多元的文化记忆。[2]

一、公共艺术促进城市更新的场景构建

现代城市始终处于"社会与文化"的核心位置，是我们理解整个人类社会与文化变迁轨迹和把握未来发展趋势的风向标，也是人、社会、环境多向互动的重要场所。因此，在城市更新中，我们不仅需要重新考量中国现代城市社会与文化的发展历程、社会动力机制和文化影响力，而且必须把"城市"作为一个整体，不仅要放置到与经济环境、人文地理、自然生态和政治格局的复杂关系网络中予以重新定位，更重要的是要从城市更新的社会文化基础出发，将人置于城市更新的中心地位，在夯实城市更新的社会文化基础的同时，不断实现人的自我更新与发展，从而在整体上推动城市的更新与人的全面发展。

（一）城市精神的叙事场景

叙事是一种交流手段、知识形式和认知模式，是自我与世界、自我与他人之间的中

---

[1] 凯文·林奇. 城市形态 [M]. 林庆怡，等译. 北京：华夏出版社，2001：27.
[2] 文军. 城市更新的社会文化基础及其张力 [J]. 探索与争鸣，2017（9）：30-33.

介，是为人类的离散的经验创造秩序与意义的一种方式。[1] 叙事学研究对于人、事、物、空间、时间等因素的叙述结构和方式，强调关注和把握事物构成各要素的内在关联。这一理论从文学领域逐渐影响了电影、绘画、雕塑、建筑等多个领域的创作。文化场景对城市文化的思想阐发和表达范式是城市叙事过程，而文化场景的使用者或参与者，同样也是城市叙事的行为主体。

以联合国创意城市网络为例。2004年，联合国教科文组织在全球文化多样性联盟的基础上，设立了一个在坚持创意城市理念原则下由不同发展模式的创意城市组成的联合发展网络，即"全球创意城市网络"，并设立了文学、音乐、电影、美食、设计、手工艺和民间艺术、媒体艺术七大主题的"创意之都"。创意主题构成了这些城市精神叙事的主线，而丰富的文化艺术活动、多元的公共文化场景、活跃的城市创意阶层、特色的城市更新项目则构成了这些城市文化更新的界面和载体。

围绕城市文化精神塑造艺术形象，点燃市民艺术梦想。联合国创意城市网络城市的城市治理中，围绕"城市精神"开展艺术营造是一种普遍的方式，通过设计打造一个让市民获得舒适生活且可持续发展的城市、提供无限畅通交流机会的城市、具有独特气质和标识的城市、由市民推动的文化创意城市，既是城市更新的有效方式，又是以设计创造美好生活的典型范式。作为联合国创意城市网络的"设计之都"，首尔讲述"城市故事"从城市形象设计开始。而城市形象，是大多数城市开展叙事的最先也是最直观的陈述方式。首尔在提升城市形象中，选定了城市吉祥物和10种"首尔代表色"，开发了"首尔汉江体"和"首尔南山体"两种特有的字体用于首尔市政府、各居民小区标志和指示牌上。用统一的形象来整顿无序的城市景观，达到改善视觉效果的目的，并营造和谐、整洁的环境氛围。此外，还选定50条街道改造为"设计首尔街道"，进行创意街区建设，并开发利用历史文化资源建成地标建筑——东大门设计广场（DDP）和东大门历史文化公园建筑群等，改变城市的外观形象。而最具创新性的举措，是实施"城市画廊工程"项目。该项目自2007年开始试点，基于亨利·列斐伏尔（Henry Lefebovre）的名句"城市是一个充满艺术的画廊"而策划实施。它是首尔市政的一个公共艺术项目，意味着要成为创意城市和文化都市，城市本身就应成为一件艺术作品。实施城市画廊的目的是通过在公共空间摆放创意公共艺术作品来表现首尔独特的美和首尔故事，使市民和外来旅游者能够分享首尔独特的气质和历史。城市画廊工程旨在通过市民与艺术家的努力，实现首尔是人们生活的新天地、生活就是艺术的城市梦想。[2]

---

[1] 张新军. 叙事学的跨学科线路 [J]. 江西社会科学, 2008 (10): 38-42.

[2] 刘平. "设计之都"首尔：文化创意促进城市转型 [J]. 上海文化, 2014 (2): 105-111.

立足城市传统优势培育创意市民、创新文化艺术服务。作为联合国创意城市网络的"文学之都",爱荷华展现了创意写作与创意城市之间的丰富互动关系。大学及图书馆等公共文化服务机构开展的服务、创造的课程、营造的氛围、培育的人才,塑造了爱荷华独特的城市精神。其中,爱荷华大学创意写作学科以及闻名世界的爱荷华作家工坊,在爱荷华创意之都的建设过程中发挥了重要作用。通过提供专门性的创意写作教育、在公共机构开展创意写作活动,为不同年龄、职业和身份的群体提供读写与创意教育机会,对爱荷华城的公共文化服务、文化人才培养、城市经济发展具有重要作用。爱荷华大学的创意写作工作坊一方面可以为创意城市培养原创型的写作和创意人才,另一方面可以为创意城市提供丰富的文化产品,这些都是创意城市发展的基础需求。而从创意城市的发展角度来看,创意城市的发展和建设对创意写作学科在人才培养、文化创意人才、产品创造方面提出了更多的要求。创意城市为创意写作提供实践的空间的同时,也在促进创意写作不断地调整自己,刺激创意写作的快速发展。面向公众开放,注重通过具有创意的文学活动策划推动文学活动的多层次发展,以此丰富文学活动与城市、社会生活,是爱荷华公共艺术发展最为重要的经验。而让作家等原创型艺术家有机会走出校园,把自己的作品、梦想与理念在更大的社区、城市公共空间内进行交流、沟通和分享,从事更有创造性的创意写作实践探索,又实现了爱荷华城市更新的可持续性。爱荷华的创意写作对城市公共文化服务和发展,以及对其他国家的创意写作学科建设也具有重要的示范意义。比如,创意写作实践项目"退伍军人之声项目"(Veterans' Voices Project, VVP)就是创意写作促进创意城市建设的重要案例。该项目是爱荷华大学创意写作学科教育的一个外部延伸项目,旨在把爱荷华作家工坊和爱荷华城的退伍老兵的故事联系在一起,是具有一定的公益性质的尝试。在这个项目中,文学创作、写作教育、公共文化服务和社会公益得到了很好的融合。在爱荷华文学之城,创意写作工坊、社区与城市基于文学的核心价值创造,建立起了贯通写作、教育、生活、社会工作、城市经济发展的良性循环模式。从创意写作工坊到社区,进而面向创意城市拓宽自己的实践层面,不仅是形式上的扩展,也是基于20世纪早期创意写作发展之初的各种文化理想的延伸。它以自己的创造力发现和创意书写为途径,把文学和创意撒播到更广阔的空间。在这个实践路径拓展和构建的历史中,以工坊为核心机制的创意写作教学向公共空间不断延伸,将审美、读写能力、文化经验、创意能力融汇在自身的演化过程中,并把它们统一起来。在更高层次的公共空间内,创意写作工坊和创意社区(Creative Community)、创意城市(Creative City)、文化国家(Cultural State)战略下的创意国家(Creative Nation)具备了对话、沟通的基础,即通过文化服务和文化产品来建立实际性的联系。❶

---

❶ 葛红兵,刘卫东.从创意写作到创意城市:美国爱荷华大学创意写作发展的启示[J].写作,2017(11):22-30.

利用城市文化底色，更新城市艺术空间，唤醒市民艺术创造力。优质的城市公共文化艺术空间，是在保护、保留城市原有的美丽和魅力的基础上，充分利用城市自然舒适物和文化舒适物的特质，创造出既能够感受到自然和历史的气息，又能够满足市民基本生活需求、使居住者和来访者都感到舒适的文化艺术空间。作为联合国创意城市网络"设计之都"的神户市，在城市公共艺术空间的营造中，以"大设计"为出发点，以唤醒市民的艺术精神为着眼点，实现了设计引领的城市更新。神户市的城市设计思维，不仅包括对城市空间的设计，而且链接了经济的设计和文化的设计。作为一种多层次、多内涵、与城市发展和市民生活质量的提高息息相关的"大设计"概念，神户将"设计"定位为提高生活品质、发挥个性与魅力、振兴发展经济、提高创造力、培育和传承精神文化5个层次，并将为市民创造"高质量生活"作为设计之都的营建目标，让每一个市民都能够充分享受城市各种设施和优雅便捷的城市生活。神户的中心城区被山和海环抱，拥有迷人的自然景色，山与水的对比和衬托，造就了富于特色的空间，显得优雅而时尚。在良好的自然本底条件下，神户市还通过因地制宜的城市更新，改造文化艺术空间，并将市民作为参与主体纳入城市更新中。在公共文化艺术空间的更新中，神户市首先着手改变由于高层建筑林立而阻断城市与大海和六甲山的现状，使城市重新与大海相连，恢复过去那种背靠六甲山向南眺望迷人海景的视野开阔的神户特色。其次是将神户的大门，即三宫车站前的主干道——鲜花大道的人行道整修成便于步行的步道，行人可以观赏四季不同的鲜花，更方便地享受三宫中央大道两旁开放式饮品店的各种饮品。除了对空间的更新，神户市还将培育具有文化艺术气质的公民作为城市更新的重要目标。神户市对儿童从小培养艺术情操，进行文化艺术教育，在街道建设中充分考虑创造有利于培养艺术家的氛围和环境，充实"街边艺术舞台"，将街道公共空间打造成为市民与艺术家和游客以艺术为媒介的聚会和交流、提高技艺、切身感受艺术的场所。❶

当前，越来越多的城市在对民族性和世界性文化的双向选择中明确了"文化阐发"的方式，向世界展示文化内容，诠释文化记忆，寻求文化认同，并以多元化文化经济时空组建的方式，将城市历史的当代呈现、城市景观的视觉传达、城市风貌的地理表达作为一种时空并叙的方式，展现城市的本质和精神。但在文化场景被赋予新的使命中，以"场景"阐发什么样的文化，讲述什么样的故事，深耕什么样的传统，塑造什么样的内容，却一直是城市顶层设计和实际操作共同的难题，毕竟场景所承载的意义难以全部表征城市庞大的文化机器作用，从公共服务领域寻求全域文化经济演进的时空关系和动量逻辑为文化阐发提出了新的要求。

---

❶ 上海社会科学院部门经济研究所. "设计之都"神户的创意城市建设[J]. 地域开发与研究，2012（3）：83-87.

(二) 城市文化的参与情景

传统的社会参与以托克维尔/帕特南（Tocqueville / Putnam）式参与为主导，这种偏重于参加正式组织/社团，如参加基瓦尼斯（Kiwanis）俱乐部、妇女选民联盟或新社区委员会的模式，在城市创新方式更加多元、市民诉求更加多样的背景下，往往会遭遇现实挑战。而全球化时代，诸如多伦多、波哥大、那不勒斯和芝加哥等城市，却以新的参与模式创造出新政治文化的"蜂鸣"。这进而说明，文化参与是创造"蜂鸣"的重要手段，就如同"发现之旅不在于寻找新的风景，而意在拥有新的视野"一样，艺术与文化的兴起正在逐渐转变着公民政治。尽管这一观点对于许多社会科学家来说仍是新鲜事物，但对于政策制定者来说这种现象早已司空见惯。"蜂鸣"理论为我们试图通过将文化艺术与政治分析相结合的方法来克服传统公民参与的鸿沟找到了突破口。

立足于"人"的文化自觉，"蜂鸣"理论是物理的城市更新与精神的公民成长的双螺旋耦合。城市创新不仅是城市社会文化属性重构的过程，也是人的深度城市化的过程。在城市创新动力的塑造中，"人"始终是最为关键也是最为重要的因素。没有人口的集聚，就没有城市的构成，更没有城市的更新和再造。[1] 因此，以"人"为核心创造"蜂鸣"，才能体现出城市发展的本质：不仅仅是物理的"城市"的更新过程，更是精神的"公民"成长的过程。以哥伦比亚波哥大为例。在20世纪的八九十年代，波哥大以世界谋杀之都而闻名，是全球最暴力的城市之一。但是在1995年，波哥大经过了一次不寻常的政治竞选，安塔纳斯·莫卡斯（Antanas Mockus）当选为市长。在城市治理中，莫卡斯引入了与托克维尔/帕特南模式中大多数假设相矛盾的全新政治领导风格。如使用哑剧演员和裁判卡规范交通。波哥大引入近500个哑剧演员，来引导城市交通。这些演剧演员穿着奇装异服，涂着白色的脸，用夸张的动作创造了一种如同马戏团般的氛围，人们在欢笑的氛围中变得遵守规则。这些指挥交通的哑剧演员在几个月内完成了过去几十年的传统执法未能达到的执法效果。波哥大还向市民发放了近35万张类似"竖起大拇指"或"倒立大拇指"的卡片，驾驶员之间互相举牌以表达他们对驾驶行为的赞同或反对。市民驾车时非常成功地使用了这种卡片，以至于它们很快成为波哥大日常生活中社交活动的一部分。[2] 可以说，波哥大的"公民文化计划"充分激发了"人"的创造性，创造性地赋予了市民解决许多城市生活中常见问题的能力，创造出巨大的"蜂鸣"效应。而"公民文化计划"之所以成功，是因为莫卡斯政府并没有把"善政"视作公民的产物，而是证明了公民实际上可以是"善政"的产物。简言之，"蜂鸣"可以作为集体行动参与城市治理和政府合作的催化剂。

---

[1] 文军．城市更新的社会文化基础及其张力[J]．探索与争鸣，2017（9）：22-30．

[2] CLARK T N. Can Tocqueville Karaoke？ Global Contrasts of Citizen Participation，the Arts and Development（Research in Urban Policy）[M] .Bingley：Emerald Publishing Ltd，2014．

(三)城市创意的业态生境

"蜂鸣城市"的诞生,是城市星球寻求经济增长的钥匙。正是因为"蜂鸣"的产生、相互影响及广泛蔓生,使创意经济趋于高度集中。例如,信息技术集中于圣何塞,金融集中于伦敦和香港,娱乐产业集中于洛杉矶,制药集中于巴塞尔。具有创意色彩的社会互动如同打开经济命脉的钥匙,使产业在特定国家、特定城市形成专业化集聚,进而决定了高技能工作的分布和收入的等级体系。❶"蜂鸣"对产业垂直领域和相关产业之间的水平领域均产生了经济与社会互动的作用。作为一把促进"城市发展的钥匙","蜂鸣"解释了"城市发展是一个充满噪音、复杂的问题,无法用一个单一'大爆炸'模型解释"的理论困境。

"蜂鸣"集聚创意阶层,创造液态共生。"蜂鸣"塑造出的城市事件必须具有共生的特点,才能产生创造的共鸣。"蜂鸣"对人居环境的塑造就如同珊瑚礁对海洋世界的贡献。"仅占地球表面1/1000的珊瑚礁,养育了上百万种海洋生物。其原因在于,许多生物与珊瑚礁创造性共生,大量循环利用能量,从而让贫瘠的珊瑚礁变为海洋绿洲"。❷"蜂鸣"是触发创意的行动,在许多城市创意产业的发展中也广泛地得到证实。信息密度大并且自由流动的城市"液态",一改分子反应堆难以发生反应的"固态"环境,因为创意阶层的相互交流而产生大量的创新,创新的流动催生了新的思潮。社会科学家长期以来一直试图理解文化产业及其产业系统的发生与社会环境之间的关系,而"蜂鸣"理论为社会环境解释文化产业发展提供了新的可能性。通过捕捉社会环境及其所处的场景生态,我们发现,社会环境具有非随机的空间聚类,本土的"蜂鸣"展示出文化产业的异质性,即同样的文化生产在不同的社会语境下,会产生不同的产业形态;活动的"蜂鸣"则展示出文化产业的同质性,如飞地经济对文化生产、消费和流通产生的影响,地方品牌的递归性质可以部分解释由此产生的文化中心。❸ 同时,"蜂鸣"在城市中的分布也并非均匀的。在现代城市中,文化的异质性和种族的多样性所带来的活力,是创造"蜂鸣"的重要条件。这也解释了创意阶层集聚的基本规律和创意集群诞生的地理原理。"蜂鸣"理论作为理解文化产业拟态环境的视角,为研究文化产业和城市地理格局提供了一个新的空间维度。

"蜂鸣"集聚创意阶层,产生当地互动。正如全球化与地方互动是发展的一体两面,技

---

❶ STORPER M. Keys to the City:How Economics, Institutions, Social Interaction, and Politics Shape Development [M]. New Jersey:Princeton University Press,2013.

❷ 同❶.

❸ CURRID E, WILLIAMS S, The geography of buzz:art, culture and the social milieu in Los Angeles and New York, Journal of Economic Geography [J]. 2010,10(3):423-451.

术、交通和通信的全球化在加强地方互动的同时，也用远距离进口替代了部分地方功能。但是城市赢家往往具有比较低发展水平城市更高的地方互动增加。强烈的地方互动能够促进地方天才（Local Genius）的产生。地方天才对于区域发展极为有利，但是很难模仿，更难以培养。而地方互动最强烈的形式是"面对面交流"。那些具有卓越的创意经济的城市之所以集聚大量的创意阶层，是因为城市经济发展中对"面对面交流"的需求也在增长。当各种类型的地方天才在城市里相遇时，便能够带来"创意蜂鸣"效应。❶ 这也同时解释了为什么在许多情况下，"蜂鸣"不仅出现在整个城市，而且出现在专门或特定的领域。在这些"蜂鸣区域"（Buzz Areas），各种创新意见、非凡创建和对生活方式的互动表达正在发生。"城市蜂鸣"（Urban Buzz）的活动场所类似于意大利古老城市的广场，过去所有的活动和交流都集中在这里。广场本质上是"面对面"的空间形态，"蜂鸣"很大程度上取决于"面对面"的过程中人与建筑环境和社会经济等因素碰撞所产生的火花或灵感。❷ 此外，"面对面交流"作为产生"蜂鸣"的传统方式，本身也是一种特别丰富的方式，它将复杂的隐性知识通过独特的方式表现和诠释出来。隐性知识多植根于人类身体机能的运用，或对于工具的使用，如艺术家的表演、画家的创作、设计家的创意等。这些属于操作技能和艺术技能的专有知识本身带有大量的隐性成分，又因受到社会氛围、制度环境等影响而带有很大的灵感成分。因此，尽管当今时代在经济社会发展的许多领域产生了强大的互联通信技术，然而只有"面对面"才能促生一定的"蜂鸣"并由此形成"参与循环"❸，产生创意情景或构件叙事场景。

二、公共文化服务促进城市更新的表现

城市公共空间是市民开展公共生活的物质空间载体，是公共生活的发生地，承载着生机勃勃的市民活动，体现着社会功能。因此，公共空间的设计应基于活动主体，即市民公共生活的叙事，表达空间中人与社会的现实关系。而公共空间中的主体——市民，则是城市更新的动力之源。城市更新与市民之间的链接和作用，很大程度上通过公共空间来实现。可以说，城市公共空间是一个舞台，人们既是参与者，又是表演者。如果一个空间没有人参与活动，就会成为名存实亡的公共空间。城市的公共空间能否形成一定的价值归属，吸引更多人参与交往活动，是城市公共空间设计的重要建设意义。❹

---

❶ STORPER M. Keys to the City：How Economics, Institutions, Social Interaction, and Politics Shape Development [M]. New Jersey：Princeton University Press, 2013.

❷ KOURTIT K NIJKAMP P. Strangers on the Move：Ethnic Entrepreneurs as Urban Change Actors, European Review [J]. 2012, 20（3）：376-402.

❸ STORPER M, ANTHONY J, VENABLES M.Buzz：the economic force of the city（2004）[J]. Journal of Economic Geography, 2002（6）：6-8.

❹ 范希嘉, 邹一了. 基于叙事的城市公共空间体验设计 [J]. 包装工程, 2018（4）：31-37.

（一）公共文化服务：满足城市更新的文化需求

优质共享的基本公共服务是城市吸引人、留住人的关键。建立与城市经济社会发展水平和发展阶段相适应的公共服务体系，让城市居民能够机会均等获得体系成熟完善、设施共建共享、服务优质高效、满足多元需求的基本公共服务，是城市功能优化和品质提升的核心诉求。作为城市功能的重要载体，公共场所在人民群众对"美好生活"提出越来越多层级、全覆盖、智能化和人性化公共服务的需求下，不断体现出新的空间意象，究其本质，是以公共场域为载体，更好地获得"美好生活"更高品质、更优选择的空间正义，代表了一种市民共建、共享、共治城市的理想蓝图。

公共文化服务的健全和公共文化权益的保障，既是城市更新的底线，也是城市发展的基本要求。无论是哪类型的城市更新，哪种方式的城市建设，均依据《公共文化服务保障法》为居民提供完备的文化设施、健全的文化服务，以满足居民文化需求。以北京市为例，《北京市基层公共文化设施建设标准》根据不同的区域特点以及人口分布情况，对于农村、城区文化设施配备做出了不同的规定，同时提出"2+X"文化设施功能的基本模式。在层级网络上，明确市—区—乡镇（街道）—行政村（社区）四级公共文化服务网络。在文化服务配送上，通过菜单式服务构建，以包括公共图书服务、文化活动以及公益演出在内的三大配送体系，为居民提供公共文化、艺术服务。在文化设施建设上，以基层文化设施覆盖率为要求，规制城市更新和社区建设中公共文化艺术设施的建设空间，以满足基层人民群众的文化生活需要。在文化活动开展上，形成市、区、乡镇（街道）、行政村（社区）四级文化部门的联动机制，丰富居民文化生活，引导居民通过文化参与，赋能社区建设，提升城市发展活力。

公共文化服务的基本设施、场馆、文化艺术活动以及各类文化艺术的组织，使城市文化更新既具备刚性的基本要求，又具备弹性的发展动力。从刚性条件的角度看，公共场所是实现城市公共服务和满足市民文化需求的基本载体。伴随经济社会发展和收入水平提高，人民期盼有更好的教育、更稳定的工作、更满意的收入、更可靠的社会保障、更高水平的医疗卫生服务、更舒适的居住条件、更优美的环境、更丰富的精神文化生活，在公共文化服务中，以法律法规等强制约束的条款实现文化的"刚性兑付"，为完善文化设施、创新文化供给、优化文化服务提供了基本保障的同时，以文化自信、文化自觉等为柔性约束探索面向未来的"弹性"城市发展理念，将公共场域的空间营造带入了更广阔的成长阶段。

而从当代城市文化发展的全球趋势看，公共文化艺术服务的弹性介入，将成为吸纳更广泛居民投入文化建设、激发城市文化活力的重要方式。公共文化艺术服务在城市空间中的弹性介入，前提是城市居民对基本文化公共服务的质量、效率、便利性、公平性、均等化的要求和预期逐步提高。随着基本公共文化服务体系的建立健全，公共场所不再只是作为文化、体育、教育、健康、养老等生活服务功能刚性需求的载体和嵌入城市空间形态中的建筑。"弹性介入"既强调公共场所的物理空间特性，也强调以人为本的空间塑造。从物理空间角度看，城市将诸多异质的人群、技术、产业、观念等聚集在一起，使人们可能获得相对无限的信息、机会。从心理空间角度看，城市居民通过"易辨"的公共文化活动进行有效的沟通，获得场所精神的体验，形成多层次的、具有认同感和归属感的城市公共空间；❶随着城市发展从"功能城市"走向"文化城市"，基本公共服务从单一供给主体走向多元参与模式，为城市空间的不断优化创造出更加以人为本的人文环境。

（二）公共艺术表达：激励城市更新的"文化蜂鸣"

公共空间和与之相关的公共艺术是城市中最具活力的元素，它承载着居民丰富多样的社会生活，在很大程度上代表了一个城市甚至是一个国家的文化精神内涵。❷公共艺术并不仅是一种艺术形式，铸作、雕刻、建造、拼装、绘制出的物体均可为之。公共艺术有别于其他艺术的独特之处在于它为何而建、建于何处及自身所蕴含的意义。公共艺术能表达社会价值，提升环境质量，改变景观风貌，强化公众意识。置于公共场所的公共艺术是一种为了每个人而存在的社会表达形式。在城市更新中，随着设计者对公共艺术创作的不断创新以及对城市文脉的深切关注，城市空间中涌现出无数优秀的公共艺术作品。这些作品为城市文化的多元发展注入了活力，让更多的人意识到公共艺术可以通过多种方式传承历史文化、表达特定情感、凸显城市特色，对当今诸多新兴城市的发展与建设具有重要的参考价值和借鉴意义。

公共文化艺术空间是"城市之眼"，创造了城市更新的灵魂。不管是广场、街道、公园还是社区，这些形态各异的公共空间都蕴含了其过去的历史、当今的风貌和未来的发展。而优秀的公共艺术作品，恰恰是艺术与空间的良性互动结果。一方面，公共艺术作为载体，使场地的历史及文脉得以直观、鲜明的聚集；另一方面，人们以公共艺术为媒介，感受场地所蕴含的信息并融入自身情感，将历史与文化在心灵中重新演绎，最终通过思想与行为使场所精神得以延续。因此，公共艺术是连接过去、现在与未来的桥梁，是公众与空间环境进行互动交流的纽带。❸城市更新中对公共文化艺术空间的表达、诠

---

❶ 陈忠.城市空间弹性：文化自觉与制度转换［J］.探索与争鸣，2016（4）：61-65.
❷ 时洁芳，李聪.谁的空间？怎样的艺术？——中国城市更新语境下的公共空间和公共艺术再思考［J］.公共艺术，2014（5）：22-29.
❸ 李源，李险峰.喻情为景：公共艺术在城市文化景观中的隐喻表达［J］.华中建筑，2014（11）：119-123.

释和阐发，对一个城市精神的传达、气质的塑造和文化软实力的提升，具有重要的作用。

公共文化艺术空间是"生活之泉"，为城市中的市民赋予创造精神。城市文化更新的实质，是通过营造文化氛围、完善文化服务、优化文化生活圈，最终为市民创造一种文化生活方式。在城市文化更新中，社区是最为重要的载体，而艺术则是最为活跃的细胞。因此，"社区化"和"艺术化"两大原则值得参考。社区化是与当地的环境、社区、居民习惯相配合。艺术化是配合社区的当地景观，依据不同的特色做设计；另外，参考当地居民的意见，让大众接受公共艺术，成为大家的好邻居。公共艺术设计应该着重和环境的相关性，适时适地，充分发挥自身角色。在显性层面，理想的社区公共艺术品需要满足视觉的观赏机能；在隐性层面，理想的公共艺术品需要融入社区的地方自然环境，并发挥固有的人文特质。归纳公共艺术社区营造需要具备的各项意涵，如自然环境的调和、文化意涵的融合、本地历史的思维与社会教育功能的延展，可借此扩展公共艺术的场所精神，并开创社区地方特色永续发展的未来性。❶

公共艺术空间为自然生态赋魂，创造融入生态的艺术创景，创造生动自然的艺术体验。在当代城市更新中，因为城市居民对高品质生活的要求越来越高，对亲近自然、展现活力、尺度宜人的公共空间也提出了更高的要求。这就是为什么越来越多的口袋公园、社区公园与居民的生活融合度更紧密。在许多国家和地区城市更新的实践中，改造自然环境并植入艺术场景，吸引更多的居民参与公共艺术表达，越来越普遍。许多充分利用河流水系打造亲水公共艺术空间的案例，也说明了自然和艺术的结合在人居空间中的重要作用。如北京的三里河公园、首尔的清溪川改造，都是城市更新中自然和艺术结合的典范。

三里河公园是北京在城市更新中第一个重新挖通河道、恢复古都历史风貌的尝试。在三里河的城市更新中，按照文化整体保护的原则，城市更新将拓展"胡同共享"空间，把老胡同变成会客厅，实现当地居民与新居民共融共生。在更新改造中，社区共疏解河道范围内480户居民，通过主干路景观绿化及环境整治，打造水路结合、河流嵌入的步行回廊，还拆除164处违建，完成2.8万米架空线入地及2700米延长雨污分流工程。通过改造，三里河地区已初步形成了"街巷—水系—院落"的市井生活。重修的三里河不到千米，呈带状展开，水草摇曳，溪水潺潺，别有野趣；两岸绿草茵茵，回廊和转角花枝摇动；附近灰墙灰瓦的民居、会所沿着岸边和胡同的走势迤逦铺开，构成一片"水穿街巷""庭院人家"的美好意境。❷

清溪川最早是首尔一条城市内河，全长10.84千米。清溪川曾受到严重污染，20世

---

❶ 李刚.公共艺术与社区"人、物、空间"文化构建[J].美术大观，2019（6）：144-145.
❷ 周明杰.前门地区三里河泛清波 十几年改造促成平实生动胡同生活[N].北京晚报，2017-05-18.

纪 60 年代政府在河道上修建道路，70 年代韩国经济飞速发展，为了缓解城市交通，首尔政府又在清溪川上盖板建设高架桥。进入 21 世纪以后，在首尔建设生态城市目标的指引下，2003 年 7 月，清溪川及周边地区复兴工程开始实施。两年后，清溪川对外开放。❶ 在清溪川的改造中，亲水场所也是公共空间设计的重点。规划建设团队拆除原本场地的高架桥以增加场所附近交通的可达性，同时建立城市公交系统和下沉的河道步行系统，使城市主干道实现了真正意义上的人车分流。步行空间的体验性，是公共空间尺度宜人的重要表现。清溪川上共建成了 22 座造型各异、各具特色的桥梁。在清溪川的桥梁设计中，艺术表达创造出独特的空间形态，融合了自然元素和历史风貌，拉近了居民和环境的关系。清溪川桥梁提炼于原有场地历史文化"浣衣石"，采用倾斜角度设计的石材用花岗岩砌成阶梯形式的亲水平台，鼓励公众参与其中与河流产生亲密触碰，不仅保持了首尔市民对于过去生活记忆的连贯性，还利用桥洞昏暗的半围合空间与台阶式亲水平台形成了空间序列，为生活在都市的人们提供了散步、嬉水、社交、聊天的场所。以桥为纽带，步行者在水滨自然漫步与城市道路交通间便捷切换，清溪川也为首尔创造出更加宜人的文化参与空间和公共艺术界面。

三、公众参与创造城市更新的动力模式

城市更新是一个系统工程，其核心不在于"物质—技术"层面的建设，而在于"社会—文化"层面的建设。城市更新的过程不仅是城市社会文化属性重构的过程，也是人的深度城市化的过程。在城市更新中，"人"始终是最为关键也是最为重要的因素。没有人口的集聚，就没有城市的构成，更没有城市更新的再发展，城市更新的出发点和落脚点必须体现在作为主体的"人"的身上。而城市更新的实质则是城市社会文化的更新过程，也是城市居民不断完善自我的过程。❷ 只有通过公众自身的文化参与，才能使这个过程完整并富有张力。因此，城市更新不仅仅是物理的"城市"的更新过程，更是精神的"公民"成长的过程：以公众文化参与的方式，可以既重视具有城市社会文化内涵的"质"的建设，又关照充满城市文化个性的城市居民的自我建设，最终通过夯实城市的社会文化基础来提升城市居民的生活品位和发展质量。

（一）文化参与的方法和步骤

在全球城市居民创造城市文化、实现城市更新的发展进程中，不得不提及《芝加哥

---

❶ 韩林飞，韩俊艳. 韩国清溪川：城市环境更新中的创意产业升级［J］. 北京规划建设，2016（4）：61-65.

❷ 文军. 城市更新的社会文化基础及其张力［J］. 探索与争鸣，2017（9）：30-33.

文化规划》。2012年2月，芝加哥文化事务司（DCASE）启动了一个以文化民主为重点的规划过程——从头开始创建城市的文化愿景。该过程侧重于利益相关者的关键需求评估，通过研判文化发展的国际最佳实践、分析文化组织、活动和调查艺术家的现有需求和预期需求，确立芝加哥作为全球文化领导者的角色，并最终以在城市中的每个社区实现创造性的文化表达为目的，希望"创建一个引领芝加哥的未来文化和经济增长的框架"，并使芝加哥"成为全球最具创造力的目的地和孕育创新和卓越艺术的策源地"。

在这一文化规划的引导下，芝加哥的城市文化更新确立了五大原则（见表2-1）和三大步骤。可以说，《芝加哥文化规划》在公民参与城市更新、创造城市文化氛围、打造城市文化场景、构建城市文化生活方式方面，具有典型的代表意义。综观芝加哥文化规划，"文化"并非孤立的，整个规划倡导一种管理原则、一种商业模式，以及一种将文化融入全市各个部门、融入市民生活的协作方式，从而使芝加哥规划具有更充分的文化利益和城市利益。正如规划中写到的，规划"文化"的价值在于"文化"变革的力量，在于"文化"激励、表达和团结的力量。规划"文化"描述了一种实现文化影响的承诺，这是实现广泛的公民目标不可或缺的工具。❶

表2-1 《芝加哥文化规划》的五大原则 ❷

序号	主旨	内容
1	反映芝加哥的活力	规划过程关注的是城市居民的多样性和广度。它利用了芝加哥在技术和创新方面的优势。为了实施规划计划，规划编制过程将文化部门与该市广泛的公民倡议联系起来
2	规划过程具有价值	规划本身就是一项全面的公众参与运动，再次肯定了文化在居民日常生活中的作用，旨在围绕当地文化规划建立社区凝聚力
3	方法受到当地居民启发并参考全球信息	该计划反映了本土化和国际化的有效结合，既体现了区域特色又展现出全球知识的宽度
4	注重规划反馈，使居民更具有主动性	定期召开公众参与会议，公众参与从计划的推出到计划草案的审核
5	各规划执行部门共同参与	由于实施该规划需要广泛的参与，因此涉及规划内容的各部门同样参与规划，这个过程也是一个文化包容的过程

除了确定了文化规划的五大原则，《芝加哥文化规划》还提出规划的三个阶段。公众参与作为文化规划的重要环节，在规划的各个环节扮演了重要角色。同时，规划还提出了公众参与规划的八种方式，最大限度地确保芝加哥文化规划是芝加哥市民的文化规划。

---

❶ 参见 *Chicago Street for Cycling Plan* 2020，*Department of Transportation*，内容为笔者翻译。

❷ 同 ❶.

第二章 城市更新的文化动力

第一阶段，研究和分析。这个阶段为规划过程奠定了基础。规划团队除了对芝加哥的文化环境进行了 360 度的评估，还通过文化绘标和数据调研，全方位了解芝加哥经济、社会发展的情况。

第二阶段，公众参与。这个阶段由芝加哥市民全面参与到城市艺术和文化发展未来的对话中（见表 2-2）。规划团队通过多种方法接触公众，并创造大量的机会收集公众意见、倾听公众声音。

表 2-2 《芝加哥文化规划》公众参与情况 ❶

公众参与	·超过 4700 名芝加哥公众积极参与了文化规划的制定过程 ·成千上万的芝加哥市民参加了这场对话活动
规划反馈	·8 次市政厅会议 ·多次社区文化对话 ·持续的社交媒体交流 ·10 个文化部门会议集中分析 ·2 个城市和思想领袖的全球论坛 ·众多一对一的利益相关者访谈 ·独立召开的、特定学科的部门会议 ·长期开设关于文化规划的网站和博客

第三阶段，共同展望未来。这个阶段包括一系列围绕文化规划而召开的论坛，旨在为文化规划中确定的适当优先事项提供方向、收集评论。在这个过程完成之后，规划团队将编制一个文化规划草案并向公众发布。《芝加哥文化规划（2012）》草案在规划专属网站发布后先后被市民下载了 16000 多次，并举行了四次市政厅会议，共同讨论该草案，征集公众意见。绝大多数与会者赞同规划草案提出的"文化规划"中的十项优先事项。而在这个过程中，市民关于该规划中的一些具体事宜和规划下一步执行中的方法，以及市民对这些规划中具体问题的评价和反馈，都会被纳入最终的规划（见表 2-3）。

表 2-3 公众参与《芝加哥文化规划》的方式

序号	公众参与文化规划的方式
1	参加居民所在社区的社区会议，了解文化规划的过程，了解如何将文化添加到你的社区节日或计划活动中
2	在居民所在的社区组织或加入文化委员会
3	让议员知道居民所参加和支持的社区及社区文化

---

❶ 参见 *Chicago street for Cycling Plan* 2020，*Department of Transportation*，内容为笔者翻译。

续表

序号	公众参与文化规划的方式
4	通过公众参与直接支持文化活动、艺术家或建立自己的卓越非凡的基金会
5	咨询居民所在的工作场所如何融入文化
6	向社区所在区域的学校提出更多关于文化艺术的要求；让孩子报名参加各类艺术课程；居民自己参加创造性文化艺术活动
7	尝试居民感兴趣的各种文化艺术和创意活动：唱歌、跳舞、绘画、编织、烹饪等，哪怕从未尝试过这些活动
8	拜访和探索居民从未去过的社区，并参加一些有意义的文化活动

《芝加哥文化规划》中充分发动公众力量，规划市民的文化之城，源自100多年前的《芝加哥城市规划》奠定的传统。早在1909年《芝加哥城市规划》制定之初，规划师便通过广泛征求市民的意见的方法，将当地居民作为城市公共利益的享有者，以人的发展为公共空间规划的尺度和公共场景营造的依据。在《芝加哥城市规划》中写道：

> 创造理想的秩序，将使每一个生活在这里的人都拥有更好的工作和社会生活；更好的客运和货运设施，将帮助每一个贸易商和制造业主；建立完整的公园及其道路体系，工薪阶层及其家庭的生活会更健康、快乐；由此产生的更大的吸引力，将使本地人生活得更有意义和品质，并像磁铁一样吸引着那些寻求生活于美好环境的人们。吸引着有钱人的那种美好，也使他周围的人们生活快乐，同时使他和他的财富扎根于这座城市。繁荣将属于整个芝加哥。

（二）文化参与和文化更新

当代城市更新越来越趋向于小尺度、渐进式更新，以文化生活圈为基本单元的社区更新方式更加流行。在文化生活圈的更新中，历史风貌、文化遗产因为与居民的距离更近、与居民生活的结合更加紧密而更容易实现公众参与。同时，文化生活圈的街区、社区之间的开放和互动，小尺度规划设计和混合功能空间布局，让自下而上的社区参与在新城市主义思想的影响下越来越普遍。因此，新时代的文化生活圈，一方面，需要以体制、机制的优化促进公共文化服务的高质量供给，以文化设施、文化场馆和文化场景的建设和营造促进公共文化艺术的表达和城市精神的再造；另一方面，需要多元化的公众文化参与，让公共空间更有生命力，让城市更新更有创造力。

从当前文化参与促进城市更新的方式看，公众参与文化遗产保护和公众参与社区生活圈营造是两种代表性模式。例如，美国公众主要通过两种渠道参与遗产保护：一是个体的公众参与，二是以民间组织为载体的参与。民间组织以其特有的公信力和亲和力，成为公众参与文化遗产保护的组织形式。这些民间组织开展了灵活多样的保护活动，除前文提到的促进遗产立法外，还有保护历史建筑、推广遗产教育和投入遗产保护资金等几个方面。❶ 而日本则认为文化财产是全体国民共同的财富，对它们的保护和管理应该由全体国民共同参与。历史文化遗产的保护以地方居民为中心，并得到专家的协助。❷ 日本的文化财产保护社团可以分成两类：一类是由专家学者为会员的，主要负责的是文化遗产的调查研究，为文化遗产管理事业指明前进的方向；另一类是文化遗产的所有者和爱好者，负责文化遗产的修葺、展示、保护和传承。法国则由18000多个社团组织组成一支庞大的文化遗产保护的民间力量。同时，为了加强政府对城市文化遗产的保护，防止出现地方政府在城市规划中可能对遗产造成破坏，法国文化与交流部向各省派驻了建筑师驻省代表处，监督各省的城市规划，并提出建设性的意见。❸

　　除以公众文化参与的方式保护文化遗产，使城市更新能够在维护历史风貌、保留居民传统、传承文化民俗的基础上开展之外，以公众的诉求为基本目标，以满足公众的文化需求为导向，形成文化生活圈营造的共同文化价值，也是当前公众参与城市更新的重要方面。在公众参与促进城市更新的典范中，纽约高线公园是一个典型的代表。建于1930年的"高线"是一段30英尺❹高的高架铁路，原是一条连接肉类加工区和三十四街的哈德逊港口的铁路货运专用线，采用高架形式是为了减轻地面交通压力，在当时对经济发展起到了重要作用。随着后工业社会的到来、产业结构的调整以及城市布局的改变，高线区域的工业用地被嫌弃废置。20世纪80年代后，高线铁路荒废，杂草丛生，涂鸦艺术随处可见，高线周边区域经济萧条，犯罪率也不断攀升。此时，居住在"高线"之下的许多居民要求政府拆除"高线"。1999年，高线附近居民约书亚·戴维（Joshua David）和罗伯特·海蒙德（Robert Hammond）发起成立了非营利组织"高线之友"（Friends of High Line，FHL），倡导对高线进行保存并再利用作为公共开放空间，他们获得了很大一部分市民的支持与帮助。2003年，"高线之友"的设想得到了纽约市议会的支持。经过评估，FHL设计的工程经济合理。2003年1—7月，"重建高线"开始面向世界开放征求意见，共有36个国家的720个团队参与设计。2004年3—9月，从50多个调整方案中遴选了7个团队入围，其设计团队包括来自建筑、景观建筑、艺术、城市规划、园艺和许多其他相关学科领域的专家，最后由7个团队缩小到4个团队。2004年，"高线之友"最后选择了由美国詹姆斯·科纳景观设计事务所（James Corner Field Operations）牵头，包括迪勒·斯科费迪欧十伦弗罗（Diller Scofidio+Renfro）在内的设

---

❶ 张国超. 美国公众参与文化遗产保护的经验与启示[J]. 天中学刊，2012（8）：128-131.
❷ 刘菁. 公众参与的起源及其在历史文化遗产保护中发展[J]. 四川建筑，2007（2）：60.
❸ 张顺杰. 国外文化遗产保护公众参与及对中国的启示[J]. 法制与社会，2009（11）：233-234.
❹ 1英尺=0.3048米，下同。

计队伍进行园艺、工程、安全、维修、公共艺术等全面打造。设计方案在纽约市的建筑中心供市民进行选择，改造项目获得了政府批准，"空中花园"方案得到压倒性的支持，并获得政府预算拨款和民间募捐资金支持。2006年，高线公园建设工程正式启动。正是公众的文化参与，使高线区域最终变形为纽约市，乃至全美国目前最富有新意和亲和力的公共场所，并被全球许多城市的城市更新所借鉴。

公众文化参与对促进城市更新、唤醒城市活力的作用，除来自城市特定场景的重塑和打造之外，以居民生活的社区为载体的城市更新得到了更加普遍的应用，进而诞生了"人、文、地、产、景"五位一体的社区营造方式。以我国台湾地区文化生活圈营造为例。台湾地区文化生活圈虽然不以固定的某个社区作为划分依据，但是社区却是文化生活圈最基本的营造单元，尤其是社区组织在文化生活圈体系中充当着生活文化经营者的角色，在反映社区问题、满足社区居民诉求、共议社区发展议题等方面充当着领导角色。虽然文化生活圈与社区营造有所区别，文化生活圈集中于文化规划，社区营造则是涵盖"人、文、地、产、景"的全方位营造，但是两者却是一脉相承且互相联系的，台湾地区文化生活圈计划是由社区营造发展而来。在台湾地区文化生活圈营造过程中，社区据点与团体的培育是其"生命共同体"意识的直接反映，社区无疑在对地区发展的问题上具备最优发言权，台湾地区文化生活圈营造或者说是社区营造政策，直接将这种发言权充分下放，让社区生活者成为生活圈真正的主导者。此外，通过社区自下而上的自治，培育发展据点与当地团体，以社区参与的经验激发社区文化活力，促进社区之间的连结合作并且建构分区网络平台，也是台湾地区文化生活圈营造的主要手段。在台南滨海，松安社区基于其本身废五金资源，以文化参与之力，实现城市更新。社区居民们发展香草植物园、香草手工皂、香草料理、妈妈手工艺以及妇女剧场等，溪仔墘社区发展布娃娃、社区拖鞋产业以及纸影戏剧场等，安平乡土馆则是基于对安平地区居民当地生活的历史调查，开展传统美食、海鲜等活动。不同于政府组织活动分配至地方的内地地区，台湾地区是由当地团体、据点或者是地区平台自行组织系列活动，并让地区生活者成为活动组织者与参与者，台湾地区试图通过这样的活动组织体系，让地区文化融入学生教育、地区产业、生活休闲等居民生活的方方面面，以实现地区生活文化的永续传承，振兴并发展地区特色产业，让每一个地区生活者真正成为生活文化经营的主人。

第三章　城市空间的文化再构

随着城市更新进入新的发展阶段，文化动力模式愈加清晰地引导城市多元化发展，城市的元叙事更加富有温度，城市的界面更加以人为本。正是因为文化嵌入城市空间的再构过程，引发了城市更新的能量变化，它与社会结构变迁的相伴而生，和文化经济业态演进共同作用，反映出城市文化更新的新的空间特征。不管是在亨利·列斐伏尔看来，空间生产具有政治性，还是在刘易斯·芒福德（Lewis Mumford）看来，空间生产具有文化性；也不管是在凯文·林奇看来，空间生产具有心理性、意向性，还是在昌西·哈里斯（Chauncy Harris）看来，空间生产拥有情感性、伦理性[1]，这些空间属性的本质，进一步拓展了认知"城市空间"的文化视域和文化生境——城市不只是作为一种建筑容器和经济机器，而且还作为一种心灵磁场和生命共同体，为人类聚居地的发展提供时空容器。

---

[1] 陈忠.城市空间弹性：文化自觉与制度转换[J].探索与争鸣，2016（4）：61-65.

第一节　从时空到动量：
城市空间再构的文化逻辑

在自然科学中，时间与空间、能量与动量构成的关系和能级说明自然界一些看似毫不相干的量之间可能存在深刻的联系。城市是一个文化经济共同体，在城市的发展演进中，延续历史文脉，链接未来生活的时间逻辑；复现历史地景，诠释文化肌理的空间逻辑；阐发文化风貌，营造文化场景的物质逻辑；激励文化共享，丰富社群地景的能量逻辑四种方式，重构了文化经济空间的要素体系和赋能方式。

一、以文化历史搭建时间逻辑

时间是人的积极存在，它不仅是人的生命的尺度，而且是人的发展空间。[1] 时间逻辑的关键是通过人类的劳动实践，由时间转化为空间，延展历史并链接未来，从而加速人类的发展。时间逻辑是一种将历史的时间坐标不断拉伸，将传统文化赖以生息的原生状态不断延展，从而实现在社会历史发展中不离本土的动态保护、更迭创新的城市更新语境。城市文化经济空间重构的时间价值在于，无限放大城市发展中体现情感体验与怀乡范式的"历史价值"，在历史价值中寻找城市文化阐发的故事，将历史记忆介入城市公共场地，以历史文脉的历久弥新激励社群居民的文化创新，最终通过历史价值赋能当下发展。

时间逻辑重构文化经济空间的关键在于构建"时间星球"。时间实际参与了人类社会一切物质的和精神的文明成果的凝结，成为人类自身能力发展的天梯。今天，城市化已被延展到"星球城市化"的尺度，星球视角成为审视文化经济空间构建的新维度，去中心化的城市发展进程，让"城市星球"的任一角落所受到的文化影响和辐射均不可忽视。"时间逻辑"为星球城市化提供了基于还原历史情境、重现历史时刻的"感知空间"，而其在诠释历史过程中所形成的记忆磁场及其所呈现出的"业态主题化、商业遗产活态

---

[1] 马克思恩格斯全集［M］. 北京：人民出版社，2006（47）：532.

化、游憩节点情景化、创意活动跨界化"的表征过程，又构建了城市文化经济演进的"构想空间"。在感知空间和构想空间中，时间星球不断创造人居共生、历史与现实相衬的生态系统，从而完成了"历史进程"和"时间记忆"的抽象元素社会化的过程，将静态的历史片段以文化创意的思维还原为动态的现实体验，即构建了"生活空间"。

以英国的巴斯为例。作为整个城市被列入世界文化遗产的城市，巴斯的城市更新可以说是舒缓渐进的，历史文化贯穿在城市发展的时间周线上。追溯巴斯的城市历史，可以了解到，古罗马人热衷于泡温泉，中世纪时大兴土木，开凿了不计其数的温泉，最著名的要数巴斯浴场。这座温泉池引自 3000 米深的地下温泉，每天出水 127 万升。直至今天，温泉和浴室仍是巴斯城市文化的重要符号。巴斯之所以被作为遗产城市，是因为在其千年历史远近中，从来都没有变更过城市发展的"主题文化"，在"时间价值"上的优势便凸显出今天城市文化的竞争力。而除以"主题时间"延续城市历史之外，巴斯还以"建筑时间"镌刻城市发展历史。在城市发展的地平线上，巴斯以圆形广场和皇家新月楼为代表的古建筑，在古罗马风格的基础上融入后哥特风。没有尖锐的棱角，尽是大气古朴的质感、极简的配色，凸显建筑本身的优雅线条，构成完美的城市视线。建于 18 世纪的圆形广场和皇家新月楼，其灵感来源于日月同辉，前者象征太阳，后者象征月亮，一条布鲁克大街将二者相连。作为英国最为恢宏的建筑群，皇家新月楼以 30 幢楼和 114 根圆柱把建筑连成完美的弧线，意大利风格的装饰雍容华贵，光影下与广场的绿色草坪呼应，成为巴斯最美的风景线。这种建筑风格也对伦敦和爱丁堡的城市规划产生了深远的影响。

从巴斯的案例中不难看出，时间逻辑重构文化经济空间的过程是一个以时间换取空间，以历史复现换取当下发展的过程。正是巴斯对历史的贮存，对文化的敬重，才使其"历史"具有价值。在城市化的过程中，城市完成了对"感知空间""构想空间"和"生活空间"的再造，也实现了"新旧建筑交织"和"新旧建筑互衬"的更迭。但"时间"对城市空间的构建而言，却是一把双刃剑。"时间"在赋予"历史情怀"的同时也伴生了"过时"的问题。这些"过时"包括"物质性、结构性过时""功能性过时""形象过时""经济过时"❶ 等方面。如何恰当地修补"过时"并展示出"时间"的历史魅力和记忆情愫，成为城市文化经济空间重构发展形态的重要命题。然而必须认识到，在历史的长河中，城市的历史很难完全定格于特定历史时间节点上，并对该节点上物化形态的即器物层面进行机械地、被动地封存式保护（静态保护），而必须通过特定的空间载体，将历史的时间坐标不断拉伸，将传统文化赖以生息的原生状态不断延展，这就引发了城市文化经济空间再构的空间逻辑。

---

❶ 吴琳. 历史街区复兴的功能再生策略研究［C］// 中国城市规划学会. 多元与包容：2012 中国城市规划年会论文集，2014.

二、以文化正义形塑空间逻辑

城市文化经济空间重构的"文化正义"本质在于，通过物理空间的重构，实现有助于实现文化安全感、归属感、自豪感的心理空间营造，这也是一个城市最本质的目的。空间不仅是"时间历史"的存在，还是"文化正义"的影射；空间也不仅是表征文化时间、实现文化功能、满足文化需求的物理载体，还是"美好时代"幸福感、满意度的心理载体。因此，空间逻辑的主旨是通过复现历史地景，诠释文化肌理，构建一种文化与城市日常图景深入融合的空间正义，实现人与城市相对平等、动态地享有文化空间权利，相对自由地进行空间生产和空间消费的理想状态。

城市文化经济空间的"空间"包括两个层面的含义。一是将诠释历史的"时间轴线"转化为表征记忆的"心理空间"，以实现城市功能的"时间节点"转化为共生共栖的"经验空间"或"意向空间"。这是因为在文化经济的时空转换中，城市文化空间往往被当作一个强调认可的"心理空间""经验空间"或"意象空间"，是人类意识对物质世界主动和积极的形象化反映。从思维方式上看，大量运用了联想、启发、类比与推理等思维方法，是人对城市物质空间在空间维度和时间维度上的能动反映。[1] 二是以提供"人"的"活动"的"场所"反映居民对时间结构、空间结构的意象。空间是人的行为的结果，并反过来塑造人的行为，在不同的城市社会空间环境下，人们的行为也有所不同。[2] 塑造城市空间的文化正义，核心是"人"对"时空"的文化体验、文化归属和文化生活的亲历。

从人类聚居学的角度审视文化空间，我们会发现空间的多重价值和混合功能。"人类聚居学"是由道萨迪亚斯（Constantinos Apostolos Doxiadis）提出的研究关于人类聚居的理论。道萨迪亚斯的人类聚居学的组成主要包括五个系统：人群、自然、支撑、居住和社会，五个基本要素：自然界、人、社会、建筑物和联系网络。在文化塑造城市更新的过程中，人类聚居作为一个完整的生态系统，既为城市更新创造着自然环境，又为人的发展提供了社会网络，作为公共空间和具有居住功能的建筑形态，与文化场景、文化活动和文化参与行为结合起来，共同创造出人类聚居地的文化正义。

以芝加哥的华盛顿公园为例。这个位于芝加哥大学西侧的城市公园，由19世纪著名的景观建筑师弗雷德里克·劳·奥姆斯特德（Frederick Law Olmsted）和卡尔弗特·沃克斯（Calvert Vaux）共同设计。此前，两位建筑师设计了纽约的中央公园。而如今，中

---

[1] 王承旭. 城市文化的空间解读[J]. 规划师，2006（4）：69-72.
[2] 张鸿雁. 城市空间的社会与"城市文化资本"论[J]. 城市问题，2005（5）：2-8.

央公园因改善纽约人的生活质量而享誉世界，吸引着来自五湖四海的游客休憩、玩耍和观赏。相比之下，芝加哥的华盛顿公园却成为不法分子从事毒品交易、卖淫、抢劫和凶杀等犯罪活动的场所。究其原因，是华盛顿公园在发展过程中产生的文化隔阂，使其失去了空间正义。

回顾华盛顿公园的城市更新历史。19世纪初，华盛顿公园所处区域是一片荒芜之地。19世纪六七十年代，爱尔兰和德国移民开始在华盛顿公园西侧定居。作为美国城市景观设计的奠基人，弗雷德里克·劳·奥姆斯特德和卡尔弗特·沃克斯追求独特的景观体验。他们不仅考虑普通人对生活景观的体验，且高度重视自然环境、城市公园和社区建设等因素的整体协调。他们坚持认为，公园是不同阶层之间友好互动的公共空间。1871年，芝加哥南部公园体系完成规划设计。西部是占地372英亩❶的华盛顿公园，还包括100英亩的公园绿地，希望人们可以在绿地上骑马、遛狗，进行各种球类运动。东部是占地593英亩的杰克逊公园。由于杰克逊公园背靠密歇根湖，他们因地制宜，在这个公园的中央兴建了潟湖。在潟湖周围兴建林荫大道以吸引游人，并欣赏密歇根湖畔的自然风景。1879年，芝加哥南部公园体系建成。但在资本的作用下，两大公园并未均衡发展。因为杰克逊公园背靠密歇根湖，具有更好的自然景观，同时由于1890年芝加哥大学兴建，1893年世界博览会在芝加哥举办，杰克逊公园成为世界博览会会场，芝加哥市政府聘请建筑师和雕刻师们在此兴建大量的建筑和雕刻，进一步加剧了杰克逊公园和华盛顿公园的不平衡开发。

华盛顿公园的城市更新，原本是一个城市发展史上，以公园体系实现自然主义城市设计，让城市发展更加满足居民需求的典范。然而，由于政府发展支出的不均衡着力，以及文化作用下空间正义的失衡，使华盛顿公园成为芝加哥南部犯罪活动最频繁的区域之一。而从人类聚居学的角度审视华盛顿公园的更新，在城市更新的过程中，种族隔离和文化隔阂等社会问题使非洲裔美国人驱逐了美国白人工薪阶层，一些不安定因素又进而引发了其他阶层白人和少数族裔群体的撤离，多元化的文化是以威克公园为代表的社区发展的特色，却在华盛顿公园成为一个负面案例。最终，华盛顿公园成了一个非洲裔美国人聚居的隔离区域。不可预知的种族问题和文化冲突，影响了华盛顿公园的白人和少数族裔的居住体验和生活感受，最终导致了空间正义的彻底塌陷。

实现文化经济空间文化正义的本质是"人"对空间的感受。"人"是时间和空间的纽带和介质，人使城市文化空间具有持久的生命力。因此，作为"物质人""社会人"及"地理人"的综合体，人是城市精神文化和制度文化向物质空间转换的媒介。❷ 因此，

---

❶ 1英亩=4046.86平方米，下同。

❷ 王承旭. 城市文化的空间解读[J]. 规划师, 2006（4）: 69-72.

如何实现居民从旁观城市发展变化到作为主体融入城市更新和参加社区发展计划,进而形成从固态到活态的文化空间,是塑造文化正义的关键。根植于"文化正义"的空间逻辑的实质,是把文化作为介质,把"人"作为介质,通过历史文化空间和当代混居空间的串联和叠加,把多样的地理、自然和文化景观关联,将活跃的文化流动用城市资源置于真实的空间范畴的方式生存、演绎和流变,使城市从静态向动态、从单个线性空间向群体幅面空间转变的行动。

三、以文化意象丰富物质逻辑

城市文化由物质文化、制度文化和精神文化三个层次组成。正如城市文化具有物质属性一样,在城市文化经济空间再构中,物质逻辑是为满足人们美好生活需求创造出的物质载体及其表现出的空间属性的构建思路。物质逻辑在文化经济空间再构中的作用是,以丰富的文化意象赋能物质空间,以优质的文化内容散发文化风貌,让物质的城市富于文化内容,充盈文化内涵,浸润文化价值。其中,城市意象解答了构成"城市文化资本"的意义[1],也激发了人们对于城市"时间"的感知和"空间"的感触。可以说,良好的城市意象已经成为城市发展重要的"文化动力因子",物质载体是文化经济空间再构的本底。城市文化的感受及记忆总是与活动发生的物质空间密不可分,只有对城市的文化空间进行实质上的辨认,才会有亲切的感觉,并对空间具有认同作用,产生归属感,这种空间称为"领域圈",即我们通常所说的"场所"。[2]"场所"及其构成的"文化场景"以"讲故事"为时空关联,赋予了"物质"以"活态"存在和"动态"交互。

例如,上海新天地的更新从保护到修复,再到打造"很上海"的旅游景点,最后上升为讲述上海故事的文化场景,描绘出"邂逅上海,体验上海,爱上上海"的图景。新天地所处太平桥地区形成于1900年法租界扩展期,主体为石库门旧式里弄住宅。在新天地的城市更新中,采用了"保留建筑外皮、改造内部结构和功能、引进新的生活内容"的方式,将原有居民全部迁出,使重建后的传统里弄让位给旅游、休闲、文化娱乐等商业活动,以实现街区功能的整体置换性改造。尽管新天地"自上而下"的改造方式对该地区当地居民而言意味着生活质量的提高,但以房地产为主导的城市更新方式却使当地居民被迫离开熟悉而亲切的弄堂,无权分享开发后的高额利润,因此也经常遭到诟病。但是,从新天地城市更新后营造出的文化场景以及其在文化旅游发展中受到的欢迎和关注而言,其文化更新方式无疑是成功的。它通过合理使用自身的历史文化名片,使叙事

---

[1] 张鸿雁. 城市意象要素的本土化文化认知[J]. 城市问题, 2004(5): 6-22.
[2] 同[1].

空间成为该片区甚至整个城市的历史文化典型符号,获得了最大化的历史文化效益。它通过对叙事空间中传统建筑基础设施的改造以及建筑物的重新利用,使其经济活动能够焕发活力,带动了其自身及其周边地块的发展,获得了最大化的经济效益。"城市文化叙事"成为新天地物质载体成功的主要原因。新天地以时间为主线,营造出"很上海"的文化意象,表明在物质逻辑的空间形态中,"人们需要找回一种古代的意境,找回空间的叙事性,营造历史城市的叙事空间,让历史城区变成一个个会讲故事的空间。同时人们也需要营造一种自身有价值的空间。历史城区中的叙事空间是可以通过修缮或者再现等方式,让其中的历史资源来述说当年的故事。每个历史城区中都含有不少的历史文化名片,通过合理的利用和开发,这些历史文化名片可以成为整个历史城区乃至整个城市的历史文化符号,从而获得最大的历史文化效益,让历史城区叙述充满其中的故事"。❶

成都宽窄巷子的更新将"新"和"旧"作为两条主线,通过打造"院落人文情景消费空间",延续"老成都"故事,描绘出"闲生活""慢生活""新生活"的文化归属,也诠释了"一座来了就不想走的城市"的市井画卷。在时间价值上,宽窄巷子是老成都市井生活的最佳体现。从清代的八旗子弟提笼架鸟、侍花弄草,到民国时期达官贵人觥筹交错、大宴宾朋,再到如今文人游客一杯清茶、一把竹椅品味生活,宽窄巷子已经成为典型成都生活的写照。宽窄巷子地处城市中心区,在成都市总体战略布局历史文化名城展示体系与历史文化遗产保护体系中占有重要地位。在空间价值上,宽窄巷子的历史文化背景造就了它规划与建筑的独特风格——完整的城池格局与兵营的结合,北方胡同与四川庭院的结合,民国时期的西洋建筑与川西民居的结合。这些特征造就了宽窄巷子的建筑艺术特色,使之成为当今城市风貌趋同大潮中稀缺的城市文化资源。❷ 链接宽窄巷子时间价值和空间价值的,便是丰富的文化意象创造出来的具有故事情节的场景。物质载体为文化场景的营造提供了可能性,增强了城市的吸纳能力,提高了城市的发展水平。

物质表现为文化经济空间再构提供城市结构化设计的基底。城市作为一种结构性存在,划分为不同的区域,每一个区域所形成的"环境场域""情境场域""身份场域"又各具特色,它们对文化经济空间的再构起到了骨架支撑的"定调"作用。如雄安新区的城市空间结构设计,旨在打造"一方城、两轴线、五组团、十景苑、百花田、千年林、万顷波"的空间意象。其物质依据是城市的自然地理环境、生态文化布局和街坊人居尺度等综合要素的混合表现,整体体现出的中华文明、城市精神、文化记忆又是对城市时间和空间逻辑的延展。这种"中轴对称、疏密有致、灵动均衡"的发展骨架既是对中华

---

❶ 张楠,韩乐. 从上海新天地看叙事空间价值在历史城区的构建[J]. 南通大学学报(社会科学版),2015(2):9-15.

❷ 陈庚. 成都宽窄巷子的地域文化传承与发展[J]. 艺术科技,2017(1):153.

营城理念的吸纳，也是对全球城市意象的形态借鉴。毋庸置疑，城市是一个复杂的有机系统，既包括物质形态方面的建筑、基础设施、生态绿地等，又包括非物质形态的社会、经济、文化等因素。现代城市更新已不再仅仅是"物质"的更新，而是涉及城市全面的自然、社会、政治、经济等诸多要素的城市发展过程❶，这对在物质逻辑之外寻求新的赋能提出了更高的要求。

四、以文化动力创造能量逻辑

城市文化空间重构必须寻找一种动力机制，才能够达到不断优化、不停更新的目标。如何利用文化因素推动城市增长发展，尤其是市民文化艺术参与对城市发展的作用，成为寻找城市动力的核心。事实上，这里的"文化"概念指的是那些与居民生活有着紧密联系的生活文化设施、由多样性人群与组织、文化艺术实践三者构成的场景，以及场景中蕴含的自我表达、超凡魅力和时尚等文化价值观与生活方式。❷实现文化经济空间的可持续发展动力，核心在于寻求一种"动"的过程和"动"的结果，从而激励文化共享，丰富社群地景，让城市实现永续更新，自我更新。

城市发展的本质来自于"人"，"人"的行为也为城市的发展不断赋能。在城市精神及城市制度、习惯框架规范下，人、活动、场所三者有机结合、互动共生。人作为主体参与并组织活动，活动又强化了场所的文化氛围，使场所获得人们的认可，被人们普遍认可的场所又吸引了更多的人参与进来。因此，仅有场所而没有相应的活动吸引居民参与或仅有活动而没有特色鲜明的场所空间都不足以形成一个被人们普遍认可的城市文化空间。❸在城市更新中，很难再说谁是主人，谁是客人，谁在创造文化节点，谁在续写文化界面，"主客共享"带来的城市更新动力。一个属于城市市民的公共空间具有集体记忆的价值，将无限放大一个城市的价值。

以北京青龙胡同为例。青龙胡同是北京东城区二环附近的一条普通街区。在北京土地资源日趋紧张的格局下，一面是林立的写字楼，另一面是老北京原生态平房四合院，青龙胡同成为一条混搭感十足的胡同空间。因为地处二环附近，周边聚集了众多设计公司、创意公司；而作为一条传统胡同居住区，这里也是老住户祖祖辈辈生活的家园。青龙胡同特殊的地理位置，使其发展很快面临文创产业与传统居民社区和谐共生的问题。如何更好地提升街区创新活力，通过交往与合作实现邻里关系和谐、企业创新共享、社会资源充分利用？东城区推出的"新邻里文化创新街区计划"，借助设计的力量构筑了

---

❶ 温日琨，应小宇. 城市更新中的非物质文化更新方法研究［J］. 现代城市，2009（4）：54-58.
❷ 吴军，特里·N. 克拉克. 文化及动力：一种城市发展新思维［M］. 北京：人民出版社，2016：16-18.
❸ 王承旭. 城市文化的空间解读［J］. 规划师，2006（4）：69-72.

"文创+胡同""文化+生活"的城市新生态。"新邻里文化创新街区计划"通过营造传统居民社区跟新兴创意产业之间的新邻里关系,探索各种各样的邻里关系建设,建立起青龙胡同文化创新的生活圈。"这里有诗歌戏剧创作社区,皮具、陶艺等手工体验,VR及微电影项目等。生活方式的全新体验以及文化消费将使这里成为一个具有活力和文化基因的商业区,不论工作还是生活其中,都能享受到文化创新带来的生活品质提升。"❶值得注意的是,"新邻里"所营造的文创环境可归结为品质生活。在公共意识的前提下,通过文化融合,引导街区的居民、企业员工、设计师和创业家实现长久共赢,让青龙胡同这个富有传统文化寓意的标志深入人心。

"新邻里"的关键在于"以人为本",将居民的文化诉求和生活需要作为解决问题和创意营造的关键。在青龙胡同的改造中,设计师通过前期走访询问,了解居民的意愿。如有的居民希望胡同里能有一个健身区域,有的居民希望能解决晾衣服空间缺乏的问题,有的居民则提出希望胡同里能有垃圾固定回收点等。设计师通过综合考虑,开辟一个老城区改造的新模式。"如晾衣服的空间,如何通过设计,既满足居民需求,又成为一道风景和艺术品。"改造后,胡同的公共空间、住家的个人空间、老胡同的环境乱象以及功能外观都得到了改善。"新邻里"不做大规模规划和改造,而是通过更新、共生的理念来唤醒街区的活力。在开展的活动中,有一个活动以中国传统二十四节气的时间轴排开,使文化自觉融入居民生活中。再如创意市集可能会开在居民院里,居民也可以分享活动带来的收益。而"回家吃饭"这样的活动则通过让写字楼里的员工在附近的居民家里吃到温暖的午餐的方式,缓解了写字楼和胡同二元对立的空间格局产生的疏离感。

"社区"作为城市文化经济空间的基本物质单元,因为融入了"人"的居住和活动而产生了新发展"动力"。随着城市更新从专项更新走向簇群城市的渐进式更新,从空间重建走向主客共享的嵌入式更新,社区发展进入文化"转场期",以文化自觉为引领、以文化归属感为主线、以文化生活共享和文化地景再造为表现形态的空间坐落,形成了城市更新中一种新的逻辑范式。有研究表明,当一个社区中的创意人群达到6%时,就到了一个关键的转折点,它好像就有了一个惯性,这将推动社区转向繁荣。不管是雄安新区对"尺度宜人、亲切自然、全龄友好的社区环境"的规划,还是北京市核心城区以青龙胡同为代表的城市更新单元创造的"主客共享、共建、共治"的当地更新理念,均是一种文化赋能的社区动力塑造方式。创意阶层的集聚不仅实现了社区的安全稳定,还让社区充满活力、富有包容性。

---

❶ 周渊.北京青龙胡同探索城市新生态:文创企业与胡同居民和谐共融[N].文汇报,2016-06-19(001).

第二节　创造文化奇点：
城市空间再构的文化行动

在传统城市文化空间实现居民发展诉求，满足居民高品质生活的解释力逐渐减弱的背景下，寻求新的城市空间发展范示，创造人、文、地、产、景有机融合的时空关系的"奇点"愈发重要。

"奇点"（Singularity）是某种不可思议的X，它像是一颗没有形状的"精神种子"，只发生在偶然的奇遇场合，外表平静却隐藏着巨大能量。❶ 在城市化和城市更新中，文化的时空动量、载体和能量就如同一个"奇点"，塑造者独一无二的城市，并引领城市从思想深入走向未来时空。

一、以文塑城：实现有创想的生活

当前，全球城市化的发展动力正在转型为以智慧、知识——文化软实力为主体的时代。文化对城市精神的引领和城市形态的塑造，塑造了城市在星球簇群中独一无二的形象，创造出具有独特性、归属性和容纳性的城市。"以文塑城"要求城市实现有创想的发展的逻辑本质，是以城市"有温度"的发展和人"有萌头像"的发展同步进行，塑造形神兼备的文化之城。"文化的温度"不仅仅停留在精神层面，更作为直接生产力作用于整个社会和国家的现代化，文化与经济互为里表，构成新时代全新的生产形态和发展模式。❷ "中国梦"也不仅仅停留在思想层面，更是创建一种每一个城市居民人生价值的生产与生活方式，实现幸福感、满意度和安全感的体验。因此，有创想的城市，不仅是一个居住的地方，更是一个通过就业和创业实现理想价值的地方。❸

"以文塑城"的关键是为全体居民提供均等、优质、共享的基本公共服务。"以文塑

---

❶ 尚杰.思想的"奇点"暨古怪的相似性［J］.社会科学家，2017（3）：16-22.
❷ 张鸿雁.论特色文化城市理论体系建构研究与实践创新［J］.南京社会科学，2012（8）：1-4.
❸ 张鸿雁.中国新型城镇化战略面临的十大难题及对策创新［J］.探索与争鸣，2013（1）：48.

城"对城市文化经济空间提出了以新发展理念布局公共服务空间,以融合性思维优化公共服务功能的根本要求。在空间布局上,要高水平、高质量建设城市公共服务设施,塑造城市风貌,加强城市景观风貌与公共服务功能的结合,全面提升公共服务承载能力,增强对文化要素和创意阶层的吸引力和凝聚力;在功能优化上,要依托城市自然本底,结合城市历史风貌,围绕时空发展主线,更好地实现历史地理环境和公共空间、公共服务设施之间空间肌理的延续性,形成体现公共服务与自然景观、城市风貌有机镶嵌的特色功能群落。这进一步说明,只有运用文化的思维、融合文化的境界、导入文化的维度、容纳文化的尺度,才能更好地改变全球城市森林中泯灭文化特色、淡化文化传统、消解文化基因的开发方式,为城市居民提供更好的公共文化服务。

"以文塑城"的目标是创建一种城市发展和居民成长高度统一的双螺旋结构,让居民有梦想,城市有温度,让居民的获得感、幸福感和安全感成为城市可持续发展的动力,让城市的优质公共设施、一流公共服务成为居民不断集聚和扎根的引力。因此,"以文塑城"在空间层面呈现出的构架逻辑是,体现宜居宜业、便捷高效的物理尺度与表现人本价值和归属精神的邻里尺度的高度黏合。在文化日益成为城市生活场景和社会图景的新时代,"以文塑城"为经济结构升级和城市能级提升创造了新动力,也为更好地立足于以传统文化资源的盘活创造城市发展的增量,以业态创新引领城市更新的模式,以多元化和多样性的价值创造提升城市发展的层次,以集群式和集约化的发展路径提高城镇化效率创造了新奇点。

二、以文兴业:实现有尊严的就业

当前,我国经济正从高速增长转向中高速增长,经济发展方式从规模速度型粗放增长转向质量效率型集约增长,经济结构从增量扩能为主向调整存量、做优增量并存的深度调整,经济发展动力从传统增长点转向新的增长点[1],通过挖掘和培育新的增长动力促进经济的发展、推动社会结构的优化、拉动劳动就业的跃升,越来越凸显出重要作用。文化产业既是消费服务业,又是生产服务业,消费与生产互动,有其自身的产业特征和文化规律与市场经济规律相结合的发展规律。[2] 发展文化产业是在市场经济条件下满足人民群众多元化、多样化、多层次精神文化需求的基本途径[3],城市不仅是一个居住的地

---

[1] 杨永利.努力打造经济发展新动力[N].经济日报,2015-05-07.
[2] 邓安球.文化产业发展研究[M].北京:中国社会科学出版社,2010:37.
[3] 齐骥.文化产业促生经济增长新动力研究[J].山东大学学报(哲学社会科学版),2017(3):42-48.

方,更是一个通过就业和创业实现理想价值的地方。[1] 文化产业通过优化社会结构变化以及消除经济发展带来的社会问题,在一定程度上促进了经济领域更加平稳的跨界升级,推动了新动力更加顺畅的迭代转型,尤其是在实现有尊严的就业方面,发挥了重要的作用。

"以文兴业"的关键是创造一种文化促进的就业思维和建立一种文化拉动的就业方式。从历史的维度看,在人类发展的文化长河中,众多传统文化资源赖以生存的传统生产、生活方式和生态存续方式具备较大的开发潜力和市场前景,一旦通过市场思维的运营和产业开发的引导,便能够释放出强劲的发展潜能,既带动了当地居民实现特色就业、体面就业,又解决了基本就业托底问题。从城市空间架构的角度看,文化资源的要素流动和文化产品的跨界发展往往打破地区、行业分割,其他行业企业和民间资本通过多种形式进入特色文化产业,在空间上或将形成规模化、集约化和专业化的特色文化产业聚落。从社会结构变动的角度看,当前我国社会阶层正从"工字型"向"橄榄型"转变,中产阶级消费群体的不断增多对精神文化消费提出了更加多元化、个性化和丰富化的要求,围绕文化产业核心内容开展创新创业活动成为一种更为活跃的市场行为,对文化经济空间提出了新的要求,如何推进网络化、便利化、智慧化基础设施建设,打造包容性、混合性、灵活性的功能空间,提供高密度、共享化、社交化的服务资源,营造高活力、可传承、可辨识的场所环境,成为当下文化经济空间满足文化产业发展和文化市场活动急需解决的问题。

"以文兴业"对文化经济共建重构的核心是颠覆了传统的就业方式,但新技术浪潮下,文化经济空间的安全性也遭遇前所未有的挑战。一方面,文化产业的创新性、触媒性和蔓生性决定了文化产业的就业方式既可以和生活方式结合起来,实现物理空间上的灵活就业,又可以和科技创新结合起来,实现虚拟空间上的自主就业。另一方面,新一轮科技与产业变革蓬勃兴起,孕育着巨大能量,充满很大不确定性,具有极大冲击力,将对人类社会带来无法估量的作用和影响。这一轮科技与产业变革不仅将颠覆现有很多产业的形态、分工和组织方式,而且将在经济层面推动产业和经济发展的转型升级,带来新旧动能的全新转换,促进文化经济空间的全域更新。但也必须警醒地看到,科技变革在重构当前人们的生产、生活和思维方式的同时,在社会层面也促使了社会心理的调整与变革,带来了社会结构的变迁和转换。而且这些影响相互交织、错综复杂,亟待通过系统的研究和预判,为更好地塑造文化经济体增长的力量提出更加有效的解决方案。

---

[1] 张鸿雁. 中国新型城镇化战略面临的十大难题及对策创新[J]. 探索与争鸣, 2011(1): 13-16.

三、以文拓境：实现有交互的容纳

从全球范围看，"文化城市"的历史性出场使"文化"成为一种发展战略，并日益受到地区和国家层面的推动与重视，成为城市转型发展的基本方略和落脚点。而在全球化和区域化使城市间的竞争变得异常激烈的境况下，城市间竞争强烈使城市公共管理从福利国家模式转向促进城市经济发展提高城市竞争力的模式[1]，文化介入城市空间，延展了城市的时空，提高了城市的品质，塑造了城市竞争力的战略核心。文化融入城市生活，使产业集群和居住社群不再界限鲜明，文化集镇的诞生也使城乡边缘不再是分水岭。文化引导城市发展，以创意阶层的集聚、社会网络的泛在和文化空间的重塑，创造出一种独特的"小生境"。这种以文化产业园区为代表的"容器"，实现了城市和居民之间有交互的容纳，通过"产生、聚集、演绎文化"的动态过程，提高了城市的境界。

构建不离本土的文化生活圈，是文化"小生境"营造的关键。当前，我们已经进入个性化、多元化、数字化的文化消费时代，人们的消费需求已经从"吃穿住用"转向"安享乐知"。以"安全、享受、娱乐、求知"为诉求的"美好生活"，进一步激发了生动文化消费体验、灵动文化空间需求的生活诉求。面向美好生活，如何创造一种城市文化经济空间和居民日常行为交互式的场景，让居民在生生不息、日出而耕、日落而息的生活生态中感受到文化自信的力量；如何创造一种城市文化经济空间和居民托底式保障、便捷式服务、全员化就业有机融合的社群，让居民在生活、生产和生态的融合、社区、园区和景区的融合中享受到美好生活之乐；如何打造出一种城市文化空间和居民文化生产、文化消费相互协同的机制，以城市更新和文化复兴为驱动，让朝气蓬勃的创业者改造城市单元，让安心栖居的居住者体验创新创业带来的空间改变，构成了"小生境"筑造的诉求。

文化产业园区提供了一种交互容纳的空间形态和集聚方式。作为一种地理上的相对集中、业态上的互相配合、文化上的根植共生，文化产业园区一方面通过"固本培元、主客共享"，重塑文化生活方式，实现业态创新、内容创新、模式创新和管理创新的多维创造，促进文化消费与日常起居、公共社群、街区空间、城市更新、乡村生态等有机融合，创造居民和游客共享，生活和创业融合的文化空间；另一方面通过"产融结合、联动发展"，创造生动的文化生活体验，将文化经济带、文化生活圈塑造成为文化氛围良好、文化环境优越、文化消费活跃的城市空间，实现了文化消费的植入式营造和嵌入式更新，形成了以文化消费为加速度的"美好生活"的蔓延。集聚视角下的文化营造，旨在塑

---

[1] ADE K. New Challenges for Urban Governance：Introduction to the view Issue[J]. Urban Studies，2000，37（5）：845.

造一种富有吸引力的城市品格，树立一种开放积极的城市精神，形成一种和谐向上的精神风貌，以文化的力量凝聚起城市的发展共识，发挥出城市的增长动能。"文化营造"丰富了城市规划的空间尺度，创造出以"时间无限"弥补"空间有限"并改造、重构和创造新空间的价值路径，使城市成为折射其所标榜的文化及其核心价值的容器和载体。

四、以文赋能：实现高效能的治理

城市之所以是代表了我们作为一个物种具有想象力的恢宏巨作，正是因为我们具有能够以最深远而持久的方式重塑自然的能力；城市也代表着人类不再依赖自然界的恩赐，而是另起炉灶，试图构建一个新的、可操控的"秩序"。"人"的生产、生活行为，一方面延展了城市文化经济的有限空间，将其从生产和游览空间延伸至生活和体验空间，另一方面也活化了刻板的城市化和城市更新方式，将对文化正义的诉求带入全息、鲜活的体验过程。从这种视角看，城市治理是在一定的空间中产生和演进的，这里的空间已经不仅是物理意义上的"空间"，而是加入了人类实践意义的"地方"。从这个意义上讲，城市治理所依托的空间基础是物理空间、权力空间、资本空间、社会空间与符号空间的复合体。城市治理中的空间已经成为权力、资本、社会关系等多元力量共同作用的结果，同时，它也反过来影响权力、资本和社会过程的生产与再生产。❶

文化赋能城市文化经济空间发展，首先需要构建良好的人本关系。一个城市一旦形成良好的市民社会关系，就等于建构了一定意义上科学与新文明创新的土壤，新的思想、新的文化、新的行为、新的科学技术和新的思维方式就可以如雨后春笋，创新就有可能成为城市一种自身内化的机能，有品位的城市一定会聚焦众多的思想家、创新者和新社会文化与新经济思维发展的担当者和推动者。❷城市建设需要创造城市市民的心理归宿感和安全感。其中的目标之一是从"社区如家"到"城市如家"的文化转向，让城市人（市民）把城市当作自己的家园，并通过城市价值的推进来提升个人价值；反过来，又通过个人和群体价值的创造，提升城市的品位与价值。

文化赋能城市文化经济空间最直接的手段是营造良好的"邻里社区"，重构城市社区的人文情愫，重构传统邻里的文化守望，让传统的"乡村共同体"的人文情怀得以在城市里实现。城市社会历史的发展过程告诉我们："最卑微的居民也可以将自己同城市的集体人格联系起来，同城市的权力和光彩联系起来。"❸在营城理念逐渐从"产、城、人"转变到"人、城、产"的今天，城市文化经济空间也开始进入从空间建造向

---

❶ 宋道雷.城市治理的空间营造策略［N］.中国社会科学报，2018-05-02（007）.
❷ 张鸿雁.城市品位的治理型建构［J］.上海城市管理，2017（2）：4-7.
❸ 同❷.

场景营造转变的新阶段，以绿水青山的生态价值、诗意栖居的美学价值、文化人的人文价值、绿色低碳的经济价值、简约健康的生活价值以及美好生活的社会价值，形成核心引力，吸引社区居民深度参与空间营造，发挥社工力量深入联系社区、社会组织、居民，提高社会组织公共服务能力建设，通过社区、社会组织、社工的基层治理"三社联动"，激活"三社"主体、强化"三社"要素，实现治理效能的提高，让每个居民都能参与到空间场景的营造中，将"单向度"的社区管理变成"多元化"的社区参与、共治共享。

第四章　城市历史的文化再生

全球化和城镇化进程中,"文化创意"作为一种城市更新理念和文化复兴思维,已经贯穿在经济社会各领域,并呈现出多向交互融合态势。文化创意视角为城市历史文化街区提供了一种通过重新审视过去、现在和未来之间的关系,进而获得对人的历史感、空间感与体验参与感的成长之路。以历史文化街区、文化遗产地为代表的历史文化遗存,在城市更新的过程中,秉承从静态到动态的设计理念,从固态到活态的传承思路,在时空演进中逐步转向以"故事逻辑"诠释当代创新,从陈述历史转向构建引领未来消费的价值体验过程,将碎片化的文化遗存和城市记忆,编织成被当代人所理解的文化产业叙事。文化创意视角将城市历史文化遗存代入现代文化产业情境,构建了一种立足于将文化融入城市、将科技植入产业、将智能落于生活的改变人居方式的平衡式结构,创造了适应文化市场、契合文化消费法则的可持续发展路径,提供了以历史文脉为主线、经得起历史沧桑、看得见岁月留痕、留得住文化根脉的创意营造路径。

第一节 历史文化街区的文化复兴

历史文化街区是城市传承的经脉，也是城市更新的骨架。历史文化街区除了含有物质文化形态，如历史建筑、街区环境、整体风貌等，还包含着非物质的文化形态，如一个地方的非物质文化遗产、方言、生活方式、社会群体构成、经济结构等。在城市化背景下，我国城市发展也逐步进入以存量更新为主的城市更新阶段，历史文化街区在为文化产业发展提供情境、载体和空间的同时，也不断创造一种"通过重新审视过去、现在和未来之间的关系，进而获得对人的历史感、空间感与体验参与感的深度透视"[1]，而文化创意视角则将这一关系变得更加具象并更加稳定和持久。

一、历史文化街区在城市更新中的实质

城市是历史文化街区传承和发展的土壤，为历史街区复兴提供了生生不息的动力。而历史街区则记录着城市的演变历程，诠释着地域特色与文化内涵的当代镜像。历史文化街区的功能与城市更新往往融为一体，因而呈现出较强的复合性。在历史文化街区中，民居、店铺、宗祠、工坊等星罗棋布，成为一个多元文化立面的综合体。由于历史街区的地理位置、居民群体、历史沿革、格局演变等原因，历史街区内通常以一到两种功能为主要功能。[2] 依照历史文化街区的主要功能进行划分，可以分为居住为主的历史文化街区、商业为主的历史文化街区和文化为主的历史文化街区。

（一）居住功能消失并趋于孤立，本土文化生态消解

居住为主型历史文化街区传承的主要载体是原生态的民俗市井、民族工艺、生活美学等文化场景，它们既是生活的延续，也是文化蕴含的土壤。居住为主的历史文化街区在城市更新中面临的主要困境便是居住功能改变造成的原生态文化消解。一方面是人为

---

[1] 吴宗杰.重建坊巷文化肌理：衢州水亭门街区文化遗产研究[J].文化艺术研究，2012（2）：19-27.
[2] 林翔.城市化进程中居住性历史街区保护与更新研究[D].泉州：华侨大学，2003.

第四章　城市历史的文化再生

因素对历史基因的消解。如1997年被列入世界文化遗产的丽江古城，其遗产价值堪与雅典、罗马、威尼斯等比肩。但其在发展中割裂了街区和当地居民的关系，使历史文化传统因为当地居民的搬迁而逐渐淡化，民族文化特色因为商业经营的趋同而受到冲击。另一方面是环境因素对街区景致的损伤。如许多历史文化街区的民居均为砖木结构，大多历经几百年沧桑。由于年代久远，许多墙体出现了开裂、倾斜的情况，建筑主体的保护困难重重，加上城镇化对本土劳动力的转移，使古村落、旧建筑在当代环境中更为萧条。

居住为主的历史文化街区在传承和发展中主要存在两个方面的问题。其一，我国大多数地区历史文化街区的整体发展往往难以置于城市更新的整体语境中，缺少与周边居民的对话和与城市发展的呼应，而历史文化街区的文化文物属性也使其顶层设计和规划建设往往孤立进行，难以发挥文化部门和其他部门的协同性。其二，历史文化街区的治理往往很难突出当地居民的文化参与作用。作为生于斯、长于斯的街区居民缺少城市更新的参与机制，也鲜有有效的方式和活动共议社区事务，完善社区治理，尤其是历史文化街区的文化治理机制势在必行。

（二）商业功能难以满足新消费，文化业态单一低端

以商业为重点的历史文化街区可持续发展的关键是以悠久的历史文化、独特的商业氛围，提供富有吸引力的文化消费场景、文化旅游产品和文化商业服务。从历史视角看，城市的"坊"（居住区）与"市"（商业区）都是分开的，商业往往有其独立的区域。自南宋以后，里坊制破灭，商业区内也会混有其他功能。人们开始沿街设店，形成多种形式的商业空间。如北京大栅栏、南锣鼓巷，安徽屯溪老街，重庆磁器口历史文化街区等。这类历史文化街区在城市更新中得以保留并发展成为文化旅游目的地的例子并不少见，但大多数都存在着业态相对传统、功能较为单一、文化旅游供给低端并缺少品牌识别的问题。如安徽屯溪老街作为一条历史悠久、经济繁荣、文化深厚并富有传统特色的商业老街，在历史上具有非常重要的商业价值。市场经济环境下，屯溪老街的保护和修复采用鼓励商店、住户自己投资，按照规划进行维修、翻建的方式进行文化产业经营。但在商业利益的驱使下，街区逐渐产生了经营同质化严重、传统文化业态低端的问题，低质、同质的文化旅游纪念品充斥街面，传统老字号因种种原因或关闭或搬离，商业环境萧条。

事实上，诸如屯溪老街这样的商业街区面临的问题十分普遍。一方面是由于对历史文化街区的修复和改造缺少资金支持，另一方面是由于对历史文化街区保护缺少正确的认识。从资金层面上看，主要是因为当前大多数历史文化街区的修复和改造主要以政府投入为主，与保护工作的现实需要还有一定的差距，距离真正商业化功能的实现和市场化经营管理的健全尚远。而从对历史文化的认识角度看，主要是对文化产业的理解不到位，对文化产业价值的发挥不到位。文化产业的市场逻辑要求历史文化街区所发挥的文化价值应当以整体性保护为核心，即在内容上不仅要保护街区物质形态，还要保护其历史文化内涵，如民俗民风、语言语境、空间句法等；所发挥的商业价值则应当以现代消费体验诉求为供给方向，在互联网思维下创新历史文化街区的文化业态，丰富文化内容，再现历史文化魅力。

（三）文化功能受到城镇化挤压，生存空间不堪重负

文化为主的历史文化街区传承发展的底线是保护文化安全，延续历史文脉，守住文物红线。历史文化街区的形成常依托于社会公共活动类文物古迹建筑或建筑群而存在，其文化功能和文化安全在城镇化浪潮中日益受到全球化对文化价值的消解和经济快速发展对文化空间挤压的双重挑战。

历史文化街区的核心在于"文化"，城镇化经济导向使历史文化街区在城镇混合空间中生存和发展的困境愈加突出。历史文化街区的空间一旦受到城镇化挤压和过度商业化侵蚀，不但使当地居民的隐私感、归属感、安全感遭到破坏，而且也消解了历史文化镌刻的印记。面对以"互联网+"为核心的新模式、新业态、新经济变革，文化市场不断推动居民消费转向对多元丰富的精神性产品和服务消费需求更加旺盛的阶段，寻找以历史元素和文化价值为引擎，以文化创意为触媒的历史文化街区复兴之路，探索文脉统合、地区缝合、产城融合的文化营造方式，实现历史文化街区的有机更新、有序传承和可持续发展之路，迫在眉睫。

二、历史文化街区为城市更新赋能的逻辑

文化创意视角下历史文化街区传承和发展的逻辑重构过程，既是一种探索城市文化聚落有机更新的思维再造过程，又是一个寻找城市空间正义、优化城市空间布局的价值重塑过程。在"文化创意"的作用下，历史文化街区更新的重点不仅仅是建筑空间的修补重建，更是街区本地居民、游客和创意阶层心灵空间的再造。从这一角度看，历史文化街区不仅是一个居所、一处旅游目的地，更是一个通过文化创意提供职住空间并实现创业理想的文化磁场，通过文化创意改善邻里单元并呈现多元价值共存的文化容器。

（一）以历史文脉为主题，重构创意时间

历史文化街区的核心价值在于"历史"。因此，时间逻辑是传承历史文化街区情感体验与怀乡范式的主线。但"时间"对历史文化街区而言亦是一把双刃剑。"时间"在赋予"历史情怀"的同时也伴生了"过时"的问题。这些"过时"包括"物质性、结构

性过时""功能性过时""形象过时""经济过时"❶等方面。如何恰当地修补"过时"并展示出"时间"的历史魅力和记忆情愫，成为历史文化街区重构发展形态的重要命题。无疑，历史文化街区的保护和发展，很难完全定格于特定历史时间点上对物化形态即器物层面进行机械地、被动地封存式保护，即静态保护，而是将历史的时间坐标不断拉伸，将传统文化赖以生息的原生状态不断延展，从而实现在社会历史发展的过程中不离本土的动态保护、更迭创新。

  重构创意时间，关键在于以历史文化为主题，通过还原历史情境、重现历史时刻，再造文化磁场，从而形成"业态主题化、商业遗产活态化、游憩节点情景化、创意活动跨界化"的历史文化街区新生态。构建这一人居共生、历史与现实相衬的生态系统的重点是，将静态的历史片段以文化创意的思维还原为动态的现实体验。从静态到动态的历史文化街区设计理念的提出，旨在以"时间"为核心建立一条逻辑主线：从"历史"中寻找创意萌生的灵感和传统文化的素材，通过历史与未来的对话，在"留住往日的时间"和"再造往日的空间"的过程中实现传统文化的时间价值。因此，文化创意视角下历史文化街区的"动态"设计，是避免将传统文化置身于"历史断层"中而割裂其活态的存在的有效方式。"创意"既是拉近历史和现实距离的"加速器"，又是实现传统文化风貌和现代文化业态共生的"孵化器"，是以"时间无限"弥补"空间有限"并改造、重构和创造新空间，用创意视角实现文化传承，用创意营造实现空间正义，用创意阶层构建创新集群的系统创新。

  重构创意时间的实现，实质上是一种"新旧建筑交织"和"新旧建筑互衬"，历史文化生态和现代时尚艺术结合的因地制宜式文化产业发展方式。这种方式将历史文化街区作为继承历史文化与反映现代功能时代特征整合的枢纽，不仅实现了历史文化街区历史轴线、邻里单元和生态景观交融的文化蔓生，而且实现了从街区（景区）公共服务到社区（全民）公共服务、从基础保障服务到产品化体验服务、从传统信息服务到智慧街区建设全过程服务的全域服务体系的构建，使历史文化街区成为宜居、宜业、宜游的功能空间，成为"产、城、人、文"四位一体的文化蔓生空间。

（二）以文化创意为主线，重塑生活空间

  历史文化街区的发展需要特定的空间载体，而作为一种独特的文化空间，它包含了"人"的特定活动方式和"人"的稳定居住状态两方面的内容。历史文化街区的空间兼具空间性、时间性、文化性三个维度的内涵。构建一种与城市、社区及居民日常生活图景融合的空间正义，达到一种历史和当下（游客和居民）能够相对平等、动态地享有空

---

❶ 吴琳.历史街区复兴的功能再生策略研究［C］//中国城市规划学会.多元与包容：2012中国城市规划年会论文集，2014.

间权利，相对自由地进行空间生产和空间消费的理想状态，是文化创意视角下历史文化街区空间逻辑构建的目标。

重塑生活空间，核心是将文化创意思维植入历史文化街区中，从而实现居民从旁观街区发展变化到作为主体融入城市更新和参加社区发展计划，进而形成从固态到活态的文化空间。这一方面延展了历史文化街区的有限空间，将其从生产和游览空间延伸至生活和体验空间，另一方面也活化了刻板的文化遗产保护方式，将文化遗产带入了嵌入生活、植入当下的全息、鲜活体验过程。如丹麦奥胡斯老城历史文化街区在传承发展中，一直秉持着"可沉浸的完整街区"规划理念和"传统生活场景再现"创意营造思维，用打造"全息化的历史博物馆"的方式实现了文化的活态传承。奥胡斯老城提出的"生活博物馆"概念使街区的商店、手工作坊和博物馆与居民的生活和游客的体验融为一体，75幢历经沧桑的老建筑，传统装束的书商、牧师、汲水姑娘，既是奥胡斯居民日常生活的图景，又是活态的文化场景。

重塑生活空间的实质是"历史保护引导下的城市更新"。活态的历史文化街区根植于文化创意理念和城市更新进程，通过历史文化空间和当代混居空间的串联和叠加，把多样的地理、自然和文化景观关联，将活跃的文化流动用历史遗产资源置于真实的空间范畴的方式生存、演绎和流变，使街区从静态向动态、从单个线性空间向群体幅面空间转变，拓展了街区传统文化的空间序列，也避免了大规模"投资"和破坏性"拆建"的行为。

（三）以文化价值为主旨，重建文化认同

历史文化街区传承和创新的根基在于文化认同。历史文化街区是传统文化延续和传承的物质空间载体，也是当前日益复杂的城市社会经济环境下多元主体利益博弈的场所。❶ 以历史文化街区的遗产传承人和社区本土居民为主角，是激活"人"的创意能动性，激发"人"对历史文化的诠释、对乡土文化革新的愿景的有效方式，更是实现人、文、地、景有机融合，重新给养城市复兴中坚力量的有力注解。这也是重建文化地景，实现历史文化街区长久生存和永续更新的关键。

重建文化认同不失为保护历史文化街区文化安全的有效方式。我国的乡土文化，尤其是民族地区根植性较强的非遗资源，其原本就在科学化、商业化、全球一体化的竞争中处于劣势，历史文化街区在全球化和城镇化进程中的表现形态和呈现方式不断式微。而以历史文化街区及当地社区为单元，可以更好地发挥文化在族缘情结维系、文化身份认同、城市特色塑造等方面维系文化生态的作用。这种根植创意思维的设计式更新方式，是一个循序渐进但溯本追源的"针灸"过程。它将"文化创意"作为一种理念，嵌入历

---

❶ 叶露，王亮，王畅.历史文化街区的"微更新"：南京老门东三条营地块设计研究[J].建筑学报，2017（4）：82-86.

史文化街区传承过程,将"设计"作为一种思维,植入城市更新过程。

在文化认同的基础上,以文化自觉为精神纽带的文化地景构建则是对历史文化街区"旧城改造""旧村改造"的开发模式的重构,其倡导的"以古为本""以民为本"的治理精神和"新旧分开、有机更新"保护模式,构筑了以"社群"为载体的历史文化街区"社会化保护"新场域。[1] 社群的本质是在"不离本土的文化传承与创新"的前置条件下,实现文化的复兴和街区的持续发展。以社群为时空坐落,必将把历史文化街区的发展带入一种新的情境模式。这种模式既标榜着城市作为一个具有想象力的恢宏巨作所发挥的以最深远而持久的方式重塑自然的能力,又传达着城市作为人类不再依赖自然界的赐予而是试图构建一个新的、可操控的秩序的载体。

三、历史文化街区传承和发展的创新路径

当前,全球城市化的发展动力正在转型为以智慧、知识——文化软实力为主体的时代。而同时伴生的,则是城镇化集中式、同质化和程式性改造拆建与全球资本逻辑通行下"麦当劳化"标准生产介入。它们使城市和地区的文化特色逐渐丧失个性,也使历史文化街区逐渐在内容和功能上趋同。只有发挥历史文脉的时间优势,激发文化创意的创造潜能,塑造文化产业的创意能量,才能使历史文化街区成为新时期重构创意时间、重塑生活空间的城市更新单元,进而以历史文化街区的复兴为载体,在弘扬优秀传统文化的过程中塑造文化价值的精神之旅。

(一)彰显文化价值,创造有温度的空间

随着世界上越来越多的国家和地区把文化产业定位为国家的主导和支柱产业,文化创意开始创造全新的可持续的现代化发展动力。而只有运用文化的思维、融合文化的境界、导入文化的维度、容纳文化的尺度,才能更好地改变城市更新过程中历史文化街区的现实困境,才能有效地避免泯灭文化特色、淡化文化传统、消解文化基因的历史文化街区改造、重建方式。

以文化创意为动力,可以在更丰富的载体上塑造富有温度的城镇化发展空间。随着全球城市化的展开和信息网络的高速发展,资本和劳动力形成全球流动性增值效应,网络和智能技术形成的文化产业参与全球竞争,可以不依赖区位空间而形成全球的"特色文化中心",其空间坐落形态正是以文化为主导的特色小镇、产业群落或历史街区等城

---

[1] 周乾松. 加强历史村镇文化遗产保护的有效途径[N]. 光明日报,2012-02-01(008).

镇场景。❶例如,"特色小镇"建设中以历史情结为元素、以现代手法演绎传统记忆的文化产业开发方式已经成为城市更新中重要的力量。文化创意思维无疑为历史文化的传承和发展打开了一扇窗,历史文化不再局限于某一特定的空间中,而是成为一个符号、一种精神、一种跨界的载体。它们可以在文化创意的业态布局中,以丰富多彩的载体形态呈现出来,形成以特色文化产业引领城镇化的有效模式。这也进一步表明,文化价值不能仅仅停留在精神层面,更要作为直接生产力作用于整个社会和国家的现代化,文化与经济互为里表,构成了新时代全新的生产形态和发展模式。❷

以文化创意为灵感,可在更多元主体上发展特色文化产业。历史文化街区作为文化记忆和精神遗产的载体,是活态的文化价值和有温度的生活图景的体现,文化创意思维的蔓生性促生"文化"不断寻找多元蔓生主体,跳出了"街区"的空间局限,从而将这种文化思维和创意逻辑渗透到街区及周边的社区、城镇中,创造了新的、富有人文尺度的空间。如在历史中吸取灵感,并超越历史、创造新的文化内容和消费空间,营造历史与现代结合的文化产业市场主体,完全可以实现文化价值的彰显、历史场景的再现,形成新的城市名片。如武汉的楚河汉街和深圳的欢乐海岸,作为完全新建的文化场所,前者复原了城市发展中经典的历史场景,后者撷取了体现城市记忆的渔村文化。它们虽然没有延续古风改造的建筑复建或文物遗产修旧如旧式微改造,但却创造了文化科技的体验场景,满足了现代消费者对文化寻根、情愫追忆、时尚追求的沉浸体验。

(二)激发文化触媒,构建有秩序的场景

在经济全球化与世界城市化背景下,文化不仅构成城市经济系统中重要的新生产要素,也是城市社会良性与可持续发展的重要资源。文化对改变城市经济增长方式的落实具有重要意义❸,"改变"的方式多样,但前提是"文化秩序"的重构和优化。以广阔的视角、全球化的眼光、战略性的思维规划文化发展路径,设计历史文化街区成长模式,是历史文化街区创新的前提,也是历史文化科学、有秩序地传承和发展的保障。

植入文化创意思维,可以更好地优化历史文化街区的空间布局,推进渐进式更新。城镇化的加速和城市更新的复杂性使历史文化街区的文化、商业和居住功能边界逐渐模糊,特色小镇、产业集群、文化聚落的诞生也使历史文化的表现形态不再局限在"街区"而是愈加多元混合。文化创意思维既是历史文化街区的发展秩序是线性的"破旧立新"的发展过程,又是文化价值凝练的萃取过程和文化特色升华的推演过程。渐进式更新要

---

❶ 齐骥.文化产业促生经济增长新动力研究[J].山东大学学报(哲学社会科学版),2017(5):42-48.

❷ 张鸿雁.论特色文化城市理论体系建构研究与实践创新[J].南京社会科学,2012(8):1-11.

❸ 刘士林.新中国的城市化进程及文化城市战略[J].文化艺术研究,2010(2):27-44.

求的本质是在尊重历史文化（建筑）肌理和风貌，灵活地利用空间的基础上，推进历史文化街区的社区参与和社会参与，实现新老居民、传统与新兴业态相互混合、不断更新、和合共生。渐进式更新为探索历史文化和现代消费共生的邻里文化单元建设，以"现有空间优化升级、拓展空间精打细算、废弃空间改造利用"的规划建设原则，探索弹性空间的城市更新提供了有效的解决方案。

触发文化创意媒介，可以更有效地凸显历史文化街区的识别性，推动嵌入式更新。文化的本质特征是多样性，文化产业的"触媒性"来自文化的特色。特色凸显了文化产业在经济发展中高度的识别性，也凸显了文化产业在解决区域发展困境和发展鸿沟方面的动力触发作用。❶采用嵌入式创新路径，以"业态主题化、商业遗产活态化、游憩节点情景化、创意活动跨界化"为立足点，加强主题文化业态打造，释放历史遗产文化竞争力，通过创意、节庆、会展、峰会等城市事件拓展历史文化街区的空间界限，利用"一带一路"、长江经济带和京津冀协同发展战略，以国内不同区域板块（东部、中部、西部和东北四大板块）间以及我国与周边国家的经济地理间的信息交流与能量交换❷，促进历史文化街区的文化交流，是历史文化街区释放文化触媒作用，构筑跨界文化场景的有效路径。

（三）深耕创意内容，营造有故事的单元

文化就好比一束光环，它既能够以无形的文化肌理对历史文化街区产生包括气味、风声、氛围等意义系统和包括良知、义气、憎爱等更加重要的人文感受的文化氛围，又能以语义的方式，对历史文化街区产生有形的叙述，可能是一句诗、一个字、一个人名、一段故事，物质上就可能是一片残瓦、一堵断墙，甚至一棵树。文化创意正是把这些碎片化了的文化遗存、有形或无形的内容，小心翼翼地加以收集、考证，编织成一个能被当代人理解的文化"叙述"的过程。❸

如果文化创意视角将历史文化街区带入了文化产业情境，就必将以适应文化市场、契合文化消费的法则获得新的成长。营造有故事的历史文化街区，使其成为具有文化魅力的创意单元和城市板块，关键在于"讲故事的人"。"故事性"的文化体验为历史文化街区提出了活态性、动态式的文化发展理念。许多历史文化名村、名镇和街区的复兴以及打破"属地空间"界限的生态博物馆为表现形态，正是秉持延展历史文化"时间逻辑"

---

❶ 齐骥.文化产业促生经济增长新动力研究［J］.山东大学学报（哲学社会科学版），2017（5）：42-48.

❷ 胡鞍钢，周绍杰."新常态"至少可延伸至2030年 如何培育中国经济新增长点［J］.人民论坛，2015（9）：1-17.

❸ 吴宗杰.重建坊巷文化肌理：衢州水亭门街区文化遗产研究［J］.文化艺术研究，2012（2）：19-27.

和再造传统文化"空间逻辑"的方式，用"时空交叉共存"的文化产业叙事方法，形成独特体验价值的创意内容再造。而正是街区居民在文化场景和文化群落亲历体验和生活参与中，将抽象的"历史"逐渐转换成融入城乡居民参与体验、自治创新的具象的"生活"，更成为一个让城乡居民体验到生活在城镇的"人性化、平民化、人情味、文化味、归属感"的乡愁升华过程。

文化创意视角创造了以"故事"构建文化治理的怀乡范式，激活了城市更新的内生动力。在每一个古老的城市中，都有对过往历史的故事叙事，在每一处繁荣或者衰落的古村落中，也都有村落记忆的故事传承，"故事"成为一种乡愁，一种纽带，一种使城市和乡村成为活态储存器的文化居所，并使"文化"从模糊、抽象和无所不包的概念变成与居民生活息息相关的设施、多样性人群的组织、生动的场景实践等。城乡居民成了故事和故事的叙事主体，他们的自我表达、文化价值和生活方式也自然而然成了城市的构成元件。他们每个人都能参与到文化场景和文化群落的建设中，将"单向度"的治理变成了"多元化"的参与。可见，文化"不是供移植或替换的模块，更不是铁铸石凿、僵硬凝固的古董，而是一个充满永不枯竭的创造能力，其具有吸收和代谢功能的结构"[1]，一旦与区域社会经济发展相衔接，必将促进产业结构调整、文化复兴和城市更新。

历史文化街区作为一种城市空间、文化场景或社区单元，其文化内容、历史遗存和城市记忆都来自民间。它们凝聚着群众的集体智慧并在日常生活中薪火相传，一方面充满了较强的文化认同感和情感归属，另一方面延续着难以磨灭的文化记忆与价值共识。以文化创意为视角，将文化产业作为主营业态，对历史文化街区进行创意时间的重构、生活空间的重塑和文化认同的重建，为历史文化街区更新提供了崭新思路。作为文化产业向情境型、沉浸式的体验消费不断升级的空间载体，"互联网+"时代的历史文化街区在延续城市基因、传承城市文脉的同时，开始广泛吸纳科技创新和文化创意元素，并逐渐凸显出智能化和共享化的现代式服务完善带来的供给侧创新，这无疑为文化文物遗产的再生和公共文化服务的社会化推进提供了有效的模式。归结起来，作为一种接续远古流淌而来的文脉并使其根据当下之需要能生生不息的宝贵资源的文化载体，历史文化街区创新的关键在于，构建一种立足于将文化融入城市、将科技植入产业、将智能落于生活的改变人居方式的平衡式结构，创造一种标榜着基于传承与创新的城市发展理念，传递一种凝练历史文化、雕琢城市肌理、塑造产业价值的创意精神。

---

[1] 张保国. 新疆对外开放战略研究 [M]. 乌鲁木齐：新疆人民出版社，1989.

第二节 文化遗产的社区再生

社区是人的聚集及形成结构化空间的社会过程。文化与社会因素的相互依赖是社区形成的动因,因此,社区不仅是人的群居地,更是文化的组织和社交的单元。文化遗产,尤其是非物质文化遗产的内容多来自于民间,它们凝聚着群众的集体智慧并在日常生活中薪火相传:一方面充满了较强的文化认同感和情感归属,另一方面延续着难以磨灭的文化记忆与价值共识。作为充满归属感并孕育和涵养多元生活方式的地域单元和时空坐落,社区是文化遗产传承创新的鲜活经验和创新智慧的贮存器,对文化遗产价值的重拾与未来的重塑有着至关重要的作用。

一、文化遗产在城市更新中的本质

(一)为文化遗产寻找优质生存空间

社区是充满了归属感和生活方式共性中的多样性的地域单元和时空坐落,是文化遗产传承创新的鲜活经验和创新智慧的磁场和容器。社区以活态的空间构成和动态的参与机制,最大限度实现了文化遗产原真性保护。而在此基础上延展的文化遗产的故事逻辑,则是跳出时空逻辑限制,以多面呈现、诠释、传播文化遗产内涵和价值的杠杆。以时间逻辑和空间逻辑重构社区文化遗产传承和创新路径,以故事逻辑呈现、诠释、传播文化遗产内涵和价值杠杆,是城镇化进程中文化遗产活化和社区精神重塑的有效方式。

首先,社区是文化遗产完整性的基因库。城镇化进程中,社区以其特有的角色和作用,在历史文化教育、乡土情结维系、文化身份认同、城市特色塑造等方面维系着一个地区和民族的文化生态系统。城镇化进程中,社区的演进与记录文化遗产"活态性"、体现文化遗产"传统性"、具有文化遗产保护"整体性"的遗产功能演绎总是保持同步更新,对文化遗产的传承和创新起到了重要作用。而文化遗产保护与传承的目标就是让遗产走进人们日常生活,融入社会经济发展,给人们以精神享受和智慧启迪,为人们昭示未来发展方向。社区作为重要的组织单元和生活空间,在创造邻里之间和睦相处、精神归依、心理安全的过程中所形成的"社区感",在一定程度上可以起到替代发挥传统村庄生活模式的部分优势的作用，可以更好地为"人的城镇化"提供丰厚土壤。

其次，社区是文化遗产多样性的容器。社区作为一个"生命体"，充满了人性光辉与生活气息，蕴含着城市文脉和城镇景观的多样性。在社区包容多元文化和承载多样化生活图景的背景下，文化遗产，尤其是非物质文化遗产又大多源自社区，其发轫与民俗、民间活动和乡土生活紧密关联。它们本身又是社区共同价值观与社区群体精神世界的集中反映，深厚地积淀和蕴含着社区的历史记忆和社区民众的智慧情感，代表了具有群体特征的"社区期望"与"社区意识"。[1] 基于上述两方面的互动，以社区为基本单元和发展载体，生成了文化遗产群落式活态发展的空间尺度，从而避免了文化遗产在城镇化进程中遭遇的种种矛盾和困境。

最后，社区是文化遗产本源性的场域。在城镇化集中式、规模化改造与文化遗产保护复杂性的矛盾突出的境况下，社区多元参与机制成为维护文化遗产"不离本土"的传承和实现文化遗产生活化的最好场域。例如，以社区学校为代表的社区教育在普及文化遗产相关知识、提高遗产保护意识方面与其他正规教育相比，已经展现出无可替代的优越性。因为文化遗产尤其是非物质文化遗产，对人本身的依附性较强，在当代社会文化的传播方式中，这些自然的、本源性文化因素很容易被现代科技带来的规模化复制所消解。而社区正好提供了一个适宜其价值传承的场域，在这个具有共同根基和更易形成认同的族群中，文化遗产可以更充分地融入群体中，使社群成员能够在传承中产生密切的互动关系，形成浓厚的群体氛围。

（二）为文化遗产创造优越演进生态

社区能够加强文化遗产在城镇化消解传统文化语境下的城乡认同。文化是城市的灵魂。城市不仅是人类文明的聚合地，而且还是各种旧文化的存储器和新文化的发生器。当前，城市文化的认同危机一方面是由外来文化与本土文化的冲突造成的；另一方面是由现代文化对传统文化的疏离和拒斥而引起的。[2] 我国的乡土文化尤其是民族地区根植性较强的文化遗产资源，其原本就在科学化、商业化、全球一体化的竞争中处于不利地位。在文化冲突和文化冲击中，文化遗产的表现形态和呈现方式不断式微，使许多文化遗产伴随着城镇化进程而不断消失或改变。以"社区"为单元，既可以有效保护当下"社区"文化遗产境况，又能够聚焦未来（潜在）"社区"文化遗产发展，既着眼于文化遗产不离本土的文化涵养与抚育，又强调社区居民生活美学的当代重构和文化融合，为文化遗产在社区空间的保护、生存和发展提供了有效的手段和创新的路径，是创造具有

---

[1] 蔡丰明. 上海城市民俗文化遗产的保护 [J]. 社会观察, 2005（2）: 41-43.
[2] 张海燕. 城市记忆与文化认同 [J]. 城市文化评论, 2011（4）.

集体认同感和文化认同感的城市形象，打造具有文化认同感的记忆之城的有效路径。

社区可以维护文化遗产在城镇化进程不均衡状态下的相对稳定。社区的特定文化空间是非物质文化遗产赖以产生和发展的土壤。社区文化空间的特质与文化遗产的传承方式和使用方式有着密不可分的关系。然而在当前社区发展中，文化遗产生存的文化空间和传承主体往往难以得到全面重视。在城市空间中，居民因为失去了城市记忆而对于"家园"的失去充满了焦虑；在乡村地区，社区文化遗产的破坏性开发与技艺流失严重，村落遗产不断消解。而城镇化进程中的"社区"构建则承担起"栖身之所"和"精神家园"的双重角色，为文化遗产传承提供了稳定的物理空间、心理空间和记忆空间。"城市的日常生活、市民风尚、城市风情和城市精神，借助时间和空间的流转，把记忆的碎片连缀成章，让本是封闭的城市空间敞开自己的一己情怀来容纳天地万物，于是城市记忆和文化认同在这一过程中不断得以生成或拓展"；[1]而社区鲜明的族群意识和社区成员相对稳定的族群关系在一定程度上提高了文化遗产的稳定性，并赋予了社区文化以历史温度和发展特色，使社区成为城镇化进程中有效的"文化容器"和"文化磁场"。

社区或将实现文化遗产与社群成员在城镇化进程中相互受益。社区的社会组织要素和社会存在特征决定了文化遗产社区参与的保护模式，但如何有效实现当地社区民众的利益受到尊重，同时减少将遗产保护完全变为政府行为带来的弊端，使保护项目和社区发展二者实现双赢仍是当前社区文化遗产保护的难点。社区文化遗产保护和传承方式一方面缓解了城镇化同质发展、千城一面的危机，并在一定程度上解决了社区缺乏主题、缺少特色的盲目发展问题；另一方面以旧城改造和新区开发对社区全方位的建设为契机，可以充分激发社区文化遗产保护的能动性和创造力，从而有效摆脱政府原来在文化遗产保护中从设计、组织、决策到实施和评判大包大揽的全面的角色，创新了社区文化遗产发展的路径。

（三）解决文化遗产当下的生存困境

文化遗产传承一旦脱离了社区这一基础性社会组织结构，就脱离了一种有序的文化更新与重建方式。这是因为构成社区的关键性因素是特定空间里人类群体的相互交往方式及相关文化。与社区文化遗产传承方式不同，博物馆对文化遗产的保护方式往往更为"刻板。"例如，博物馆的收藏、研究、保护、展示、教育的五大职能中，"保护"往往被视为博物馆的天职，其最常规的保护方式就是以展品的形态保护文物。无论是遗物还是遗迹，无论是历史文物还是民族文物，也无论是按时间、地域分类，还是按质地分类，这些文物都是实体、课件的，是支撑博物馆教育、研究、欣赏等功能发挥的唯一基

---

[1] 张海燕.城市记忆与文化认同[J].城市文化评论，2011（4）.

础。虽然近年来出现了数字博物馆、虚拟博物馆等新兴陈列展示手段,但仍脱离不了对原始馆藏文物的依托。这些陈列更侧重于以静态的方式突出"物"的价值和审美,而不擅长用动态的方式呈现它们"物"与"人"的联系。然而,从民族文化的传承和文化景观和谐发展的角度看,"文物"绝不能脱离造就它的物质条件、环境与民众基础。如果只在博物馆里摆放一些反映民族文化的"物质",那么这些"物质"只能代表一个民族的"文化符号",而不能体现它对"非物质文化"所起到的作用和二者之间不可分割的紧密关系。

毋庸置疑,以"互联网+"为时代背景的城镇化进程中,信息触角愈加发达、文化变革愈加迅速,许多作为遗产的传统景观和传统习俗或正成为以"文化自卑"为代表的"文化包袱",成为它们日益强烈和迅速要摆脱的束缚。一面是具有悠久历史又现实岌岌可危的古村落和古建筑,另一面是生活在近乎危房的文物建筑中向往"水泥森林"式现代生活又经济拮据的居民。历史遗留的生存困境和现代文化的市场冲击,使许多古村落在城镇化进程中没落,其文化遗产也因失去了原生土壤而不断遭受冲击。位于广东西北的连南瑶族自治县的南岗古排就是一例。20世纪80年代初的城镇化建设中,在政府资助下,寨民大多搬到山下,随后又流入了广东省各个城市。由于各种原因,那里已经房屋残破,基本没有人居住。据相关资料记载,南岗古排曾是全国规模最大、最古老的瑶寨,始建于宋朝,鼎盛时期有民居700多栋,1000多户,7000多人。保留着368幢明清时期建的古宅及寨门、寨墙、石板道。2009年,南岗古排被授予"中国历史文化名村"称号。但如今大量的建筑因为异地城镇化带来的人口流失而呈现不同程度的损毁甚至倒塌。与离开本土的城镇化相伴随的,是文化遗产的逐渐消失以及精神认同的逐渐泯灭。可以说,在现代化使人们"衡量舒适和方便的标准"发生了极大的变化[1]的同时,文化遗产在"对传统的文化价值规范、社会生活准则以及政治合法性的怀疑,乃至激进的批判和攻击"的"破旧立新"中变得更加"不安全",因而急需通过摆脱其生存和发轫的载体——传统乡村及其文化的"束缚"而与现代社会对接。

事实上,当今还有一些城镇化进程中的古村落选择了这种直接"粗暴"的方式进行现代化转型,而其主体却始终无法真正融入城市生活,这些城镇化留给文化遗产的是破败的乡村外壳及断裂的文化乡愁。传统村落的消失或破坏,毁掉的不单是一座建筑、一个村庄,还会丧失掉孕育传统手工业、地理地标产品、民间文学、民间戏曲文艺等文化和特质产品的平台。这也进一步说明,离开本土和离开社区的文化遗产传承方式与居于深宫之中的文物一样,只能是静态标本式展示、"临终关怀"式关注。

文物是看得见的物质文化遗产,背后却蕴藏着看不见的非物质文化遗产。社区传承方

---

[1] 陈立旭. 欧美日历史文化遗产保护历程审视 [J]. 中共浙江省委党校学报, 2004 (2): 49-54.

式与生活有机融合，与居民精神生长和审美历程呈现出立体嵌入状态，相对于以往传统博物馆对文化遗产的保护方式，更加生动、具体。传统博物馆往往以"馆区"为具体界限，文化遗产被"孤立"在馆区内，而广大居民在馆区外难以感受到文化遗产带来的文化浸润，也难以让馆区周边的居民因文化认同产生文化自豪，从而以文化自觉的方式参与到文化遗产的保护、文化空间的重构及文化精神坐标的重建中来。"生态博物馆"的理念正是这一背景下应运而生的一种遗产保护模式。生态博物馆推进了许多自然地景与文化景观结合的博物馆的生存状态不断活化，与生产、生活结合的逐渐紧密，并在开发理念上以"没有围墙的博物馆"为建设原则，将遗产保护、文化传习和居民生活融为一体，破除了传统博物馆"馆内"和"馆外"的界限，创新了文化遗产传承和创新的场域。

二、文化遗产为城市更新赋能的逻辑

（一）从固态到活态：社区文化遗产的空间逻辑

文化遗产是广大民众为满足日常生产、生活需要而创造、积淀的智慧结晶，其诞生的空间是活态的生活和生产。因此，文化遗产"不是供移植或替换的模块，更不是铁铸石凿、僵硬凝固的古董"[1]。在文化遗产的空间逻辑构建上，我国许多城镇往往割裂了"旧城改造"与"新区开发"的关系，对文物和文化遗产进行固态保护，或在旧城改造中陷入对古建筑、古街区的单一保护中，抑或在新区开发中陷入对仿古建筑的盲目迷恋中。文化遗产诞生的空间正义诞生于最广泛的社会生活的不断发展，当其生存空间被固化、禁锢，便会产生异化，进而使其"真实性""完整性"的原生状态日渐式微并难以修复。

文化遗产一旦与区域社会文化发展相衔接，与日常生活图景相融合，便逐步建立一种不同社会主体能够相对平等、动态地享有空间权利，相对自由地进行空间生产和空间消费的理想状态。从这一维度看，文化遗产的空间逻辑主线是活态的文化遗产形成的生态组群及其构成的生态系统。如集合特殊文化资源结合的线性或带状区域内的物质和非物质文化遗产族群而形成的文化线路，把多样的地理、自然和文化景观关联，并由于经过地区和区域的不同而展示出各自的风格和特征，让活跃的文化流动可以更好地将遗产资源置于真实的空间范畴去生存和演绎，使文化遗产从静态向动态、从单个遗产向群体遗产转变，拓展了文化遗产的空间，使文化遗产更加多边稳固。

（二）从静态到动态：社区文化遗产的时间逻辑

如果说空间逻辑是延续文化遗产的技术手段，时间逻辑便是延续文化遗产的情感体

---

[1] 张保国. 新疆对外开放战略研究[M]. 乌鲁木齐：新疆人民出版社，1989：167.

验与怀乡范式。构筑活态的文化遗产传承发展机制，是构筑了文化遗产最优化的生存方式，动态的文化遗产则是避免将文化遗产置身于"历史断层"中而割裂其活态的存在。例如，位于山西省东南部的晋城市北留镇境内的皇城村由内城和外城两部分组成，枕山临水，依山而筑，城墙雄伟，雉堞林立，官宅民居，鳞次栉比，是一组别具特色的古代建筑群。在建筑格局上，皇城村的内城为明代遗构，外城为清代所建，遗产价值十分突出。作为重要的历史文化遗产和乡村社会的缩影，皇城村因其深厚的文化积淀、丰富的历史信息、意境深远的文化景观而具有"史考"的实证价值、"史鉴"的研究价值、"史貌"的审美价值。皇城相府旅游景区就是以这组古建筑群为载体兴建的，并比较完整地保留了原貌，现已成为国家5A级旅游景区。虽然居住其中的村民整体迁出，在附近建立了新村，但很多村民都可以回古村工作，对皇城相府的记忆和感情得以保留，与村落的关系也不会断绝。文化遗产的保护与活化，最大限度地存留了古村落的历史记忆，从其储存的历史细节和记忆中，人们可以找到村落文化的根脉。

　　文化遗产的未来，很难完全定格于特定历史时间点上对物化形态的器物层面进行机械的、被动的封存式保护，即静态保护，而是将历史的时间坐标不断拉伸，将文化遗产赖以生息的原生状态不断延展，从而实现在社会历史发展的过程中不离本土的动态保护、更迭创新，即从"时间"的逻辑主线中寻找赋予遗产传承创新的鲜活思路，通过历史与未来的对话，在"留住往日的时间"和"再造往日的空间"的过程中实现文化遗产的时间价值。但遗憾的是，目前我国许多濒危的文化遗产均采取了"输血式"的静态保护方式，尽管在一定的时间逻辑中确保了文化遗产的阶段性安全，但从长远看却只是权宜之计。一些濒危遗产可以花钱将其保护下来，但如果不能活态传承便只能是"死灵魂"，最终只能以"过去时"的陈列方式进入历史博物馆。以"时间无限"弥补"空间有限"并改造、重构和创造新空间，是实现从静态到动态的文化遗产发展的时间逻辑的有效方式。

（三）形塑地域社会：社区文化遗产的情感归属

　　"地域社会"是基于地缘关系形成的集团、结构和各种社会关系的总和，作为一个地域内居民生活的场所（或空间），"地域社会"铭刻着本土生活和生产的痕迹，反映了人们日常生活的体验和民间智慧，在其逐渐退出现实生活之后，又将成为人们乡土记忆和寄托乡愁情感的载体。[1]地域社会对文化遗产保护与传承的贡献在于，它提供了历史文化空间和居民生活空间交织的社区。其中，时间逻辑、空间逻辑和故事逻辑可以在地域社会得到有机统一，文化遗产的活态生存和动态发展可以在地域社会获得不离本土的

---

[1] 周星.文化遗产与"地域社会"[J].河南社会科学，2011（2）：37-41.

传习和演绎。

以地域社会为单元，形成多元社会参与机制，实现动态场域的再生，是保护文化遗产最优化路径。"地域社会"有利于形成较强的归属感和认同感，而被珍视和重视的文化遗产及无形文化遗产的传承人将因此获得文化自豪感，"'尊重'无形遗产及其艺术家/实践者是最重要的。'尊重'赋予这些艺术家和实践者一种'自豪感'（Sense of Pride），而'自豪感'是自发性无形文化遗产保护行为最有力的驱动力。培育文化自信以及由此而衍生的自觉参与和多元参与，是文化遗产在城镇化进程中传承文脉、重构动力基础。"❶在基于文化认同前提下，以文化自觉为内在的精神力量，通过增强居民的文化认同感建立以文化治理为纽带的新城镇，也是保护文化遗产最好的时空。

三、文化遗产保护和发展的创新路径

（一）发掘社区价值，梳理历史文脉

社区是诠释文化遗产时空逻辑的重要场所，而文化遗产重构的故事逻辑则赋予了社区可持续的生机。社区文化遗产的构成形态恢复和重建了时间和空间，体现了"时空交叉共存"的特殊价值。为什么许多古村落可以在传承文化遗产的同时焕发出文化产业的生机？正是因为那些透露着历史信息的空间形态，往往有着艺术创作必不可少的"时间素材"。它不仅留住了往日的时间，而且再造了往日的空间。❷以浙江省桐庐县荻浦村为例。作为历史文化名村，荻浦村"古造纸文化"历史悠久。清代嘉庆年间，荻浦村全村便有上百只纸槽，利用荻溪石滩为主要晒纸厂，生产规模很大，造纸一度成为全村主要经济来源。荻浦村不但留下了"古法造纸"完整而生动的遗址，而且记录了"拌草—腌草、踏草、洗草—捞纸—扦纸—晒纸—理纸—刨纸"等作为非物质文化遗产的复杂工艺。荻浦村就地城镇化形成的社区将"古法造纸"作为重要遗产景观予以活化，一方面，规划设计造纸博物馆，诠释古法造纸文化。另一方面，打造与社区居民深度融合的遗产旅游体验区，将造纸文化和孝义文化、古戏曲文化、古树文化融合，将造纸遗迹和古松垅、范家井和申屠氏始祖墓址等古迹融合，共同营造成开放的文化景观。它们与城市商业圈、居民生活圈、高校创业空间楔形融合，鱼骨型插入城镇化的改造中，重塑了晋华鼎盛时期的历史尊严。将时间价值转化为可复制、可再生的非线性逻辑，将空间价值转化为可回忆、可体验的建设逻辑，形成了社区文化遗产的故事逻辑。可见，时间和空间素材提供了古村落创造故事价值的逻辑，并完成了就地城镇化进程。在村落体制向社区建制转

---

❶ AIKAWA N.An Historical Overview of the Preparation of the UNESCO International Convention for the Safeguarding of the Intangible Cultural Heritage [J].Museum International，2004，56（1-2）：137-149.

❷ 胡惠林.时间与空间文化经济学论纲[J].探索与争鸣，2013（5）：10-16.

变的过程中，文化遗产与社区融合，形成了特殊的时空魅力。

（二）讲好社区故事，传递文化情结

"讲好中国故事"是重构文化遗产传承创新的思维方式，社区赋予了乡土中国鲜活的实践路径和生动的传播平台。传播是保证社会遗产代代相传的重要机制之一。传统民间文化凝聚着乡土生活的情感和智慧，体现了独一无二的特性。以故事逻辑表达文化遗产，可以更好地让传统文化在现代语境下焕发新的生机，从而以更广普的方式维护文化安全、延续文化遗产生命、传承城镇演进中的基因谱系。例如，电视纪录片《舌尖上的中国》从主题到内容都体现着文化遗产传承的视角，将中国人最质朴的原生状态、和谐共存的自然相处之道及人们对自己家乡情感的一种坚守通过对饮食文化的剖析展现出来。而正是基于"故事逻辑"，纪录片瞄准的不仅是作为美食的文化及作为美食烹饪、酿造、制作技艺的文化遗产，还将地理地貌、地方建筑、特色文物等物质文化元素与制作工艺、民间习俗等非物质文化元素相融合，展现了对吃的敬仰、对血缘的共鸣产生的欣喜，以及对故里的眷恋产生的归家的期盼。例如，在第一季第二集《主食的故事》中，进行谷物加工的"石磨盘"和"筛"属于物质文化遗产范畴，用石磨将谷物碾成粉末，用筛过滤掉粗粒杂质的工艺属于非物质文化遗产❶，最后做出来的主食花卷则传递着丰收的喜悦和阖家团圆的幸福。作为一种故事逻辑，"吃在中国"成为全世界的共识，文化遗产的价值共鸣演绎为主流国家话语体系中积极展现国家形象的传播手段。不难看出，"讲好中国故事"强调文化遗产当事人的能动性，以社区中的"人"为主角，激活他们对地方文化的理解，对文化遗产的诠释、对乡土文化的革新的愿景，实现人、文、地、景的融合，它们构成了城市更新与社区复兴的中坚力量。

社区文化遗产发展的本质是在"不离本土的文化传承与创新"的前置条件下，实现遗产的可持续发展。以社区为时空坐落，以故事逻辑和故事传播重拾社区价值、推动社会复兴，是"讲好中国故事"语境下将中华民族优秀传统文化保护好、传承好、发扬好、让文化遗产成为滋养民族心灵的清泉，成为培育民族精神的沃土❷的重要索引。

（三）延续社区文化，塑造文化精神

以社区为载体延续文化遗产的文化基因，必会将社区带入一种新的情境模式。这种模式既标榜着城市作为一个具有想象力的恢宏巨作所发挥的以最深远而持久的方式重塑自然的能力，又传达着城市作为人类不再依赖自然界的赐予而是试图构建一个新的、可

---

❶ 王丹.论文化遗产传播类电视纪录片的创作方法[J].新视界，2013（12）：22-24.

❷ 王福州.非遗讲述中国故事[N].人民日报，2015-01-13（014）.

操控的秩序的载体。在这一背景下，文化遗产在城镇化进程和社区可持续发展的双重主线中，势必需要以客观、审慎、前瞻的规划为引领。以广阔的视角、全球化的眼光、战略性的思维规划社区文化发展路径，设计文化遗产社区化生存中的成长模式，是新型城镇化进程中文化创新和发展的有效方式。

实现文化发展与城市成长"多规合一"的协作规划，是社区文化遗产可持续发展的逻辑起点，城市规划与文化规划的双规合一越来越成为城市演进的要求。随着城镇化进程的不断推进，外部环境与内生动力的变化使未来的城乡发展无法沿袭既有的路径，粗放、短视的治理模式已经难以为继。同时，随着城乡规划日益为社会公众所认同与熟悉，越来越多的社会主体要求通过城市规划来表达自身利益诉求。正是在基于文化认同前提下，城市规划与文化规划的"双规合一"以文化自觉为内在的精神力量，以文化创造活力激发人们探索集约高效、功能完善、环境友好、社会和谐、个性鲜明的新城市发展空间的主体行为，体现了以"文化弹性"和"文化自觉"推进文化治理的路径创新。城市规划与文化规划的"双规合一"通过主动寻求一种创造性文化增生的范式实现了文化的包容性发展，以较强的规训弹性，实现了沟通协作下的多元治理，有助于改善社会管理模式。❶实现可从单向度的规划立法到多向度的规划协商，是文化规划的范式创新，更是文化治理的路径创新。

值得注意的是，在社区文化规划中，独立精神和国际视角是两个重要的维度。就前者而言，在全球化背景下，世界城市在城市形态、制度规范、市民行为等方面日趋雷同，只有文化上的区别显得尤为重要、更有价值。秉持规划的独立精神，既是社区成长和建设的"破立并举"的过程，也是社区文化遗产保存文化记忆、复兴文化价值的过程。就后者而言，文化规划的路径是全球视野下"顶层设计"与"路线图"并行不悖的有效范式。城市的演进展现了人类从草莽未辟的蒙昧状态到繁衍扩展至全世界的历程。文化规划是建立在传承城市记忆、绵延城市文脉、永续城市基因、发掘城市性格、重塑城市品质的基础上的。文化规划的编制，首先需要广阔的视野和战略的思维，以广泛吸纳和融合世界城市多元文化和多维生态为积淀，以注入人文关怀、关注人文精神、融入人文内涵的思考和探索，设计城市文化产业发展的战略路径。

---

❶ 胡惠林.国家需要文化治理[J].学习时报，2012（6）：2.

第五章　城市生活圈的文化营造

当前，全球新一轮科技革命和产业变革蓄势待发，中国社会结构也正处于巨大变动和孕育发展中。全球经济变化和社会发展的外部形势使中国城乡结构、收入分配结构发生改变，对人口结构和家庭结构、社会组织方式带来影响，还造成了社会规范和价值观念一系列的变化。处于中国转变经济发展方式、优化经济结构、转换增长动力机遇期和城市化不断加速、城市社会、文化和经济发展因素交叠影响加速期双重影响下的城市空间，开始产生明显的"空间转向"。这种"转向"并非简单地将物理情境的时空概念原封不动地拉入社会理论，而是从社会主体的角度来重新审视时空的本体意义，进而将时空的存在理解为社会性的建构。在新的转向下，"城市空间"不再仅是传统意义上人们居住的一种场所，而且是城市中各种力量成长、重组的重要变量。[1]文化生活圈是在城市更新的时空转向下应运而生的一种人类聚居结构，强调"生活"的文化价值和场景精神，是新时代城市文化更新的核心所在。

---

[1] 景天魁."时空重塑"：时空社会学的旨趣[N].北京日报，2018-06-11.

第一节　从生活圈到文化生活圈

生活圈所蕴含的发展理念，是以人为本的城市文化价值和城市更新理念的延续、传承与不断提升。新时期，在生活需求与生活环境发生诸多变化的背景下，生活圈理念也逐渐发生转变，不断向以适应美好生活需求的转变、城市治理的方向转型，同时探索挖掘存量潜力、体现集约节约绿色生态理念的建设实施方法，探寻发现文化价值、优化文化场所、呈现场景精神的文化治理之路，从而以更包容、开放的方式创造美好生活。

一、城市更新语境下的生活圈营造

生活圈就是依照日常生活有关工作、居住、就学、购物、休闲、医疗等社会活动的影响范围所划分出来的实质规划空间单元。❶ 通过生活圈的构建，能够活跃政府、市场、社会等各个主体在城乡管治中的积极性，并且能够有效解决在城乡一体化建设中存在的公共文化服务有效供给不足的问题。❷ 城市的生活圈规划因为在时间、空间上有着不同的标准，进而可以有效推动公共服务在不同阶层与不同地域空间上的均等化，这是解决目前存在的城市发展不平衡问题，优化城市生活空间结构以及促进区域之间的协同互动，提高居民生活质量的有效手段。❸

（一）城市建设的品质回归

随着全球城市时代的到来，城市更新越来越注重精神价值和生活品质的发展。从"关怀全龄生活服务需求、体现最具吸引力的生活"到适应城市人口多元特征，越来越成为生活圈发展的理念和原则。

随着城市更新越来越进入小尺度的生活圈层面，城市建设开始呈现出突出的特点。

---

❶ 黄玟莹. 高雄县文化生活圈发展策略之研究 [D]. 高雄："中山大学"，2001.
❷ 刘云刚，侯璐璐. 基于生活圈的城乡管治理论研究 [J]. 上海城市规划，2016（2）：1-7.
❸ 柴彦威，张雪，孙道胜. 基于时空行为的城市生活圈规划研究：以北京市为例 [J]. 城市规划学刊，2015（3）：61-69.

一方面，以协调联动为目的的区域性统筹性规划越来越紧密。京津冀一体化建设、粤港澳大湾区建设以及长三角、珠三角城市群建设等城市建设发展的新方式，有利于优化城市空间布局，完善城市治理体系，改善生态环境与生活环境，提升城市的生活质量。另一方面，城市自身内部的发展方式逐渐由大规模的开发建设转向小尺度的空间营造。城市更新的进程是随着城市的发展而不断改变的，在过去大规模经济发展的阶段，城市更新的方式偏重于"重建或再开发式"的规模更新，而现在，城市更新的主流已经转变为"小尺度、渐进式"的更新方式，从街道、小巷的微更新到老旧厂房等存量空间的复兴改造，让我们看到了创新驱动的城市建设方式更具生机与活力。最重要的是，此种城市建设的方式更加贴近当地居民的日常生活。也正是由于贴近生活，"小尺度、渐进式"的更新方式在治理方式上更加强调大众参与的共治共享，如此便将"以人为本"的发展理念有序推进。

"生活圈"的兴起是新常态背景下城市建设品质回归的产物，"文化生活圈"的出现则是城市品质化建设的必然发展。实际上，我国在20世纪90年代就已经开始了"生活圈"的相关研究与实践，但是却仅仅停留在城市或者是区域的层面，没有更深层次的分析探讨。纵观对"生活圈"相关规划比较成熟的国家与城市，皆是以问题为导向来架构生活圈的组织运行体系，从综合性的区域范围的规划到功能性的集中于文化方面的规划，政府规划观念的转变是社会发展进入新常态下的顺势而为。

（二）社会发展的文化助力

在政策层面，随着国家不断推行对外开放，不管是"文化自信"还是"讲好中国故事"，新时代的国家建设越来越需要文化的助力。随着人们对美好生活的品质化、多样性要求越来越多，文化建设在国家建设中也发挥着越来越重要的作用，文化方面的立法数量不断增多和完善，《电影产业促进法》《公共文化服务保障法》《公共图书馆法》的相继出台，为文化管理工作指明方向，更给文化产业的发展与群众的文化生活带来了基本的保障。另外，"文化+"成了新时代社会经济发展的热门方式，文化成为推动产业、经济、生态等各领域跨界、融合、创新，集高质量发展动能的加速器。

"文化生活圈"从规划层面来讲是从空间尺度的组织划分，但是从发展的角度来讲是以文化与生活的融入实现人本身的提升。台湾地区文化生活圈的前身便是社区营造，而其社区营造的本质便是"造人"。一个社区或者是一个村落便是最基本的文化单元，最根本的是要以人为导向，实现"人、文、地、产、景"的全方位营造。

（三）普惠均等的文化保障

当前，我国社会主要矛盾已经转变为人民对于美好生活的向往与不充分不平衡的发展之间的矛盾。如何满足人民对美好生活的向往成为新时代国家建设的逻辑主线，围绕这条主线，文化在其中的作用不言而喻。从政府的层面来说，实现均等化、标准化、便利化的公共文化服务成为主要任务。与此同时，随着群众文化消费升级，如何提供优质有效的供给也成为时代课题。随着政府在公共文化服务的设施建设、体系构建以及效能优化上逐渐转变思维，引入社会力量，谋求能够获得更加多元且优质的服务供给，从PPP模式到公共文化机构的法人治理结构改革，再到构建"共建、共治、共享"的治理格局大观，政府的职能在不断地发生转变，企业与民众在公共文化服务建设中的角色也在不断发生着变化。未来如何优化社会力量的参与机制、激发社会参与活力是需要不断思考、探究的命题。

"文化生活圈"为政府实现普惠均等的公共文化服务提供了一种绝佳方式，因此我国内地地区的"文化生活圈"并不是严格意义上的"文化生活圈"，而是更趋向于"公共文化服务圈"，并且倾向于前面加上"5分钟""15分钟"等时间字眼，以此来更加明确建设目的。

二、文化生活圈的逻辑构建

（一）理论建构依据：文化生活圈的国际实践

关于"生活圈"的研究最早在日本提出，1965年，作为一种城市化过程中地理与规划的理念，日本首先提出了"广域生活圈"的概念，并将其作为公共基础福利设施的基础单位。在1977年的《第三次全国综合开发计划》中，又进一步提出了"定居圈"的概念[1]，"定居圈"是对"广域生活圈"概念的延伸，延续了以"中心"城市为核心发展和围绕"中心"配置设施的理念。随后，"生活圈"理念与实践逐渐影响到很多亚洲国家和地区。韩国受到日本生活圈构建的诸多思想的影响，也因为与日本同样面临着社会发展的城乡差异问题，在城市与乡村发展结构上建立起了"大都市—地方—乡村"生活圈的三级网络，用以缓解都市的压力并且促进地方的发展。1980年左右，韩国按照"小、中、大"进行生活圈划分，依然是按照区域大小不同的层级范围，将中心城市居住区级别的规划为大生活圈，将生活小区级别的规划为中生活圈，将居住组团级别的划分为小生活圈，不同级别有不同范围，且满足不同的功能需要。

除了对生活圈的理论创新，国际许多城市和地区也对生活圈开展了丰富的实践。在实际发展中，生活圈作为"依地区内居民各种不同的文化性活动差异而划分出来的一种

---

[1] 戴婧.日本"生活圈"理念探究和剖析[J].建筑工程技术与设计，2016（7）：14-17.

第五章 城市生活圈的文化营造

圈域及其体系"[1]，具有多层次的空间逻辑。如首尔的生活圈规划包括5个圈域（大生活圈，50万～300万人）和140个地区（小生活圈，5万～10万人）。其中，圈域的划分综合考虑区域的发展过程、用地功能及土地使用特点、行政区划、教育学区、居住地与居住人口特点、相关规划等因素。圈域的重点任务在于地区均衡发展和职住平衡等宏观问题。地区的划分综合考虑商业、商务、居住、公共服务、公园与绿地等，布局在用地功能相近、居民联系密切以及设施需求存在共性的临近地区。日本熊本市生活圈的层次由高到低依次为定居圈、定住圈和邻里生活圈，高层次的生活圈均由若干下一层次的生活圈组成。定居圈以中心商业区为核心，提供高等级的商业、艺术文化、休闲、交流等城市服务。定住圈层面，以地域生活网点为核心，提供必要的商业、行政、医疗、福利、教育等服务。在邻里生活圈，即最小层次的生活网点，集合了市民日常生活的主要服务。中国台湾地区在组织方式上引入社区规划师制度，作为一种技术中介力量，协调社区与政府部门的意见，制订生活圈建设的行动计划；在具体实施上，行动的参与主体是民间团体和企业，政府为辅助角色，帮助拓展民意机构、民众和民间团体的参与渠道，形成广泛的群众参与。[2]

我国生活圈的营造主要基于"社区"尺度的生活圈规划，如上海15分钟社区生活圈指出生活圈的规划建设与人们的社区生活休戚相关，生活圈经由发掘社区特质与探寻规划愿景来引发社区居民参与社区工作的责任感，从而能够更加融入社区的规划编制中，其中也进一步提出，未来的省区规划应当从社区治理作为提升型公共服务的定位出发，重新审视政府、市民与社会等各个主体在社区治理中的作用与职责，逐渐加强并且形成自下而上的治理模式。[3]孙道胜、柴彦威等人基于对社区空间的研究，认为社区与社区之间是相互联系的，人的空间行为并不集中在一个社区当中，这与台湾地区关于社区营造的研究不谋而合。此外，他们还提出，社区生活圈有利于对于社区空间微观结构的重新理解，通过对居民行为的解构与分析，有助于在社区公共服务设施配置中解决空间落地问题。[4]

不管是从国际经验还是中国实践看，在生活圈的发展过程中，文化的圈际作用对生活圈的场景精神塑造和文化价值塑造起到了重要的作用。从圈域的发展过程看，文化生活圈的发展也是帮助圈域内人们找寻文化与生活共同点的一种方法，让传统文化的脉络在无形之中得以保存与维系，也激发出地区内居民共同的生活文化情愫以及相互认同

---

[1] 古宜灵，辛晚教.文化生活圈与文化设施发展之研究[J].都市与计划，1997, 24（1）：43-68.
[2] 上海市规划和国土资源管理局，上海市规划编审中心，上海市城市规划设计研究院.上海15分钟社区生活圈的规划和实践[M].上海：上海人民出版社，2017.
[3] 程蓉.15分钟社区生活圈的空间治理对策[J].规划师，2018, 34（5）：115-121.
[4] 孙道胜，柴彦威.城市社区生活圈体系及公共服务设施空间优化[J].城市发展研究，2017（9）：24.

感。[1]文化生活圈的规划建设是地方文化建设的重要趋势，对于地方文化特色的形塑具有重要的意义，而文化生活圈未来的发展应该在文化设施的扩展与完善、特色型文化生活圈的深入规划、文化产业的带动以及人的需求方面更加完善。无论如何，从实现美好生活的角度，从生活圈到文化生活圈，均体现出以下几个演进特点。

一是更加注重生活文化内涵经营。生活文化就是指具有地缘关系的一群人所普遍存在的生活行为。这种普遍存在的生活行为除具有集体普遍性、持续性的特点之外，还蕴含着具有地缘关系的这一群人对其生活行为背后意义的认同。就是在这种共同的认同意识之下，呈现出这一群人的集体生活行为的集体表现方式。一方面，文化生活圈内的生活文化内涵除是历史累积的传统文化之外，也包括在现代生活中面对目前生活圈内的生活问题所产生的一些新的看法或者行为。因此，文化生活圈内对于生活文化内涵的运营主要包括保存、再生与新生。另一方面，之所以说"经营"，是因为文化生活圈所涵盖的是该区域内有关生活文化的一切，不仅包含文化事业，也包含文化产业，这些文化内容的保存、活化都是需要经营的范畴。在台湾地区，过去地区文化生活的供给主要是由馆舍发展而来，而文化生活圈中的文化生活经营因为有社区营造的基础，更加依赖于当地团体的活动。每个区域的当地团体在地区文化发展议题的牵引之下，确定团体经营活动，建立协调运作平台，并且探讨通过各协调运作平台建立永续经营机制的可能。

二是着力打造文化内涵发生的场域。文化内涵发生的场域，即文化生活圈营造的区域单元。台湾地区的文化生活圈区域划分并不限制于行政地区规划。过去社区营造的推动强调以社区邻里的范围作为考量，文建会地方文化馆的一切计划都以馆舍经营为主要考量。但是就社区居民而言，其生活活动很少仅止于社区范围之内，几乎都是跨社区的区域生活，馆舍的经营虽然重要，但是也不可能独立成章。因此，在文建会的磐石计划中则更加强调"从区域整体着眼"且"区域内的场域、设施与文化内涵关系紧密"。也就是说，文化生活圈的区域划分以当地文化为主要考量，以此来使区域在文化发展议题上取得共识。具体到区域内的文化发展空间，则主要包括生活圈内提供相关生活文化的室内设施与室外空间。

三是让居民成为当地生活者。文化生活圈的发展延续有着地方文化馆计划的思维，即让具有指标性的馆舍在该文化生活圈中扮演带头角色。毋庸置疑这是有必要的。一方面，由于文化生活圈发展与地域文化发展有着密切的关系，区域经营与地方文化的多样议题发展常常是超乎既有的指标性馆舍所能承载的，因此需要有更多的专家学者与团体的参与。另一方面，文化生活圈发展的最基本的成员是当地生活者，在文化生活圈的发展中，一般文化发展的推动者主要是文化相关的专家学者，当地生活者往往是文化生活

---

[1] 黄胜雄.从文化生活圈中国窥见文化的脉络与资产延续[J].文化生活，2013（72）：10-14.

单纯的享受者。然而当地生活者如果能够做到更加积极的参与，以其在地域之内丰富的生活经验为基础，在地区的发展议题当中真正作为生活文化的主人去发挥力量，对于当地文化的内涵式发展与永续式经营无疑是重要的推动力量。对此，台湾地区的做法是借助社区营造的基底，通过社区组织进行跨社区合作，以社区组织、学校、当地团体以及外来的专家学者团体组成地区平台，开展持续性的文化对话、学习，促成集体意识养成。

（二）理论优化依据：文化生活圈的当下困境

在生活圈的时间转向和空间演进中，文化的功能和价值的呈现经历了从硬体场馆设施建设到软性文化内容经营，从区域性发展到功能性发展的转型阶段，并逐步进入专注于当地团体的培育和区域禀赋的赋活阶段。但是这一阶段的文化生活圈营造仍然停留在以文化事业为主的基本功能完善阶段，其目的仍然是以满足群众基本的文化需求为主，不管是在地方文化产业的发展、不同层面主体参与的活力，还是社区文化空间的创新再生、文化资源的整合共享上，均有一段很长的路要走。

一是文化营造创新动力不足。以社区空间设计营造多元文化景观、开展多元文化活动是文化生活圈激活社区内生动能、激发社区文化创意的主要方式，盘活存量空间、创生公共空间也是社区尺度有机更新的主要方式。文化生活当前在空间营造方面面临的困境主要体现在两个方面，一方面是文化空间所承载的文化活动并不适应社区民众的需求，尤其是社区内大部分的老年人口以及低龄人口的参与积极性难以调动；另一方面则表现为文化景观与社区格格不入，难以彰显社区文化特色，忽视街区本身肌理的保留与重现。

文化生活圈中的产业概念可以无限拓展，但是根本目的在于通过扶持地区产业区，形塑地方特色、文化资源的"文化资本"转化，以形成持续的发展力。在当前文化旅游深度融合的大背景之下，营造文化生活圈对于促进当地文化旅游产业的发展有着很大助益，尤其是对于一些农村社区，乡村振兴与新兴城镇化战略的不断推进，文化振兴成为乡村振兴重要一环，城乡一体、协同带动也是必然之势。文化生活圈的营造为激活乡村文化市场，实现乡村文化产业的内涵式发展与当地化经营提供了路径。

二是公共文化服务活力不足。文化产业的发展是文化生活圈实现可持续的关键，而当前文化生活圈营造在文化产业的经营部分还处于缺失或者乏力的状态。一方面，当前大部分的文化生活圈实践仍然将重点放在提供均等的文化保障，即文化事业的发展方面，对于地方文化产业并未树立起发展意识；另一方面，将文化产业发展纳入到文化生活圈营造计划的地区，在文化或者产业的经营方面存在着错位失衡的问题，在文化资源的资本转化方面能力不足，缺乏完善的培育体系。

当前，我国许多地方的文化生活圈营造仍然处于以文化事业发展为主的阶段，或是通过文化空间的创意营造来为文化事业赋能，或是直接通过政府支持与购买服务来实现文化产品供给，作为政府完善公共文化服务体系、优化公共文化服务效能的方式而存在。北京市朝阳区对"一刻钟百姓文化生活圈"的营造，便是在政府一系列关于公共文化服务发展政策的调控指导之下构建起来的，通过"区级—地区级—街区级—社区级"四级公共文化服务网络的构建，实现从城到乡的文化服务配送。台湾地区将产业发展的内容纳入文化生活圈，但是其"产业"的定义却不仅限于文化产业，而是包括小吃、农产品、工艺等在内的更大范围的地方产业。比如，台南滨海区溪仔墘社区的布娃娃、社区拖鞋产业，松安社区的香草产业等都在文化生活圈文化资产经营的范围之内。

　　三是社区文化参与活力不足。政府、群众以及企业、团体等社会力量是文化生活圈营造的三大主体，而如何把握这三大主体之间的关系却不仅仅是文化生活圈营造运行的难题，也是城市建设与社会治理过程当中的难题。文化生活圈的营造要创造出一个弹性的文化社区，就需要通过文化空间的创生、文化资源的共享去拓展社区的边界，促进资源利用的效率，引导街道空间功能的混合布局，激活社区的交往功能。生活圈是一个"共同体"，资源的共享带来的是物与物、人与人的情感关联。但在现实中，文化生活圈的边界往往又是模糊的，一个社区与具备同样文化特质的社区，其边界会逐渐趋于融合，因此相邻并共享的社区同样也是一个理想的交往场景。然而，我国的文化生活圈营造往往因为社区治理模式的制约，而难以完全实现共建、共治和共享。一是因为大多数社区的封闭管理使多个社区的共享成为瓶颈，二是因为跨社区的公共文化服务平台难以共享，技术和制度制约了社区生活圈的广泛参与。

　　台湾地区文化生活圈奉行自下而上的社区主导模式，培育发展据点与当地团体，以社区参与的经验激发社区文化活力，促进社区之间的联结合作并且建构分区网络平台，也是台湾地区文化生活圈营造的主要手段。台南市滨海文化生活圈就是以社区型计划来推动文化生活圈内部的串联互动。比如，溪仔墘社区与松安社区，基于两个社区之间共同的对于妇女劳动的问题，结合蚵灰窑过去采蚵的劳动历史文化，探求发展采蚵产业的新想法，共同促进妇女就业，通过这样的社区合作，实现生活圈之间的跨域联动。社区据点与团体的培育是滕尼斯"共同体"意识的直接反映，社区无疑在对地区发展的问题上具备最优发言权，台湾地区文化生活圈营造或者说是社区营造政策，直接将这种发言权充分下放，在政策规划的马车上，社区生活者成为真正的驾车人。而我国大陆地区文化生活圈则趋向于自上而下的政府主导模式，巨大的地域发展差异要求必须有政府的管理来保证运行的有效。近年来，政府也在不断寻求角色的转变，旨在进一步发挥市场的自由度与主导性。例如，在与社会力量的合作方面，北京市朝阳区主要以政府与社会力量共建共治的方式解决文化供给问题；此外，还利用区内的文化产业园区，开展园区与街道社区的合作，带动园区与社区的互融共生。

　　但是事实上，单纯的自上而下与自下而上都存在着诸多不足。当前文化生活圈营造所存在的问题在于上下合作的问题,在于政府、群众与社会力量之间的协商共治、促进不同层面主体参与文化生活圈营造活力的问题。毫无疑问,政府的力量在文化治理、社会治理、城市治理当中的作用不可或缺,即便是在公认的自由化程度最高的美国,其城市更新的过程也在政府潜移默化的引导扶持之下进行,政府需要通过宏观管理与底线思维来实现基本导向的正确性。社会力量是城市建设当中最具活力,也是最为接近市场的一部分,专业的文化团体以及文化企业是文化生活圈营造文化景观、重构文化空间、形塑文化磁场的核心活力主体。群众则是社区单元的主要构成者,也是文化生活圈所服务的人群,群众的参与也是文化生活圈营造是否发挥作用直接的评判指标。融合自上而下与自下而上的管理方式,协同政府、社会与群众的三方力量是构建"共建共治共享"社会治理格局的必然。

第二节　文化生活圈的二重性

构建以解决居民基本生活需求为出发点，以实现城乡居民高品质公共文化服务的均等优质为落脚点的生活圈营造，既是实现国土空间向均衡资源分配、保障社会民生、维护空间公正与组织地方生活❶等方面发展的必然要求，也是将人的尺度和体验作为城市更新核心，实现优化社区配置、创新社区生态、改造社区品质、重塑社区价值等方面跃升的基本诉求。

一、文化生活圈的二重属性

（一）围绕基本生活需求，逐渐完善生活设施

生活圈的研究与实践最早源于日本。20世纪60年代，为应对城市化过程中出现的资源过度集中、城乡差距拉大等问题，日本政府提出"地方生活圈"与"定住圈"等概念，以促进城乡均衡发展、实现居民定居。随后"生活圈"概念扩散至韩国、中国台湾等亚洲地区。其中，韩国的住区规划深受影响，基于"小生活圈—中生活圈—大生活圈"的层级结构组织社区服务设施配置。❷而我国台湾地区也在1979年编制的《综合开发计划》中采用了"地区生活圈"概念，根据人的活动所需，开展土地规模、交通网络及社会基本设施的整体性规划，以促进区域均衡发展，提升居民的生活品质。❸随着生活圈规划和实践中对文化供给和文化消费诉求的不断提升，文化生活圈开始成为民众自主意识觉醒之后的有效尝试，也成为许多扶持当地文化，实现创新传承的有效尝试，并伴随着社区营造逐渐推广开来。在这一背景下，我国大陆地区文化生活圈，也是伴随着近年来城市的发展转型出现的，并且作为城市更新与社区营造的策略载体而见之于城市建设行动当中。在实践中，不乏许多地区通过文化生活圈的营造，充分激发自下而上的社区

---

❶ 肖作鹏，柴彦威，张艳. 国内外生活圈规划研究与规划实践进展述评[J]. 规划师，2014（10）：89-95.

❷ 朱一荣. 韩国住区规划的发展及其启示[J]. 国际城市规划，2009（5）：106-110.

❸ 吴秋晴. 生活圈构建视角下特大城市社区动态规划探索[J]. 上海城市规划，2015（4）：13-19.

自治，凝聚社区共识，扶持当地文化，形塑地区特色，发展地区经济，更好地满足了新时代居民对美好生活的需求和期待。

（二）立足高品质文化诉求，开始关注文化生态建设

伴随城市发展进入新常态，交通堵塞、环境污染等城市病问题愈发凸显，城市资源消耗与低碳友好的可持续发展之间的矛盾日益显著，寻求转型与变革，创新城市发展模式，提升城市发展品质成为新时代城市发展的新要求。城市有机更新与社区营造紧密结合，推动着城市发展由硬性物质建设向着文化、创意等软性因子深度融入的方向转变。在这一过程中，城市的规划方向逐渐回归到"人本主义"，"拆除重建式的城市更新逐渐过渡到以保护、传承、提升为内容的有机更新"，注重人文关怀，注重社区参与，注重文化、经济、社会的综合更新，城市更新愈加注重城市功能的彰显，通过对原有城市功能的重新布局以及对历史文脉、居住环境的重新改造，优化城市的娱乐、休闲、零售等功能，以改善人居环境、丰富文化氛围、注重人文提升、繁荣地方经济、促进邻里友好为目的的社区小尺度规划将是未来城市有机更新的主要方式。文化生活圈是新时代城市建设的一种新形态与新尝试，在城市更新逐渐转向以社区单元为主要空间尺度的有机更新的背景之下，文化生活圈作为社区营造与城市更新的策略载体，寻求以文化深度融入生活空间的有效方式，包括文化景观的营造、文化活动的开展、文化事业的提升，文化产业的发展、历史文脉的传承、当地特色的形塑等各个方面，通过文化的创意培育来营造"以文化人"的永续社区。

二、美好生活的二重视角

（一）优化时间尺度，实现空间正义

生活圈是有效提升国土地方品质的刚性需要，在生活圈的营造中，避免"大而全、小而全"，打破地方分割、形成更大范围的生活圈域，既能保证多样化服务的质量和水平，又能降低成本、提高效率。[1] 如步行生活圈或社区生活圈的构建，这一通过构建步行社区网络、串联设施节点、促进城市更新的方式开始进入我国城市更新的实际进程中。如上海市在其新版城市总体规划中提出营造"15分钟社区生活圈"，以"创新、协调、绿色、开放、共享"五大发展理念为指导，以步行生活圈的营造落实城市有机更新。雄安新区在《河北雄安新区规划纲要》中，提出构建社区、邻里、街坊三级生活圈，不同的层级提供不同的服务，满足不同的目的，以达到便民目的。此外，北京、广州、长沙、

---

[1] 杨开忠. 构建"美丽生活圈域"[J]. 领导科学，2014（37）：104.

济南等地都纷纷提出生活圈的相关规划。社区步行生活圈虽然并不直接等同于文化生活圈，但是相比起"保基本"的公共服务设施建设，注重人文提升的软性文化内容营造却是社区生活圈营造过程中培育社区内生动力、凝聚社区共同意识、提升社区文化活力的核心部分。事实上，以"以人民为中心"为主旨的文化生活圈营造，相较于传统社区更加关注全面的人文关怀。优化社区公共空间，精准配置文化设施，构建步行友好的邻里交往格局，打造人性化尺度的功能空间格局，营造包容协调、活力开放的人文氛围等，成为营造文化生活圈的基本要求。

（二）提高美好生活的幸福感、安全感和满意度

当前，我国社会主要矛盾转化为人民日益增长的美好生活需要与不平衡不充分的发展之间的矛盾。从马斯洛的需求层次理论来说，这是从注重生理物质需求向着更高层次的社交需求、尊重需求以及自我实现需求的转变。一方面，互联网时代给人们带来的交往隔离造成了对原有邻里交往空间的消解，使人与人之间的关系愈加疏远，构建邻里和睦、交往友好的社区空间，满足人的社交需求成为社区营造的重要内容，这也是大尺度的文化空间设计所不能实现的。事实上，小街区规划所体现出来的交往友好在20世纪90年代美国新城市主义运动中就可见一斑，新城市主义运动倡导回归欧洲传统城镇的小尺度、紧凑型与高密度的空间规划模式，以此来保护原有的邻里社区结构、历史文脉与人际关系，具体手段便是通过公共交通的尺度控制设计来实现步行友好，这也是文化生活圈在空间营造过程中非常重要的交通设计维度。另一方面，当今的社会是一个终身学习的社会，人们在不断地追求自身需要的满足以及自我价值的实现，广场舞成了一种全民热衷的文体活动，也是公众关注度最高的一种生活方式，但是这也从侧面反映了文化产品生产供给与文化消费需求之间的结构性错位问题，人们迫切需要更多种类、更高质量的文化产品来满足旺盛的需求。美好生活的文化实现要回归到"生活"与"文化"，最基本要义就是要满足人的文化需求，因此也就需要文化的当地思维转化，让文化因子深度嵌入社区邻里的生活空间中。因此，文化生活圈不仅仅是从文化需求上满足了人们的基本需要，更从生活单元中提升了文化生活品质，文化生活圈包含着创意的成分，是一种创意赋能的生活空间有机更新的方式，也是营造美好文化生活的一种创意思维路径。

三、文化生活圈的二象性

（一）人文地产景有机融合

文化生活圈有着社区有机更新的基因，也有着大文化与大生态的理念，文化生活圈蕴含着社区营造的基因。面向未来社会有社区营造以五大元素的有机融合为导向——

第五章　城市生活圈的文化营造

"人、文、地、产、景"（见图 5-1）重新定义了文化生活圈的营造元素。"人"是人的文化需求的满足，"文"是历史文化的传承、文化活动的经营以及终身的文化学习，"地"是地方特色文化的保育、当地性的延续，"产"是地方文化产业的发展，"景"则是文化景观的营造。因此，基于社区营造以及文化生态学的相关理念，文化生活圈的本质可以理解为"一个有机的文化生态单元"。具体来说，一个社区是一个基本的文化生活圈单元，这个社区既包括城市社区，同样也包括农村社区，按照新型城镇化与乡村振兴的战略要求，城乡发展必须一体，而文化生活圈的营造同样适用于城乡一体化背景下的乡村文化。在文化生活圈的单元中，政府、群众以及社会力量共同组建基于当地文化发展的核心队伍，创生文化空间，塑造文化景观，举办文化活动，优化街道功能布局。不管是当地的居民，还是其他社区的群众，或者是来自四面八方的人，都可以享受到文化资源共享所带来的文化创造与学习，人本身的文化需求得以极大的满足，并且不断诞生出无限的文化创意，文化旅游或者是其他地方文化产业可以借助文化生活圈的平台实现更好的发展，社区与社区之间构建起文化生活营造的策略联盟，从而实现共赢发展。通过文化生活圈的营造，当地的文化得以生生不息地传承，人本身的文化素养得以潜移默化地提升，区域的文化风貌也得以整体地优化，文化与生活得以深度融合。

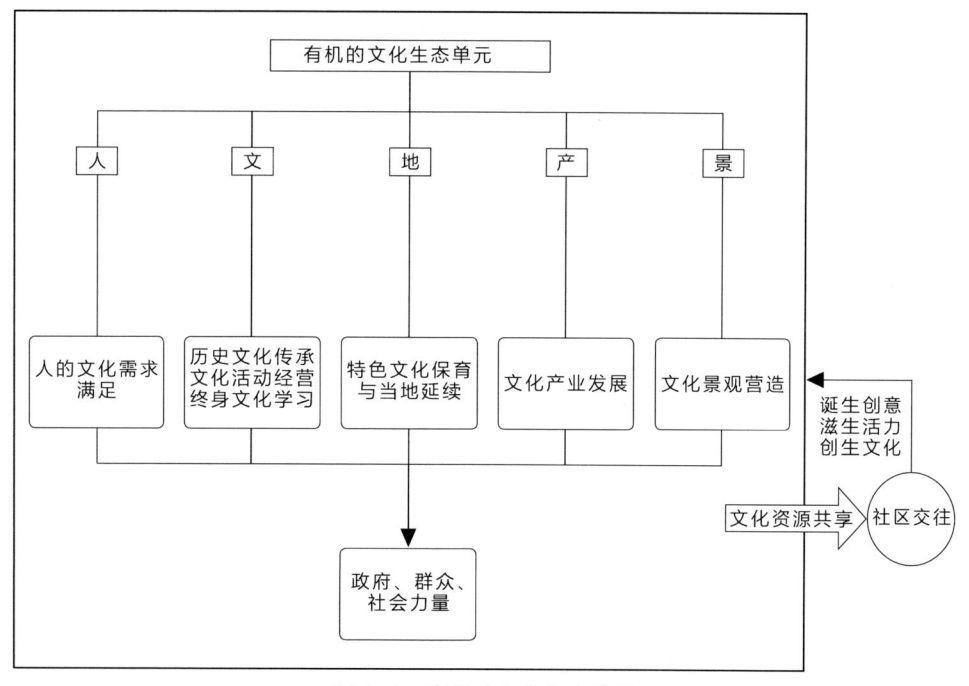

图 5-1　有机的文化生态单元

（二）人事时空相互关联

人类聚居从无组织的原始聚落发展到村落、集镇、静态城市、动态城市、城市连绵区，最终将形成崭新的聚居形式的过程，是人类聚居的规律，其核心要素是人、事件（包括社会和联系网络）与时间、空间的有机联系。人类聚居并选择和创造美好生活的过程中，时间和空间的变化包含了人类的发展、社会组织的完善和联系网络的覆盖，并创造出人类适宜的文化社群。

延续时间，创新再生。创新再生是对于圈域内既有空间的创新盘活，通过功能的置换与文化的注入，探索空间利用的多种可能性，重新创造出活力十足的文化景观，包括存量空间的更新再生、公共空间的创新盘活等空间的创意营造。北京市东城区朝阳门街道的史家胡同在其社区营造的实践中，通过对于传统胡同风貌的重整，在现有的四合院落中引入专业的规划设计，创造出"史家胡同博物馆""史家胡同文创社""27院儿"等独具特色又活力十足的文化景观，如今显然已经成为史家社区的文化品牌。这些独具特色的文化景观通过承载多样的文化活动，成为文化生活营造的空间载体，拓展了空间利用的无限可能性。

延展时间，活化传承。活化传承是针对文化生活圈内传统文化资源的理念定义，也是文化生活圈形塑地方特色的核心定义。传统文化生生不息的传承，尤其是地方特色文化的保存是文化生活圈营造的重要部分。传承意味着保护与活化，既要保留传统文化的韵味，也要适应当前时代的发展，尤其是针对非物质文化遗产的传承，如地方特色手工艺，以及民俗节庆等的传承，需要使用更加适应时代的方式使其永续流传下去，这是文化生活圈营造的责任与使命所在。

拓展空间，交往友好。交往友好体现的是文化生活圈营造的人文关怀，主要内容为通过打造人性化尺度的出行空间，形成步行友好的街道格局，通过引导街道功能设施的开放性与混合性布局，激发社区交往功能。在佩里"邻里单元"的理论中，即着重强调街道系统对于构建舒适健康的社区格局的重要性。而在文化生活圈的营造中，由于存在着社区的因子，因此"社区交往"与"步行友好"非常重要，这都要求社区街道空间格局与功能格局的适需性。

嵌入空间，合作共享。合作共享指的是开放合作的资源与共治共享的文化参与。文化生活圈是一个生态系统，它注重社区与社区之间的互动，自然也要求资源之间的共享，通过开放可共享的社会资源、整合可共赢的社区设施来促进资源利用的弹性和效率。此外，文化生活圈也是一个人人参与的系统，它注重人在其中文化权利的行使与保障，通过鼓励参与来凝聚社区意识，建立社区认同，从而构建起社区文化生活共同体。

第三节　文化生活圈的再生

无论是创生人文地产景丰富生活业态,还是构建有机的文化生态单元,文化生活圈营造的现实路径都要以文化与生活的融入为核心,以地方文化传承为基底,以社会共同参与为手段,以文化景观营造为支撑,以区域整体风貌的提升为目标。

一、以地方文化传承为基底

(一)当地文化资源的有机整合

在文化生活圈区域单元之内,首先需要对文化场馆与公共文化空间进行整合,对于现有的文化场馆进行统计与归纳,运用现代化技术与互联网手段构建整合性的文化设施平台,通过微信、微博、网站、客户端等多种渠道与群众实时互动。其次是应该借助本区域内交通、步道等出行方式的考量,探讨将文化场馆或者是公共文化空间的网络式布局。其次是人文特色、景观的整合,这一类是属于区域内比较特殊也是最有产业价值的文化资源,通过整合此类文化资源,进行如数家珍式的盘点与思考,探讨如何将其进行"文化产业化"的开发利用。最后,是地方文化产业或者是具备地方特色的产业整合,借鉴台湾地区文化生活圈的营造经验,探讨对于地方产业重新进行"产业文化化"的可能性。在文化生活圈区域单元之间,依托层级化体系的运行,进行不同层级的文化资源整合,逐渐构建起整座城市的文化资源地图。

(二)特色文化资源的创意培育

特色文化资源的创意培育是赋能文化生活圈,创造文化价值,推动产业振兴的有效方式。一是旅游式培育,针对区域内所拥有的历史文化街区、景点、乡村景观等资源发展文化旅游,确定具有本地特色的文化旅游发展的主线逻辑,规避旅游的同质化。二是赋值式培育,通过深入挖掘地方特色文化内涵,结合地方特色产业,进行文化赋值式培育,通过创意营造推动文化创意产业与当地特色产业的融合发展。比如,云南的茶文化、山西的汾酒、曲阳雕塑等,通过文化赋值,不仅仅能够极大带动地方经济发展,还能让一方产业成为地方标志，形塑地方特色。三是 IP 营造式培育，IP 营造是针对地方文化资源进行 IP 产业链式的创新开发，或是从某一物品出发进行系列产品的创意开发，如台湾地区的白米希望木屐，就是围绕着木屐开发出了以木屐为本体的展览、集会以及聘书、结婚证书等多种形态的产品。也可以围绕着固定的文化形象来进行 IP 的系列开发，如"熊出没"系列、"迪士尼"系列的电影、书包、文具、配饰、玩偶等。IP 开发不仅可以应用在地方特色的文化产品上，同样也适用于当地的博物馆、图书馆等。近几年，博物馆文创、图书馆文创逐渐发展起来，以故宫博物院为代表的博物馆文创在博物馆的产业化转型上开辟了一片新天地。因此，可以借鉴故宫博物院 IP 的发展经验，结合当地文化资源，发展出具有地方特色的文化场馆 IP。

二、以文化融入生活为核心

（一）有文化的市民生活

文化融入生活首先要面向更加文化化的高品质的生活，倾向于文化事业的角度，既包括多元丰富的文化活动，也包括便捷可达的文化服务。首先需要强调的一点是，文化活动不能盲目地进行组织，而是要有针对性，要充分了解本地区群众的文化需求，同时也要注重将地方特色传统文化融入文化活动的组织中，如现在我国大陆地区所实行的文化惠民项目中便有"戏曲进校园、进社区"活动。需要提出的一点是，传统文化是一个地区的珍贵财宝，虽然有些传统文化不适应现代化社会的发展，但是任何的传统文化都是需要经过"取其精华、去其糟粕"的不断发展更新从而去适应时代变化的，如此才能不断地传承下去。另外是便捷化的文化服务，这是文化生活圈之所以成为"一个圈"的空间布局要点，通过区域内的街道、公路、绿地等的串联、织补，将家与文化网点的距离控制在一定的时间范围之内，让人们生活在一个"文化大院"当中，文化生活圈希望以这样的空间布局去实现"门前即文化，人人在学习"的文化景观。

（二）生活化的文化资本经营

文化融入生活还要面向更加生活化的有意味的文化，倾向于文化产业的角度。地方文化产业的发展，如果按照台湾地区文化生活圈的逻辑来说，不能完全按照"文化"产业来讲，因为凡是具有当地特色的产业都可以通过文化的赋值来进行"再创造"。如老婆饼，事实上全国各地都有，但是却属广东的老婆饼最为正宗，因为老婆饼起源于广东潮州，其背后还有朱元璋率兵起义的故事。因此，当产品加上文化（故事），地方的文化便能够立即凸显出来，特色的背后都是当地文化的生活展现。这些蕴含在日常生活当中的市井小品，不同于陈列在博物馆当中的文物，它们是活生生流传下来的文化。文化如何传承？传统文化真正的意义并不在于其蕴含着古代人的智慧，也不在于其悠久的历史，而是在于能够"古为今用"。文化生活圈当中，通过生活文化经营的手段让蕴藏文化在当今社会发挥价值，不仅是对于文化的尊重，也让传统文化的智慧在生活化的经营当中生生不息地流传下去。

三、以社会共同参与为手段

（一）行之有效的参与机制

共同参与意味着参与的主体不止一个，当地居民、企业、组织与政府都是文化生活圈的参与主体。共同参与也意味着，社会力量的参与是基于合作导向的，与政府协商共治。政府、社会力量与当地居民都要拿捏好自己的角色，建立行之有效的参与机制。一方面，政府要简政放权，但是也不能完全放开，通过积极培育本地团体组织，激励并支持他们的文化艺术创作，鼓励各种非营利组织进入社区当中，提供文化资源与中介服务。另一方面，政府要建立多元角色，需要根据不同情况进行判断，从而保证文化生活圈的有效运行。社会力量是文化生活圈充满活力与价值的存在，他们在文化生活圈的参与机制当中担当创作的角色。台湾地区文化生活圈的文化活动创造几乎都是由当地团体支撑起来的。因此，社会力量的参与需要一定的自由度，他们的文化创造不应该由政府主导，而是在坚持正确的意识导向的前提之下发挥自由的创意，创作出高质量的文化精品。居民是文化生活圈所服务的对象，居民虽然在过去一直处于"享受型"的角色，但是当今时代，居民的角色也需要转变，因为他们对于本地的文化情况最为了解也最有发言权。古代常说"得民心者得天下"，放在文化生活圈当中则是"民参与者得治理"。

（二）共建共治共享的治理格局

"打造新时代共建共治共享的社会治理格局"是习近平总书记在党的十九大报告中所强调的内容，同样也适用于文化生活圈的治理。首先，对于公共事务与公共生活，需要改变以往自下而上或者自上而下的权利结构模式，政府角色需要多元化，而不是单一的进行主导。要通过多方参与和政府鼓励，形成以社区共识和认同为基础的，政府、市场以及社会多元互动的网络型运作模式，充分发挥社区的积极性与自主性。其次，不断促进社区的制度创新，保持社区参与者之间的适度分权，明确不同参与者的权利，或是决策权、执行权，或是监督权、管理权，通过协商的方法进一步明确社区公共事务的共同目标和实施方式，从而实现多元主体的自愿、平等合作关系。最后，社区居民同样应当拥有权力，居民有权力了解事关自身社区发展的一切公共事务，社区居民也同样需要培养一种社区共同意识，方法便是政府赋权居民进行社区的日常管理，这不仅能够让社区变得更好，也能让居民自觉树立起责任意识。

台湾地区所开展的大量社区营造实践使社区营造的概念已经成为广泛的社会共识，其在空间的创意营造方面有着非常值得借鉴之处。其通过社区民众的自主参与建立当地文化的培育体系，在以新故乡社区营造计划与农村再生计划为代表的政策指导之下，"生态博物馆""社区协力""软都市主义"等概念被广泛应用于街区、社区的更新改造中，文化据点与当地团体协力合作，共同推进社区参与与空间营造。台北大稻埕地区迪化街的"年货大街"活动就是社区营造的典型案例，通过地方主管部门、非政府组织和居民委员会共同讨论、策划，扶持大稻埕传统特色南北货产业。我国大陆地区的文化生活圈集中于某一社区单元的小尺度范围之内，是一种"微更新"的形式，小尺度的空间设计能够更加贴合居民的生活需要。北京市东城区朝阳门街道的史家社区，在政府"疏整促"专项行动计划的推动之下，通过引入北京One艺术机构、北京城市规划设计研究院等机构，对于传统的胡同与四合院进行保护更新，创建了"27院儿""史家胡同博物馆"等颇具活力的文化景观。这些文化景观不仅仅是创造多元文化活动的"文化磁场"，并且成了文创行业与品牌项目沟通交流的"黏合剂"，在社区文化与创意艺术之间搭建了沟通的桥梁，推动了文化的当地表达，提升了社区整体的文化风貌。

四、以文化景观营造为支撑

（一）盘活闲置空间

文化生活圈一个充分利用资源的重要方面便是盘活闲置空间。区域内的存量空间因为失去了其原本的功能而被迫闲弃，但是很多事实证明，很多闲置空间仍然能够在现代社会发挥价值。北京798艺术区前身是国营798电子厂房，如今却变身为艺术的诞生地、北京都市文化的新地标。位于CBD的郎园Vintage同样也是由老厂房变身而来，如今却以鱼塘式的生态变身为文化大院，与周边社区、街区融为一体，协同共生。闲置不仅可以变园区，还可以变图书馆、变博物馆、变文化中心。闲置空间的重新再利用不仅可以节省文化生活圈布局的空间资源，还可以以闲置空间再营造的方式使其发挥更大的价值。比如说老旧厂房所改造的文化产业园区，不仅延续了城市的工业记忆，而且在改造新生之后发挥出了更大的产业价值以及文化聚集效应。而具体将闲置空间用于何地，需要区域规划者针对文化生活圈的文化空间布局以及存量空间的可利用价值做出谨慎的考量与详细的安排，存量空间的盘活一定要契合整个文化生活圈的发展。

（二）街区空间微更新

小尺度的微更新是未来城市更新的趋势。未来，城市将依靠小尺度的城市更新来实现大范围的城市影响,将以更为人本主义的更新方式回归到人的价值需求。美国著名的社会学家简·雅各布斯在《美国大城市的死与生》中就对城市的大规模更新做出了批判。她认为,大规模的更新造成了资源的极度浪费,也破坏了城市的多样性,并不能从根本上解决城市问题,这对于文化生活圈的营造同样具有意义。文化生活圈营造要以微更新的方式营造具备地方特色的高品质场景空间。首先,地方文化融入。地方文化如何在文化生活圈的现实空间中发挥作用?答案便是用设计的手段将地方文化以形象化的方式融入空间更新中,设计元素能够让地方的"一方空间"变身为"创意景观"。我们可以从苏州的街道当中找到街区设计的灵感,水是苏州城市的灵魂,水的元素也充斥在苏州的街道景观当中。苏州生活区同样也是充满古韵的"苏氏风格",整体风格统一却也多富变幻。文化生活圈内的街区空间同样也应该充分利用城市设计的手段来实现风格的营造与特色的凸显,对于形塑地方特色,其在空间上所呈现的效果甚至比地方特色产业以及文化事业的发展更加明显。

五、以整体风貌提升为导向

(一)特色营造的文化形象

文化生活圈最终完成的是整个区域风貌的提升,而地方特色文化形象的形塑是提升区域风貌标志性的方面。文化形象是一个非常抽象的概念,它是人们对一个地方文化气质的整体认知与感受,我们通常理解其在现实当中的反映倾向于一些符号化的东西,但是那只是表面。一个坚固的文化形象并不是一蹴而就的,而是将地方本土特色化的文化内涵经过长时间的文化活动映射或者有计划性的城市品牌形象设计,加深人们对于某个区域固定的直观印象,如"快乐长沙""好客山东""多彩贵州"等。形象不离本土,特色不离生活,文化生活圈通过具备地方特色的文化事业的发展来形塑地方文化生活特色,通过具备地方特色的文化产业的发展来构建地方特色文化品牌,通过系列文化景观的营造来优化地方特色文化生活体验,最终形塑出本区域专属的文化形象。

(二)以文化人的生态单元

区域风貌的提升最根本的是人的精神风貌的提升,在于文化对于人的素养的养成。文化的"教化"作用古已有之,《易经》中云:"小利而攸往,天文也;文明以止,人文也。观乎天文,以察时变;观乎人文,以化成天下。"刘向也在《说苑·指武》中将"文"与"化"二字连在一起,写出"凡武之不兴,为不服也。文化不改,然后加诛"。这里的文化都含有"教化"的意义,文化生活圈则是以概念强调文化作为一种生长因子在人们日常生活当中的蔓生作用,让文化的教化作用在文化活动与各种文化服务当中发酵，让人们在参与、交流与学习过程中逐渐建立起一个体系化的学习社会，从而进一步完成人自身素养的提升，让区域空间完成城市风貌的提升，让当地文化完成生生不息的生活传承。因此说文化生活圈不是单纯的圈域内的文化服务提供者，而是一个极具活力与动能的生态单元。在文化生活圈圈域内，人与人通过参与文化活动与文化服务，在收获文化所带来的幸福感与获得感中强化责任意识，增强凝聚力；在文化生活圈圈域之间，通过加强合作互动来不断丰富体系运行与服务供给，实现文化生活圈域之间的融合共生。

　　文化生活圈虽然其名为"文化"与"生活"，但是事实上其涉及的却不仅是文化与生活两个方面，还需要从社会治理、产业发展、空间设计、社区营造、城市更新等各个方面进行系统性的设计与综合性的考量。因为文化本身便离不开周围环境的作用，文化生活圈所强调的文化与生活的互融共生，不仅仅是让文化扎根在生活里，也是让生活在文化的作用下得到升华。我国大陆地区文化生活圈是从文化事业的角度进行设计，我国台湾地区文化生活圈则是从当地文化传承的角度进行设计。虽然两者出发点不同，但是其最终皆是以文化与生活的融入去实现人的发展，回归到人的价值本位，即使各有不同却也殊途同归。未来，在文化生活圈的营造过程中如何融入科技，结合生态环境嵌入生活场景元素纳入社区治理，建立起文化生活圈效益评估的有效机制，构建特色生活圈，打造美好栖息地仍有很长的路要走。

第六章　城市更新的文化实践

综观全球城市发展史，从美索不达米亚、印度河流域，从古典时期的罗马帝国中心、伊斯兰世界城市、欧洲威尼斯商业城市，到伦敦、纽约等工业城市，再到以洛杉矶为代表的后工业城市，一方面，城市代表着人类不再依赖自然界的恩赐，而是另起炉灶，试图构建一个新的、可操控的世界；另一方面，从城市诞生的那一天至今，尽管成长历史千差万别，发展模式千变万化，但它们具备了相似特质——神圣、安全、繁忙，而它们如若要成为世界名城，又必须具备同样特质——精神、政治、经济。[1]从城市更新的全球实践来看，这些城市发展的特质和城市变得美好的要素也惊人地相似。不管是工业区的更新还是商业区的复兴，抑或是居民区的再生乃至具备悠久历史、承载遗产光辉的街区的复活，在城市更新的实践中，文化让城市与众不同。

---

[1] 乔尔·科特金. 全球城市史[M]. 王旭, 等译. 北京：社会科学文献出版社, 2010：234.

第一节 工业区更新：
从锈迹斑斑到熠熠生辉

工业遗产所具有的历史、社会、经济、建筑和科学价值，让其拥有了丰富的文化内涵。在工业区的城市更新中，不乏许多富含历史风貌、留存文化记忆、镌刻情感价值的工业遗产，它们以文化创意为催化剂，在城市更新中释放出独特的力量。纽约高线公园的更新，让全球带状工业遗产的发展迎来新的契机，并由此催生了高线网络的诞生。自然景观和人文生活的交织，让城市更新不仅仅属于城市，更属于城市的居民。而华山1914和东郊记忆作为两个由旧工业厂房改造而成的文化产业园区，同样具有典型的意义。新时代的城市更新，让人们更加怀念昔日时光。旧厂房在历史的某一时刻凝固了时光，所提供的独特的场景精神，在某种程度上是难以复制的。这也是为何艺术家青睐于此，居民眷恋于此，而游客也渴望探寻一些新生的力量。

一、纽约高线公园——推动城市带状更新的创意实践

纽约高线公园是城市文化更新最成功的项目之一。这座由废弃高架铁路改造而成的带状城市公园，横穿高楼林立的曼哈顿市中心，不仅为周边居民和游客带来美的享受，也带动了周边的社会经济发展（见图6-1）。实现更新之后的高线公园极富想象力，将蜿蜒的铁路线遗址保留并重新诠释，保留部分厂房的残垣断壁，诉说和传递着属于这座城市的工业化将记忆。摒弃传统修剪式园林的人工味，保留废弃铁轨中自然生长的野花杂草，精心挑选、选育种植本地植物，巧妙彰显野性的生机与活力。高线公园在城市文化更新方面的探索和实践，引发许多城市开始纷纷着手对工业遗产的文化改造，试图将各自的废弃铁轨打造成城市更新的原动力。高线公园在城市文化更新中的价值，不仅仅是因为公园对城市空间的有效改造，更是因为高线公园的规划设计理念，创造了一种以文化重塑城市生活、焕发城市活力的文化思维。高线艺术致力于拓展当代艺术在公共空间中的作用，创造自然蔓延在居民生活中的方式。

第六章 城市更新的文化实践

图 6-1 高线公园位于西 28 街和 29 街之间的放射状长凳

（一）崇尚自然理念，构建城市更新的文化生态

高线公园的美学，是人与自然双向互动和共同选择所创造出的空间，折射出城市文化生态的发展和演进，自然景观和艺术场景在人文风貌中变得熠熠生辉。高线公园的设计团队以詹姆斯·科纳风景园林事务所（James Corner Field Operation）为主导，迪勒·斯科费迪欧和伦弗罗建筑设计事物所（Diller Scofidio Renfro）进行辅助设计，植物设计由荷兰著名的园艺师皮耶特·奥多夫（Piet Oudolf）负责完成。❶ 高线公园对植物自主栖居环境、植物原有天然形态的保护与存留，以及减少造园活动带来的地理环境状态的改变甚至破坏，都在尊重自然物生存条件与权利的理念上，为人与自然和谐共处的环境提供了有益的指导❷，这也是高线公园一直作为城市更新中生态智慧的一个典型代表的重要原因。

从自然造物发现灵感，传达生命的传奇。高线公园崇尚自然的设计理念的灵感，正是来自列车停止运行后 25 年内野生的自播种景观。自然造就了高线地区丰富的植物群落，这也为自然界面的打造提供了依据：那些遍布高线地区的多年生植物因其耐寒性、可持续

---

❶ 白鹤，芦建国，冉冰.自然野趣的植物景观营造：以纽约高线公园为例［J］.云南农业大学学报（社会科学版），2015（9）：116-122.

❷ 唐桂兰，李小茹.派特·欧多夫及其生态智慧视角下的高线公园植物造景［J］.南京林业大学学报（人文社会科学版），2015（12）：85-93.

性以及四季不断变化的纹理和颜色而被选中。在高线公园的场景创造中，设计师一直坚信，塑造景观设计需要一双敏锐的眼睛和对植物随时间演变的理解。因此，整个高线公园的自然更新，秉持了以季节为主线，变换心情、改变构图的设计理念：数百种植物唤起林地和草原的模式，鸟儿和昆虫穿过植物并使自然生动起来，每座花园的气氛一年四季呈现出不同的场景主题，也传达着野生景观不断变化的神奇和神秘。

高线公园的自然界面包括花园地带、草地漫步、切尔西草原和灌木丛等。花园地带以四季不同风情的野生自然景观为主，每个环境都充分适应城市更新产生的特定的光线、雨水、风等自然变化，并探索季节性的、演变的景观与居民游憩的互动。草地漫步则以密集种植的韩国羽毛芦苇草和喜欢阳光的多年生植物，如薄荷、蕨类植物蓍草等，创造出一条绿色的步行通道，以引人注目的视觉路径，蜿蜒穿过艺术画廊、仓库和西切尔西建筑等雄心勃勃的地标，吸引人们感受生活，享受自然。而在 23 街草坪和座位台阶位置，则以开放的草坪蔓延了整个街区。在 18 和 19 街之间，还有四季颜色和质地变化多端的"切尔西草原"，更具观赏性的多年生植物，让高线公园的每一个季节都展示出不同的故事，夏季鲜艳的花朵和绿色的草坪，在秋季演变成一幅金色、深红色和棕色的织锦。在 21 街和 22 街之间的切尔西灌木丛，蜿蜒穿过茂密的山茱萸、瓶树、七叶树、冬青、玫瑰和其他灌木和树木组成的微型森林，铁轨和人行道互相嵌入，打造出错落的场景（见图 6-2）。

图 6-2 高线公园的自然场景建设

以时间为主线，以四季为场景，营造"如画"场景。提到高线公园自然场景设计，就不得不提到皮耶特·奥多夫。他是著名的景观植物设计师，还是杰出的景观建筑师、园丁和作家,他设计的花园通常呈现出野草般的勃勃生机和斑斓的艺术效果。皮耶特·奥多夫的设计灵感来源于自然、艺术和时间。首先,他强调花园与自然要有机结合,植物群落应保留一年四季的景观变化。其次,在他看来,时间是一种隐性的美,植物随着季节的变化而呈现出不同的形态,从萌芽、绽放,直到枯亡,都是生命形式的体现,而这种四季交替、生老病死则正是大自然的魅力所在。❶皮耶特·奥多夫说:"很多人看到这样枯萎的植物,都会想着剪掉它,然而我却留着。它们就算死掉了也很美不是吗?"❷对皮耶特·奥多夫来说,植物的生存和死亡是公园景观的重要设计部分,通过植物的四季变化改变花园在色彩和质地方面的景观。保存休眠、干枯的草和多年生植物,并把这些植物作为冬天的"骨架"。这些"骨架"不仅为野生生物提供食物和栖息地,而且创建了一个纹理不同、形状不同、颜色柔和的丰富的冬季景观;春季万物复苏;茂密的叶子和繁盛的花主导整个夏季景观。❸

在高线公园的自然景观设计中,纳入了许多新的设计理念。这些理念并非完全来自园林设计,跨界的创意往往为城市更新赋予新的思路,也更能激发更具活力的文化参与。第一,高线公园以"流动的时间"理念,对城市空间进行再购。所谓流动的时间性是指将季节变换、气候变化融入景观设计,使之具有引人入胜的韵味与意境。流动的空间性意谓中国传统园林素有的移步换景、景到随机的特质。随着主人在园中闲适漫步,移步换景,每种景色都产生惊奇效果。❹第二,高线公园以"如画"理念创造参与者的审美体验。如画理论源于历史悠久的"如画"美学观念。"如画"是英国18世纪园林史中最重要的概念之一,也是英国以及欧洲18世纪最重要的美学趣味。"如画"观念最初是从绘画领域的角度强调以如画般视角观察自然进行创作,并以美学想象弥补自然中的不足,后经过长期的发展逐渐成为一种景观风格。"如画"的观念极大地影响了英国园林史的发展,随着后来园林范围的逐步扩大,也渐渐影响了英国乡村景观。如画作为英国赋予欧洲的最重要的美学观念,具有丰富的内涵和多变的层次,随着人们趣味和情调的接受力的不断增长,产生并发展了"如画"审美哲学以及"如画"风景的新趣味。❺皮耶特·奥多夫认为,高线公园"人在画中游"的审美体验有别于西方传统园林"人在画前观"的风景审美观,在使游人融入生态景观中物营造的景观中,花所构成的颜色只是景

---

❶ 李涛.从废弃的高架铁路到纽约市民的公共大阳台:纽约高线公园解析[D].南京:南京林业大学,2011.

❷ 龚恺.皮耶特·奥多夫和他的野趣花园[J].城市建设理论研究,2013(11):1-3.

❸ 唐桂兰,李小菇.皮耶特·奥多夫及其生态智慧视角下的高线公园植物造景[J].南京林业大学学报(人文社会科学版),2015(12):85-93.

❹ 简圣贤.废弃城市基础设施改造的反思以纽约"高线公园"和上海"亚洲第一弯"为例[J].风景园林,2011(1):159.

❺ 朱宏宇.英国18世纪园林艺术:如画美学理念下的园林史研究[D].南京:东南大学,2006.

观营造中的一部分。他认为，结构和形式才更为重要，其次是颜色。因此，他将植物分为两个部分：结构植物与填充植物。结构植物作为植物景观的骨架，其特点是植株坚实、分枝清晰、不倒伏，如坚实的小灌木和宿根花卉。填充植物材质松软，质感变化丰富。❶

（二）传递艺术温度，创造城市更新的宜人尺度

高架桥担当着城市交通运输的重要使命，为城市居民的生活生产带来极大的便利，创造着巨大的经济价值。高架桥也是"城市家园"的一部分。高线在近半个多世纪的任期中圆满完成了其应尽的职责，见证了曼哈顿半个世纪的迅猛发展，还见证了曼哈顿几代人的成长。半个世纪虽不足以让高线成为历史文物被保护起来，但足以让高线融入曼哈顿市民的记忆中。

主打情感牌，以高线为纽带建设共同社区，是交线公园最突出的特点之一。高线铁路虽然已经废弃，但居住在曼哈顿的邻里居民显然更希望它继续留在他们的生活中，而不是封存在记忆里——这种非既得利益者对"旧物"表现出的强烈的渴求，似乎还夹杂着对家园的捍卫情绪，是捍卫自身作为市民对自己家园改造的发言权的表现，也是出于"人情"的本能。因此，在高线公园的改造设计中，其目标定位非常清晰——向每一个公众敞开的公共活动空间。城市公共空间可以成为为有限的人群服务的功利场所，也可以成为为全民服务的开放性共赢场所。也正是如此，高线公园以其富有创意的改造每年吸引着成千上万的游客慕名而来，曼哈顿市民喜欢在这里进行阅读、跑步、聊天、摄影和观赏曼哈顿街景等各种户外休闲活动，为市民的互动提供了全新的平台，如今已成为纽约又一个新地标。高线公园最大的成功是真心实意地考量了全公民内心对高线去留和发展的诉求，没有被部分人的商业利益主导，也没有被某设计师单纯为自我实现的创意所主导，而是展示了源于人情，融入人情，收获人心的过程❷，为城市文化更新带来了新的启发。

高线公园在居民的共同愿景下保留下来，并逐渐发展成为最具活力的公共空间。高线公园社区的居民们认为，社区驱动的绿地是城市生活中最重要的元素之一。居民们认为，"仔细观察紫藤藤、西红柿植物和自由漫步的鸡，我认为这是我们社区花园最大的影响：它们通过公共开放空间的共享管理，在团结邻居和创建社区方面发挥了作用。"为了更好地鼓励居民探索和发现公园之美，高线公园与社区在夏季每周会举办针对家庭的探索项目，包括故事、艺术、自然和设计。社区邀请艺术家、园丁一同加入教学艺术家领导的大型艺术项目。通过互动讲故事、美术、音乐和舞蹈等方式，让居民们以家庭

---

❶ 唐桂兰，李小茹．皮耶特·奥多夫及其生态智慧视角下的高线公园植物造景［J］．南京林业大学学报（人文社会科学版），2015（12）：85-93.

❷ 朴永春，赵雁．对"人情"主导下的城市公共空间设计的思考 解读"高线公园"的设计［J］．艺术教育，2016（2）：220.

为单位，创造自己心目中的理想花园。而针对大一些的青少年，社区则鼓励他们以独立的思想加入高线公园，学习成为下一代城市"园丁"。每年社区都会雇用14名当地青少年从事园艺、社区园艺和食品安全的监督工作。在为期6个月的项目中，青少年学习植物科学、与园丁一起管理公园、与邻居合作振兴社区花园，不断获得实践经验并加强对人与自然的认识以及对社区文化的认同。在艺术营造上，社区还邀请青少年参与制作公共节目，引导青少年认识艺术、文化和社会正义。这些参加艺术节目的青少年也在为期6个月的实践中，学会批判性思考权利的使用、文化生产、自然环境和人类发展等议题。

高线公园还为社区的儿童们提供更好的教育资源，使学生能够以参与性和有意义的方式学习公共艺术、园艺、历史、设计和工程。社区和学校也为孩子们认识和了解高线历史及其自然生态，开设了专门的学习系统（见图6-3）。这一免费的学习系统依托高线自然景观，让学生了解气候条件和景观设计师的选择，了解植物适应环境条件与生物多样性之间的关系，以及了解生态系统与个体植物、其后条件和其他生物之间的关系。在社区和学校共同的倡导下，高线公园已经成为一个案例研究和实验室——一个查询、实验、分析和发现的地方（见图6-4）。在跨学科和基于地点的方法下，每年都有6000多名学生注册成为高线成员，自行进行参访学习，每年还有10000名学生通过学校和社区组织，课后在高线公园进行实践和探索。高线公园的设计和运行团队除对高线铁路本身进行遗产改造、实现城市更新之外，还致力于让全体纽约市民以及游客能够借此空间想象什么是理想的公共空间，什么是美好的生活体验。高线公园以"高线"的历史和当下为主题，打造了一个讲述故事、传递情感的平台。市民们被邀请参加各种各样的文化活动，体验不同语境中的公共空间，游客们也乐于加入居民日常，体验城市的最新视角。正如高线公园的主旨：

"我们邀请大家参加高线公园丰富的公共活动，重新想象公共空间的可能性，让高线公园成为一个海纳百川的市民活动平台。所有公共活动都对公众免费开放——请加入我们，一起体验全新城市生活。"

高线公园常常举办各种活动，吸引人们感受不同季节、不同主题、不同文化的高线公园。如从2019年10月2日至2020年4月2日，公园举办的"与切尔西共呼吸"活动就在切尔西街道景观中围绕主干道和铁路支线，通过大量的艺术作品和文化装置，植入当地的文化记忆。"与切尔西共呼吸"由艺术家与高线公园的服务商、商店和社区团体共同合作。在为期半年的艺术项目中，通过组织故事工作坊、访谈、历史漫步，并与当地居民和工作人员展开对话等方式，让居民和游客共同认识高线的历史、艺术的设计、经营的理念，一方面增加文化认同，另一方面鼓励公众参与和文化捐赠。6个月后，每位艺术家都创作了一系列标牌，它们被安装在切尔西不同地段的街道上，从而让更多公众能够认识此地居民的历史和社会景观（见图6-5）。

图 6-3　高线公园的社区口述历史课 ❶

图 6-4　高线公园的社区研究课题 ❷

❶　口述历史课上，学生在教师的引导下，了解高线公园的历史。学校通过让学生采访他们邻居的方式，了解公园的历史和居民的故事，他们认为了解社区的历史，对培养学生的公众参与和塑造价值观至关重要。

❷　高线公园的社区志愿者卡门·马提亚斯分享她在宾夕法尼亚南部的生活经历，并鼓励学生们参与他们的社区活动。

图 6-5　今天的高线公园，已经成为居民和游客休闲娱乐的重要场景❶

（三）打造创意纽带，链接城市生活与艺术人文

高线公园的改造，既是城市更新的文化典范，也是复兴工业遗产的文化榜样。从"高线"改造本身看，工业遗产的再利用一直以来以其社会价值、技术价值和美学价值的发现和重塑而被许多国家积极践行。尤其是 20 世纪 60 年代以来，随着现代化和工业

---

❶ 高线公园艺术场景导览，下载"THE HIGH LINE"App 便可实时掌握高线公园的艺术场景、设施和活动。

化的迅速发展，人类的过度开发以及技术进步使很多工业场所被荒弃、淘汰。一些专门从事工业遗产保护的组织机构，如国际工业遗产保护委员会（TICCIH）应运而生，而越来越多的矿场、工厂、冶炼场和制造厂也跻身世界遗产名录之列。工业遗产是那些在历史、技术、交往、建筑或科学方面有价值的工业文化遗迹、遗物，它可以是建筑、机械、车间、磨坊、工厂、矿场、冶炼场、仓库、能源聚集和传输设施、交通设施等。保护和利用工业遗产，不但可以记录工业文明的历史，镌刻产业发展的记忆，而且可以因工业文明创造的时间价值而赋予旧建筑以文化美学价值。

高线公园对工业遗产的更新和利用，一方面得益于美国城市更新的发展和对艺术价值的认知不断发生变化，对自然环境与人文环境的互动和共生有了更加深刻的自省，公众文化参与也达到了相应的阶段，居民更加期待"如画"的生活空间和游憩空间，对生活品质提出了更加宜人、更具亲和力的要求。近年来，美国公共艺术尤为注重基于特定场所而运作，很多作品的设置过程往往兼具改善场所生态环境的使命，将景观更新与生态环境改善结合，进而为公众提供生态环境优良的公共空间和绿色空间，从而使公众能够诗意地栖居。❶另一方面得益于城市更新进入小尺度、渐进式的更新阶段。城市化让城市的人口更加密集、布局更加复杂、空间更为局促，在小尺度空间范围内进行针灸式改造，已经成为许多国际城市更新的方式。在这一背景下，许多工业遗产因其镌刻着工业文明的记忆，具有时间的贮存价值，而被改造成为艺术园区、创意集群（见图6-6），这一方法也被许多城市设计师、社会学家、人类文化学家、经济学家、历史学家、生态学家认为是有效的城市更新范式（见图6-7、图6-8）。在这一过程中，英国政府、欧盟、欧共体等为利用"废弃工业区"、改组城市内部空间、控制大城市盲目发展制定了一系列的政策。德国鲁尔工业区曾走过从"彻底清除与毁灭""毁灭之后再重建""回收再利用"到"综合性开发战略"的曲折道路，最后达到区域复兴的效果。❷这都使当下的城市文化更新能够站在历史的肩膀上，审视城市的发展历程、反思城市大规模改造的弯路，从而探索因地制宜的城市文化更新之路。

在工业遗产的城市更新历史上，高线公园并非世界首个将废弃铁路线改造为城市公园的案例。在高线公园改造之前，巴黎绿荫步道（La Promenade Plantée）也为城市更新、工业遗产保护提供了新的范本。而高线公园之所以能带动世界范围内废弃铁路改造浪潮，是因为同时满足了现代城市更新的两个基本需求：复兴19世纪的工业遗产和满足城市经济发展的需要。从工业遗产复兴的角度来说，高线公园改造时保留了部分铁轨，

---

❶ 张苏卉. 场所营造与公众介入：美国公共艺术的当代取向研究[J]. 美术大观，2019（12）：93-95.
❷ 杨宏烈. 城市工业文化遗产保护与利用泛论[J]. 城市观察，2009（6）：175-180.

第六章　城市更新的文化实践

图 6-6　高线公园公共艺术

图 6-7　1934 年时位于华盛顿街拐角处的贝尔实验室，现在是韦斯特贝斯艺术家住宅

图 6-8　1934 年在高线公园 17 街从北向西看时的景象

123

使居民和游客能清晰地感受到 19 世纪工业社会留下的痕迹（见图 6-9）；从城市经济发展的角度来说，公园的完工带动了周边人居环境的提升，吸引大量的资金注入，带动了旅游业、商业和房地产开发业的繁荣。高线公园的成功，让全球许多城市开始纷纷效仿高线公园的更新方式，试图将各自的废弃铁轨打造成城市更新的原动力。费城瑞丁高架公园、伦敦卡姆登高线公园、首尔 7017、东京代官山等废弃交通设施改造项目都深受高线公园改造的影响。其中，日本将代官山废弃的东横线电车运行线路改造为现代化的商业街区，在草木林立的街道中建设风格各异的商店和咖啡馆，被称为东京的布鲁克林区；首尔 7017 城市公园是由火车站附近的城市公路立交改建而成，种植了 24000 株植物，改造的主要目标是提升城市景观环境，优化首尔中央火车站周边的交通，缩短旅客步行距离；新加坡绿色走廊从南到北横穿整个岛屿，原本是连接马来西亚和新加坡的铁路线，改造后连接了多处独立绿地，这条绵延 24 千米的带状公园为生态的可持续发展做出了巨大贡献。❶

图 6-9　1953 年高线公园西部的铁路

从高线公园工业遗产的改造可以发现，复兴工业遗产，实现从锈迹斑斑的废弃工业区到熠熠生辉的创意公共空间的转型，是城市更新的一种有效的方式。除以高线公园为代表的现状工业遗产的城市文化更新之外，还有许多中工业区复兴的方式，为城市文化

---

❶ 丁碧莹. 城市更新项目解析：纽约高线公园成功改造及影响［J］. 智能城市，2019（5）：34-35.

更新提供了有效借鉴,在此梳理如下。

第一,复原工业文明,打造工业博物馆,创造城市文化更新的公共空间。工业遗产与文化产业的深入融合,可以创造出更加丰富的文化消费形态,塑造出更为立体的城市空间,改变工业遗产保护与博览的单一功能。在保护与盘活工业遗产的基础上形成的文化产业融合区有多种方式。如波鸿的德国矿业博物馆和多特蒙德的工业博物馆、英国的泰特美术馆等。以多特蒙德的措伦煤矿露天博物馆为例。措伦博物馆采取"整体保护"策略,即基本保留了原厂区的所有建筑、环境和景观,将旧厂房翻修一新用于展示工业流程,并利用废弃的火车和铁轨改造成园区的游览工具。措伦煤矿露天煤炭博物馆十分注重观众的体验和参与,通过还原真实的氛围营造出生动的工作场景,厂房内保留了许多大型机械和设备,参观者可以穿上工作服,戴上安全帽,以矿工的身份参与煤矿工作,体验生活。通过这种方式,观众会深刻地体会到煤炭工业曾有的辉煌,虽然工厂已不再运转,但煤炭工人所奉献的艰辛劳动和拼搏精神却得到了尊重和传承。此外,措伦煤矿的建筑风格很有特色,这些古老厂区中的工业建筑都被保留下来,作为博物馆中的展品向人们展示那一段历史时期企业家的特殊审美偏好。这里的工业建筑不是某一种特定的建筑风格,而是包含了几种不同风格的综合体。有些门窗体现了哥特式风格,有些则是罗马式的,建筑上突出的塔状装饰物又带有巴洛克风格的要素。❶

第二,复兴工业遗产,打造景观公园,创造城市文化更新的游憩空间。景观公园以生态修复为核心,创造绿地游憩休闲的模式。即"依托工业废弃地上的后工业景观,将场地上的各种自然和人工环境要素统一进行规划设计,组织整理成能够为公众提供工业文化体验以及休闲、娱乐、体育运动、科教等多种功能的城市公共活动空间。"❷这一改造方式采用绿色植物覆盖手段从而避免使地下的遗产受到扰动,从地面上把遗址整体保护起来。此法既能有效保护地下的文物及遗址结构,又能增加绿地面积。另外,此法亦可提供公益性的城市休闲游憩产品,提升遗址的公共产品功能。例如,德国鲁尔工业区改造过程中便优先植入城市设计,将工业遗址进行创意改造和文化再生,著名的杜伊斯堡景观公园便是其中的典型。位于杜伊斯堡城北的梅德里西(Meiderich)冶炼厂是欧洲最大的钢铁生产商蒂森股份公司(Thyssen AG)的诸多下属工厂之一,建于1902年,20世纪80年代中期冶炼高炉停止生产。停止运营后的蒂森公司将冶炼厂连同下属矿区和炼焦厂共200多公顷❸厂区所有权以1马克的象征性价格移交给了北威州土地基金会。

---

❶ 鞠叶辛,梅洪元,费腾.从旧厂房到工业博物馆:工业遗产保护与再生的新途径[J].建筑科学,2010(6):14-17.

❷ 刘抚英,邹涛,栗德祥.后工业景观公园的典范:德国鲁尔区北杜伊斯堡景观公园考察研究[J].华中建筑,2007(11):93-95.

❸ 1公顷=10000平方米,下同。

彼得·拉茨景观设计事务所（Peter Latz Field Operations）对北杜伊斯堡厂区进行了总体设计，设计师彼得·拉茨对原有场地尽量减少大幅度改动，并加以适量补充，使改造后的公园所拥有的新结构和原有历史层面清晰明了。北杜伊斯堡厂区采用了生态的手段处理这片破碎的区域。首先，工厂中的构筑物都予以保留，部分构筑物被赋予新的使用功能。工厂中原有的废弃材料也得到尽可能的利用。其次，工厂中的植被均得到保护，荒草也任其自由生长。最后，水的循环利用采用了科学的雨洪处理方式，达到了保护生态和美化景观的双重效果。拉茨最大限度地保留了工厂的历史信息，利用原有的"废料"塑造公园的景观，从而最大限度地减少了对新材料的需求，节省了投资。经过4年多的努力，这个昔日的钢铁厂被改造成为一个占地230公顷的综合休闲娱乐公园，与之相关的许多分支项目在随后的几年中也都逐步完成。

第三，再生工业遗产，打造文化聚落，创造城市文化更新的创意界面。以上海旧厂房工业遗产的文化空间重塑为例。上海市文化原创能力、集群吸纳和聚合力都较为强劲，而由于工业历史的悠久，上海市文化产业集群中存在大量依托旧厂房改造的案例。旧厂房的个性化提供了集群较强的可塑性和时尚感，旧厂房较低的运营成本增加了中小创意企业入驻的吸引力。因此，通过保护性开发老厂房、老仓库和老大楼形成创意产业园区占上海文化创意产业园区总量的2/3以上。以这种模式建立的园区为城市老建筑注入了新的产业元素，使这些老建筑特有的历史文化底蕴得以延续。旧厂房改建而成的文化产业集群本身的建筑形态便是情境地产业的重要部分。而产业集群内文化产业的行业形态也以原创型文化产品（设计策划、艺术创作）和原创类文化服务（技术创新研发、时尚发布）为主。如8号桥、时尚园、创意仓库、海上海等集群以工业设计、服装设计、建筑设计、装潢设计、广告设计、环境设计、软件设计、园林设计、工艺品设计、城市规划设计、模型制作艺术设计、影视制作广告设计、商业咨询、设计咨询和培训为主要产业，M50、田子坊、800艺术区等以视觉艺术、摄影艺术、动漫艺术、雕塑艺术设计、雕塑制品、美术展览、艺术媒体、电视内容制作等为主要产业，并以艺术家个人工作室为主要创作单元，张江文化科技创意产业基地、天地软件园、天山软件园等以虚拟现实技术研发、网络运行、多媒体创作等技术服务为主要产业，尚街、同乐坊等则以时尚展示、创意发布等文化活动为主要经营项目。文化产业集群模式为园区内企业、创意阶层提供了良好的隐性知识创意环境，而集群的综合配套服务、技术支持与政策扶持，则对隐性知识的显性化传播，尤其是从创意闪现到形成商品的品牌化过程，起到了重要推动作用。❶

---

❶ 齐骥. 文化规划原理［M］. 北京：社会科学文献出版社，2015：21-37.

二、台北华山1914——以文化之力驱动城市更新[*]

从1914年的造酒制脑厂，到1999年的华山1914艺文特区，再到2007年的创意文化园区正式营运，从锈迹斑斑的工业区到熠熠生辉的文创园，台北华山1914用90多年的时间完成了它的华丽涅槃，成为台湾地区文化创意产业的旗舰基地与文创领域的领头羊。百年的建筑，厚重的历史，却承载着台湾地区最新潮好玩的文创艺术。历史与现代在此交融，文化与创意在此碰撞，赋予华山1914无限生命活力、生活引力和发展动力。

（一）文化聚力引领城市更新

华山1914文创园从1914年至今经历了若干个发展阶段。

1914—1987年是"造酒制脑"时代，最初是民营酒工场"芳酿社"，以做蝴蝶兰清酒为主。1917年，日本樟脑株式会社设立台北支店，生产精制樟脑，场址在今天的红砖区。1929年，台湾总督府专卖局正式收购工场，且改"场"为"厂"。1987年，酒厂迁往林口，位于台北市中心的酒厂便由此闲置。

1987—1999年是酒厂的空间蜕变时代。1992年，将台北酒厂旧厂区改为"华山特区"，并作为新院用址，但是因为争议不断而作罢。1997年，台湾地区的艺术家们积极争取将华山1914特区转型为艺术中心。1998年，华山1914特区的经营管理权交由台湾地区文化处，提供艺文以及展演等相关活动使用。1999年，"华山艺文特区"正式成立。

1999—2003年是华山1914的艺文特区经营时期。华山1914委由艺术文化环境改造协会经营，2002年，华山1914迎来了第一次大转机，行政主管部门发布六年经建计划——挑战2008：台湾地区发展重点计划，预计以57亿元经费，利用公卖局旧酒厂闲置空间，由北至南设置包括华山1914在内的5个创意文化园区（见图6-10）。2003年，华山1914艺文特区正式转型为创意文化园区。1999—2003年年底，将近5年的时间，华山1914剧本的展演活动达4000多场。从此，华山1914迈进了文创转型的时期。

2007年1月，将华山1914分为三部分委托对外经营，分别为电影实验场的OT案、台湾地区文创产业旗舰基地的ROT案以及台湾地区文创产业旗舰中心的BOT案。华山1914从此开始，先利用名人效应搭建发展的基础舞台。2007年，台湾文创发展有限公

---

[*] 本部分作者亓冉系中国传媒大学文化产业管理学院博士研究生。

司成为华山1914正式运营者,华山1914开始了它的全民共享时期。2012年,"文建会"设立文创发展司综理文化创意产业园区与产业聚落的规划、审议、辅导、考核以及奖励等事项。在相关部门、市场的协同管理之下,华山1914开始了它的文创大发展之路。

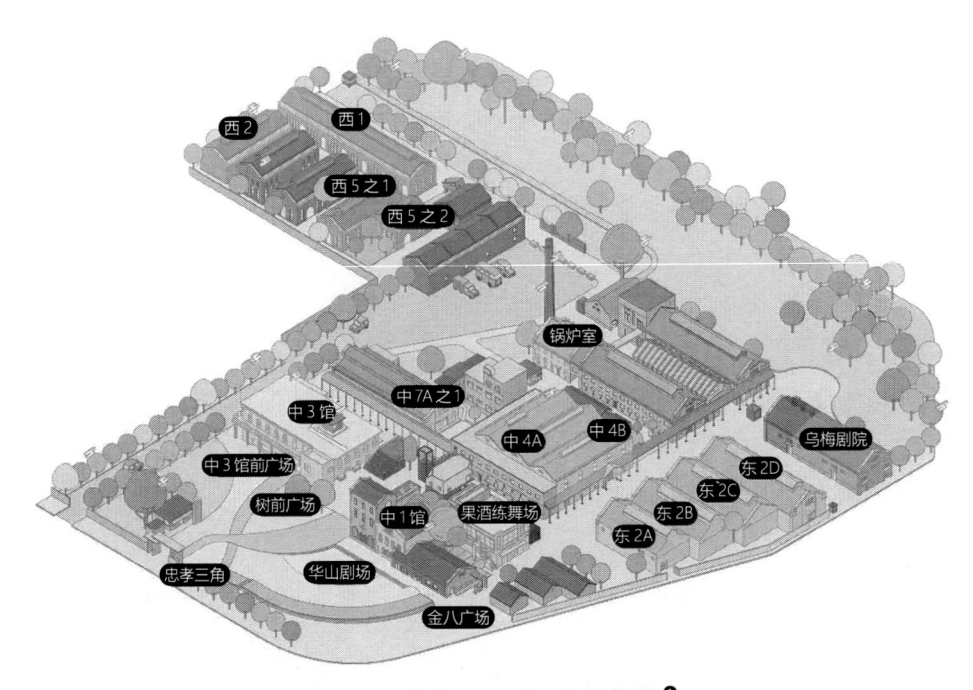

图6-10 华山1914园区场景概览 ❶

台湾地区文化尊重多元声音与多元价值,为文化创意的诞生提供了丰沃的土壤。华山1914肩负着中华文化发展之重任的同时,更期待能够成为一种可供欣赏的风景、可供展现的舞台、可供学习的学校、可成回忆的大书,以多元的文化创意内容丰富产业价值链,以平台的搭建与源源不断的相遇激发文化创意内容,建构文创产业发展的生态体系。

打造闹中取静的活力圣地。大概没有哪一座城市可以像台北一样能在繁华热闹、寸土寸金的市中心建一个如此文艺的文化创意园区。台北市相关管理部门大胆实践,成功换来了一座城市发展的新地标。华山1914文化创意园位于台北市忠孝东路、杭州北路、金山北路以及市民大道几条主干道区域中心,也是台北市文化相关管理部门规划的"L型文化创意产业发展轴带区"的中心点,南侧为台湾地区的博爱特区,西邻台北火车站,东侧为忠孝复兴商圈,周围环绕多所高校。优势的地理位置以及便利的交通体系为华山1914文创园带来了源源不断的人气,2017全年共有115183人造访服务中心,平均每

---

❶ 每一处建筑都可用于举办公共活动。

日 234 人，假日高达 510 人。高楼环绕下的华山 1914 文创园，成为台北市难得的一块净土，百年飘香的酒厂历史与现代化的展演吸引忙碌的现代人在此驻留，老少皆宜、雅俗共赏的文化活动给人们带来了各种新奇的文化消费体验。正如台湾文创发展基金会董事长王荣文所描述的那样，华山 1914 既是"世贸中心"，也是"休憩圣地"。生机勃勃的文创园区俨然以一种不同于现代化大都市的文艺风貌成为闹中取静的欢娱圣地（见图 6-11）。

图 6-11　华山 1914 的空间场景 ❶

---

❶ 华山 1914 的四连栋建于 1933 年 3 月，独栋式长形厂房建筑，室内为长廊式空间，钢骨钢筋混凝土柱梁系统，加强砖造结构，立面有山形山墙作为建筑入口，山墙上拱顶石装饰，墙面有弧拱窗、洗石子窗棂、洗石边框装饰、水平装饰带，搭配内部大跨距的铁桁架石棉瓦屋顶，大尺度室内挑高空间，为旧仓库注入现代建筑特色和功能。这些公共开敞空间常举办户外活动，艺术表演丰富。

打造永不散场的活动展演。持续不断的活动展演是华山1914文创园保持活力的秘籍，以文创活动展演为创意搭建相遇的舞台是华山1914文创园的目标。2017年，华山1914文创园举办了960次（场）文化活动，共计1480场，吸引2550523人次到访参观。其中，协助弱势团体、社会企业、公益活动、微型文创组织、艺文活动与学生优惠办理活动共计44场次，约100568人次参与。❶从专业的创意团队，到社会弱势、学生群体，华山1914为来自世界各个角落的文化工作者提供一个展现自我的舞台。花莲玉东中学木工板的孩子在华山1914的展出年年销售一空，给偏远乡村当地居民的孩子莫大的鼓舞。台湾文创发展基金会更是直接以"让该相遇的人相遇"为宗旨，持续以华山1914为基地，发挥传承，扩展美好。人们在这样一个没有围墙的多元空间当中，发现创意亮点，为创意找到伯乐。就像文化学者于国华所认为的，华山1914对于文创产业的意义，不在于它园区内的产值，而是作为一个城市的文创引擎，提供给这个城市各个角落的文创工作者一个"可以来这里遇到消费者"的空间，让有限时间的活动展演可以在华山1914找到永不散场的更大舞台。

营造学无止境的文化生态。华山1914文创园致力于成为创意人的江湖，推动创意群聚，以文化交流吸纳各种想象与创意，鼓励创意者们放瞻天马行空，到此论剑交锋，让创意由群聚擦出火花。2015年，华山1914特别在中三馆二楼的拱厅开办"华山文创沙龙"，以沙龙软性的活动氛围，促成跨界、对话、交流，让科文共舞、艺企共生、相互联结。2017年，联合报系与华山1914合作"愿景工程"，开办沙龙，奥美公关发起"创新创业品牌力论坛"，共计24场精彩分享，以社会现状、世代传承与青年未来为主轴，向青年深耕文化影响力。2017年，由杨启航博士策划，在光合箱子餐厅创生了Founders Corner晨思俱乐部；青岛书店以独特的Readers Corner气质吸引明星讲者，汇聚爱书同好。因此，不仅园区是创意群聚的推动者，园区内的入驻小店同样在以各种各样的形式开展创意对话，而不是故步自封。华山1914是一座创意学校，以由里及外的活态经营构建立体学习脉络，以有来有往的文化对话创造新鲜创意血液，以学无止境的创意聚落脉动创意活力神经。

留住历久弥新的成长记忆。华山1914文创园在不断地创"新"，但存"旧"是创"新"的根本。1914年建成的"造酒制脑"老厂房，保存着台北日据时期的历史记忆。1999年从艺文特区留下的文化特质，成为华山1914深耕文创产业的历史源流。如今，一场场创意活动在这块土地上接连上演，展现出新与旧的碰撞，让华山1914不但成为国内艺文活动展演、交流的平台，还是文资建物活化再利用的典范。华山1914也一直在向历史溯源，2014年，华山1914的经营团队特别在锅炉室前设立时光走廊，简述自

---

❶ 参见《2017华山年报》。

1914年设立芳酿造酒厂以来100多年的历史演替;2015年又在服务中心设立时空抽屉,以一格一格、一片一片的创意展示,向来访民众传达园区在时间上的厚实积累。溯源之外,更在于文化传承。从艺文特区转型而来的文化园区,以各种实践致力于实现艺文复兴,从表演艺术、视觉艺术到建筑艺术,从展演活动、市集活动到品牌活动、历史活动,从快闪店到数位馆,从周杰伦、蔡国强到几米、田中纱树,华山1914像一本大书,不管是过去的历史,还是现代的艺术,都可以在这里追踪到痕迹,历久弥新(见图6-12)。

图 6-12　华山 1914 传·音乐展演空间举办的表演活动

(二)文化之光照亮城市地标

从2007年ROT经营开始的一片空白,到后来场域的开放、群聚的带动,再到品牌的坚实、文创的深耕,华山1914一直在不断地成长。在成长的过程中,华山1914不断实验,持续转型,最终一切就位,大步向前,以构筑立体化的文化场景、不断优化活动展演质量、构建品牌育成体系、为城乡与国际发声等办法,向文创产业的旗舰基地大步迈进,走出一条城市有机更新的成功之路。

时空延展构筑立体文化场景。在华山1914,无论是室内还是室外,无论是白天还是黑夜,都充满了创意与魅力。华山1914园区范围只有7.21公顷,室外面积3.5公顷。在营运初期,大部分活动展演都在室内主场馆内进行,而随着华山1914的人气越来越高,室内的场馆空间供不应求,便开始向户外讨空间,户外市集、树前草地、货柜屋、小木屋等都是营运创生出来的新场域,装置艺术与各建筑师的创意打开了空间应用上的新想象，小木屋与货柜屋成为快闪店、微展览的绝佳空间，也是各种大型品牌活动的前哨站与热身场（见图6-13）。

图6-13 华山1914剧场位于高塔前的户外广场 ❶

同时，在表演艺术方面，从乌梅剧院到果酒练舞场，从拱厅到户外场域，华山1914也逐步建立起"院、场、厅、野"的完整空间体系。空间无局限，时间局限也挡不住创意者的脚步，华山1914独特的工业厂房立面成为灯光师投影秀发挥创意的绝佳场地。夜的华山1914，活动不断，欢乐也不断，突破了时空限制的华山1914文创园，将创意与活力无限延伸，成为一个动态立体的文化大舞台（见图6-14）。

精益求精优化活动展演质量。华山1914的发展历程是典型的"先求其有，后求其精"，不断地汰弱留强，不断地向新领域探索，让消费者有更新奇的视听欣赏，让品牌有更坚实的成长环境，让文化内涵有更深入的产品传达，园区的经营团队也得以从每年超过展演件数一倍以上的企划案中发现趋势、提示未来，让展演的选择性更多元，品质的把关更严格，让好可以更好。VOGUE、国家地理杂志与普利兹三大摄影展全部在华山1914聚齐，几米的创意世界在这里得以与群众见面，一年一度的华山1914"生活艺术节"在每年的整个10月聚集世界各个角落的文创力量，让大众在文化里爆炸。2017年，华山1914又引进时尚与娱乐产业，并向科技艺术不断探索，建构华山1914数位文创聚落，与O2O

---

❶ 户外广场是园区内最大型的户外空间，2003年经造景计划，设计成一处具有户外舞台区及木板步道休闲广场，一大片绿意盎然的草坪，以及后方的高塔古迹，为园区塑造一处舒适、可供展演与休憩的户外空间。

第六章 城市更新的文化实践

图6-14 华山1914的展览区和活动区 ❶

---

❶ 图6-14（上）的红砖六合院西4馆（D栋），1930年兴建，是当时台北市最著名的两座现代化樟脑精制工场之干馏工厂，主要作为提炼精制樟脑的场地。图6-14（下）的建筑建于1933年11月，是砖造钢筋梁柱结构之两建筑层楼建筑，屋顶为三连栋南北走向，与平面两制造场走向垂直，建筑物内部一半挑高近10米，另一半为二楼夹层，搭配斑驳的墙面，使得室内空间极富变化。

相联结,让群众与园区在虚拟空间里更加贴合,著名的日本科技艺术团体Teamlab在华山办展,让观众享受到一场文化科技融合的视听盛宴。华山1914用越来越严格的把关不断地优化活动展演的质量,用越来越能引爆观众的艺文活动让华山1914的品牌越擦越亮。

人才为本构建品牌育成体系。人才是文化创意产业发展的根本动力,与一般的文化园区设有孵化器或者是众创空间有所不同,以人才的培养去成就品牌才是华山1914推动文创发展的最终目标。2015年,华山1914将中三馆一楼A2-A4的空间作为"品牌研创中心",内设品牌商店、品牌研创空间与品牌橱窗,以一个月为期,邀请新兴品牌进驻,再媒合最新的科技资源,帮助新兴品牌进行品牌实验,为新兴品牌创造出更多可以被看见、能实验的机会,让崭露头角的台湾地区品牌团队迈向更加成熟的优质品牌道路。

在快闪店POP-UP SHOP计划成功之后,华山1914更是发展出一套育成体系,从工作坊—市集—沿街小店—快闪店,逐步孵育,如今已经小有所成。华山1914是一张巨网,在不断网罗各种好玩新奇的东西的同时,也不乏来自世界各地的艺术领域的佼佼者。华山1914用各种创意聚落的形式在推动他们与创意者之间的交流与对话,为创意人才的想象与品牌的成长创造了优沃的环境。这不仅是华山1914作为台湾地区文创产业旗舰基地主动承担的责任,更是华山1914为台湾地区文创发展与中华文化复兴的大任做出的担当。

协同并进为城乡与国际发声。作为台湾地区文创领域的领头羊,华山1914是开放、包容且友好的。除了个人创作者和策展机构,华山1914也为台北之外的公共部门或者协会团体提供推广舞台。台中市举办"台中糕饼节糕饼特展",嘉义县举办"独嘉好茶",台南市举办"移居台南博览会",台东县推出"新太平洋美学",以及亚太文化日、欢乐非洲嘉年华、拉丁美洲暨加勒比海文化嘉年华等活动都收效甚佳,而台湾地区当地居民更是年年在华山聚会,为台湾地区当地文化的传播打通了线路。华山1914还是海外国家和我国大陆地区推广或观光当地文化的场馆首选。印度檀车节文化祭、瑞典Sweden Day、陕西民艺团游会、平遥摄影文化交流展、广西少数民族艺术节、日本NHK文化中心的各种文化交流活动皆口碑极佳。主场在他方,华山1914是橱窗,华山1914几乎成了海外国家和我国大陆地区在台湾地区展览的必经之地,更加成为我国台湾地区对外的交流窗口。

(三)文化活力促生城市有机更新

英国地理历史学教授贝克曾经说过:"每个成熟的民族都有其象征景观,它们是民族形象的一部分,是维系一个民族的思想、技艺和情感交集的一部分。"老旧厂房之所以被称为"城市的文化富矿",原因在于城市的文化发展脉络隐匿在文化建筑景观当中,得到了一种永续的存在,而文化创意产业园区的形式将这种建筑景观的隐形价值以产业的形式得以显现激活,且进一步创造出了效益。"历史是场所的维度,地理是时间的维度",文化创意产业帮助老旧厂房跨越了空间与时间,实现了历史与地理的融合交汇,功能的腾笼换鸟带来的是城市文明的生生不息。如何实现腾笼换鸟，换成什么，如何实现持续的文化经营，华山1914文创园用90多年的时间做出了回答，以文化为剑，一路披荆斩棘，走出了文创转型的华山1914经验，这对于老旧厂房的保护利用与传承创新，促进城市更新树立了典型。

活化：以厂房传承存旧纳新，延续当地历史文脉。工业遗产保护利用与老旧厂房改造文化空间的行动已经在台湾地区延伸，老厂房原有的建筑立面与生产设备都成为城市发展的遗留记忆，华山1914这个位于闹市中的"老旧空间"，以一栋栋人字顶灰色厂房、老式的本色木拼门与长满绿草的屋顶外墙成为台北一道独特的风景线，为园区发展增加了工业遗址的旅游价值与人文价值。同样地，如上海田子坊，完整保留了老上海的石库门风貌，行走其中，老上海的风韵依然清晰可见；1933老场坊更是别具一格，由著名英国设计师巴尔弗斯（Balfours）设计，外圆内方的基本结构内含中国的风水学说，这些具有独特建筑风格的老旧厂房本身就有文化再生价值，因此建筑立面保留而空间功能置换成为老旧厂房保护利用的唯一途径。华山1914的经营团队不断地挖掘厂房发展的史料，向历史溯源，以让前来参观的群众更加了解园区的历史，又以创意营造让传统的厂房空间变得新奇又好玩，既"存旧"又"纳新"，才能让老旧厂房以文化创意实现再生，让当地的历史文脉与乡愁得以创新性地传承。

老旧厂房是有着思想的文化产物，其文脉延续根本在于让锈迹斑斑的历史建筑能够重新融入现实社会生活当中。要让都市文化在发展文化创意产业、改造工业文明遗产的过程中获得全新的生命形态，关键在于活化的经营，在于"创造性转化与创新性的发展"。老旧厂房的建筑风貌保存是基本，"老旧"的外衣在现代化的社会生活中被看作具有美学意义的场景景观营造。因此，大部分开放型的文化创意产业园区都会借此发展文化旅游，像是广州红砖厂，大量的红砖建筑成为园区一道靓丽的风景，也是绝佳的拍照胜地。"活化"的核心在于创意产业的发展，真正的文化创意产业园区不仅仅将目光聚焦在"产业"发展的资本目标，而是在于以文化创意活力的激发来带动园区整体的发展，以及更广阔范围内的与城市的共融共生。华山1914是最好的范本，它是文化创意的大舞台，是创意蔓生的大学校，是记载城市历史的大书，构筑了整座台北城市的文化繁荣风景与创意活力场景。

求质：以质量为先开拓思维，提供优质活动展演。华山1914的成长是从ROT开始，利用名人效应搭建基础舞台，最终成就华山1914品牌，更加突出"质"对于园区发展的重要性。"质"包含很多方面，一个是园区本身发展的质量，好的园区必然是一枝独秀，最忌千篇一律。台湾地区的文创园区各有各的特点，华山1914定位为文创产业的旗舰基地，几乎全年片刻不休的文创活动展演包罗万象，让人感到华山1914新奇、潮范又好玩，像是一位活力无限的鬼点子少年。而松山文创园则是清雅俊秀的少女，"慢活"气质一览无余。因此，清晰且明确的定位是园区发展品牌构建的主线，这是园区本身的质量问题。另外是园区文化活动的质量,华山1914的成长经验是"先求其有,后求其精",不断地汰弱留强,并从以往的活动案例中发现趋势、提示未来,从而开拓思维策划出新的展览,开发出新的市场。好的活动、产品或者是品牌一定是深具文化内涵且符合消费者期待的,优质的文化活动能够提高园区本身的影响力与群众对园区的好感度,因此对于文化品牌活动建立标准、不断地总结活动经验、把握未来趋势对于园区品牌的构建、新市场的开发与之后持续的发展具有非常重要的作用。

园区发展要做到"有质",背后可能需要大量的资本支持,然而现在很多园区都很容易陷入资本的陷阱中或者是泛娱乐化的陷阱中,成为资本商业的附庸。"质量"的含义其实很简单,文化创意产业园区作为文化创意产业发展的集聚地,其发展的核心在于"文化"与"创意"上。时刻以这两个核心为园区发展的价值导向是做到园区高质量、可持续发展的根本途径。从城市发展的角度来说,文化与创意的价值导向能够将文化创意产业园区引向正确的对于城市文化可持续发展的路途上来,文化创意产业园区是城市的"文化场",它在不断地吐故纳新中完成对城市文化风貌的形塑,并且逐渐影响到城市经济、社会发展的多个维度。

为学:以创意群聚激发活力,建构品牌孵梦基地。园区不仅是产业集聚的承载地,还应当是创意培养的学习聚落,是创意人才孵梦成长的伊甸园。创意工作者的集聚是园区本身的优势,而华山1914一直以沙龙、论坛等各种形式将这种优势作用发挥到最大,并且在育人体系上进一步创新机制,以一月为期育成品牌,目标明确,充分发挥园区的平台优势,为更多的文创人创造一个造梦空间。华山1914育人的"一月模式"兼具社会效益与经济效益,一月为期不会让园区本身投入过多的资源而造成资源的浪费,且在这一个月之内,有利于园区发掘一些真正值得发展的文化创意,一方面不仅为文创者实现了他们的艺术梦,另一方面又能够让这些文创活动来反哺园区,让园区的文化创意活动日日常新,且进一步扩大了园区本身的品牌影响力与吸引力。我国大陆的大部分园区则是通过孵化器、创新工场或者是众创空间的形式提供创业指导或者只是"出租空间"而已,因此园区本身的运营团队在不断优化创新创业环境,建立创业孵化、人才培养、信息交流、咨询推广的完善公共服务平台之外,还应该充分发挥园区本身的资源优势,促成品牌交流与创意对话,从创业团队的需求出发,让创业者学有所得。

文化创意产业园区不仅是文化企业的集聚地,更是文化创意的蔓生地,从这里输出的文化创意思想能够在城市的经济社会发展中发挥其影响,文化创意产业能够在此得到更好的发展。华山1914园区最为珍贵之处在于,它所服务的对象不是企业如此具有商业目标的资本对象,而是一个个有着艺术梦的追梦人,通过育人去育成品牌,用人自身的创造力去引导园区文化创意的蔓生,而不是用园区的平台参与到企业的利益体系当中。

开放:以包容开放联动周边,协同带动城市发展。园区成长于城市,也能反哺于城市。对于一个有影响力的文化产业园区来说,能否联动周边、改善周边区域环境品质、协同带动城市发展是园区发展的硬指标。华山 1914 的成长离不开相关主管部门的帮扶支持,而作为台湾地区文创领域的领头羊,华山 1914 也以其强大的影响力带动整个台湾地区文化氛围的营造,帮助台北之外城乡的创意构想成功实现,成为台湾地区文创梦想实践的台北驿站。文化产业园区的发展不应该局限于园区内的企业,而是应该突破园区界限,降低门槛,充分利用园区的平台优势与资源优势,积极帮扶社会弱势群体、学生群体、乡镇团体组织等的创意实践,为他们搭建推广宣传的平台,促进园区与城乡发展的互动融合,开放场域,做到与群众共乐,与群众共享,促进园区与社区、街区发展的互动融合。好的文创园区会成为城市发展的带动者,而对于老厂房改造而成的文创园区来说,不只是历史文脉延续的带动者以及文创产业发展的带动者,更是城市活力延续的带动者与城市人文品质提升的带动者。

华山 1914 位于台北市的市中心,如此集聚人气的位置也意味着园区要为这些生活在市中心的人提供服务,才能在此处长期经营下去。北京的郎园 Vintage 同样是位于 CBD,与华山 1914 一样,它以"鱼塘式"的园区生态来为 CBD 的上班族提供了一个休憩的港湾与修养的湿地。而华山 1914 则更像是一个大乐园,它为生活在台北的人提供的是下班之后的生动娱乐。所谓协同带动的意义不仅仅是在于对于城市经济的资本利益带动,更是基于人的尺度上的文明塑造与文化塑造,用人的提升去带动城市发展的提升。城市的有机更新实质上是城市的可持续发展问题,而人的发展是城市可持续发展的核心要义。华山 1914 这样的文化创意产业园区用文化激活、创意带动的方式,直击人的提升的最高层次——文化,将人的最具价值的部分——创意发挥到最大化并且转化成为文化成果,从而书写了对城市可持续发展的文化定义。

三、成都东郊记忆——以音乐之声唤醒城市动能[*]

成都东郊记忆(原成都东区音乐公园)坐落于四川省成都市成华区二环东外侧建设南支路 4 号,占地 205 亩[❶],建筑面积约 19 万平方米,是在原国营红光电子管厂旧址上改建而成的文化产业新型园区,2011 年 9 月 29 日正式开园运营。2012 年 11 月 1 日,成都东区音乐公园更名为东郊记忆。东郊记忆作为工业遗产集聚区的典型代表,承载了成都近代的城市发展历程和工业文明的痕迹,是保留城市记忆的重要载体。在东郊记忆的城市文化更新中,陆续腾挪出工业文明遗址点位 14 处,以不可复制的工业文明遗址发展文创产业的城市更新模式,对成都城市营造起到了重要的文化推动作用。

---

[*] 本部分作者刘晓菲系深圳大学文学院博士研究生。

❶ 1 亩 = 666.67 平方米,下同。

（一）传统工业区从困境到重生

缘起：城市经济结构的调整。城市的发展是一个不断调整、持续更新的动态过程。随着城市的快速发展，城市的产业结构和社会经济的增长方式不断转变，社会经济结构的变化促进了社会的生产方式和人们的生活方式的全面变革。工业化时期的快速发展为现代社会的建设遗留了诸多问题，以资源开发为主的传统工业面临着资源不足、人手欠缺的重要问题，长期的工业建设也对城市的生态造成了巨大的破坏，城市的"灰色型"发展与人们日益增长的对美好生活的期待之间的矛盾日益突出。同时，伴随着城镇化程度的不断提高，城市开始由以往注重数量的外延式发展向注重质量的内涵式发展转变，城市发展理念也更加注重生态与经济的双重发展。大量的城市开始采取"退二进三"的发展战略，对城市中的产业结构进行调整。这些曾经承载着工业社会时期最辉煌的工业文明的工业区逐渐衰落（见图6-15）。

图6-15　东郊记忆旧址——成都国营红光电子管厂[1]

困境：产业与空间的双重衰落。产业升级背景下产业业态急需更新。产业结构的调整推动城市经济增长方式的转变，以传统工业制造业为主的工业区与现代社会背景下产业发展需求之间的矛盾突出。随着城市化进程的不断推进和城市空间的不断拓展，城市中土地用地的供需矛盾日益凸显。当前，我国已经由工业社会逐步进入后工业社会时代，城市产业结构由第二产业向第三产业转变，传统的工业企业搬迁后留下了大片的工业用地，在城市用地日益紧张的背景下其价值日益凸显。这些工业区往往占地面积宽广，同时占据着城市中的有利区位，拥有便利的交通，是城市建设发展的优质区域。目前，大量的工业区仍处于废弃、闲置的状态，工业区用地急需进行产业更新，重新承载起区域产业发展的重要功能，激活区域产业发展。

---

[1] 从工业遗存地出走半生的"东郊记忆"[EB/OL]．(2018-07-28)[2020-01-01]．https：//wemp.app/posts/1f958703-20bd-4155-96ab-a3dc6faa2e93.

消费升级背景下园区空间急需更新。消费模式的迭代升级推动居民消费结构的变革，传统工业区落后的空间功能与新时代背景下的空间的发展需求之间的矛盾突出。随着社会经济的不断发展，人们的消费结构也随之不断变化，从以物质性需求为主向追求多元特色的精神文化需求转变。园区广阔的空间亟待进行功能置换，引入新的产业，赋予其新的空间功能。

契机：文化创意产业的兴起。文化创意产业的兴起为工业园区的转型升级提供了优质的产业选择。一直以来，文化创意产业被誉为我国的朝阳产业，经过近些年的发展，正迅速成长为我国国民经济的支柱性产业，在经济结构中占有愈加重要的位置。文化创意产业是在知识经济时代和全球化背景下发展起来的一种推崇创新和个人创造力、强调文化艺术对经济的支持和推动的产业[1]，其低能耗、轻资产、高附加值的产业特性与城市的发展需求十分契合。同时，具有工业艺术氛围的传统工业区老旧厂房与文化产业重创意的特性完美匹配，极受富有创新精神和艺术气息的文化产业从业人员的青睐，因而文化创意产业成为工业区老旧厂房进行功能置换的优质选择。

（二）从文化规划到文化治理

明确定位，有序布局产业业态。清晰明确的园区定位为园区的产业规划和空间设计提供了有效的发展方向，为园区完善的产业生态奠定了坚实的发展基础。东郊记忆的园区定位是在城市产业发展规划的基础上确定的，并且随着时间的推移有所调整。2009年，文化创意产业被列为成都市重点推进的战略性新兴产业，协同成都市打造"西部第一、全国一流"的文创产业标杆城市的目标，成都市确定将原红光电子厂旧址进行升级改造，引入创意产业进行工业区更新。东郊记忆的园区定位经历了从音乐产业集聚园、音乐文化体验园向"一基地、多名片"方向的转变。"一基地"即音乐产业基地，深化与中国移动无线音乐基地的战略合作，联手打造"中国数字音乐科技孵化园"；"多名片"即在音乐名片之外，园区要力争成为融合多元文化艺术的复合文化平台，既是中国工业遗产保护的样板，又是传统工业文明向现代文化创意产业转型的典范（见图6-16）。从"两园"向"多名片"的转变，实际上完成了东郊记忆从单一的音乐产业生态圈向音乐及其他相关艺术产业，如美术、戏剧、摄影等多元文化产业生态圈的拓展，实现了多维度产业的聚集发展，在丰富了园区产业业态的同时，也通过多种艺术业态的入驻增强了园区整体的艺术氛围，有利于东郊记忆打造成为文创中心（见图6-17）。

---

[1] 文化产业成为国民经济支柱产业［EB/OL］.（2018-08-22）［2020-04-18］. http：//www.sohu.com/a/249484099_120711.

图 6-16 东郊记忆实景❶

图 6-17 成都国营红光电子管的 14 处工业文明遗址点在城市文化更新中化身创意场景❷

---

❶ 东郊记忆，代言成都的情怀 [EB/OL]．(2018-06-21)[2020-04-18]．http：//m.house.china.com.cn/chengdu/view/1522624.

❷ 东郊文化创意集聚区转型记：从工业文明"摇篮"到西部文产新地标 [N]．华西都市报，2018-08-28（012）．

不仅如此，东郊记忆注重挖掘产业链的价值，围绕音乐产业的主题，覆盖音乐产业的整个链条，从线上到线下，从音乐生产、音乐传播、音乐消费到新兴的音乐体验，都布局有相应的产业业态。园区入驻商户有音乐主题的酒吧、餐饮、酒店等服务型商家，还有音乐生产、音乐培训、音乐传播等文化类企业。除此之外，还有互动参与型的音乐沙龙体验，热爱音乐的人在这里总能找到属于自己的一片天地，可满足人们学习、欣赏、创作、娱乐等多种需求，成功地将园区打造成为以音乐为主题，以艺术消费为特色的创意产业园区。

合理规划，完善文化空间功能。合理的空间规划和创意性的场所设计为园区产业的发展创造了优质的硬件设施基础，为园区空间功能的置换注入了创意因子。在对工厂保留的建筑物进行功能改造时，设计人员依据不同建筑单体的建筑形态和空间特色，对其进行创意性改造，使其不仅具有工业艺术的气息，还能够承担起现代产业发展的空间功能。东郊记忆以音乐产业及其他相关艺术产业为主，因而其空间改造模式与其他一般的文化创意产业园区有很大的不同。其一，为了保证入驻音乐企业的独立性，园区建筑在改造设计时特别注重隔音效果，以确保音乐效果；其二，针对园区功能空间的设计，以建筑所在区域的开放程度与建筑特色为考量，将处于交通节点、临近广场步行道的开放度较高的厂房改造为餐厅、酒吧等以消费为主的区域，将位置较为僻静的独栋别墅改造成为园区特色主题酒店，拥有高大、广阔厂房空间的区域，适应其艺术产业的属性，将其改造为影院和剧场以及一定规模的音乐展览空间，保留一定面积的半开放公共空间，以便承接各种类型的节事活动，使空间呈现出弹性化的特征。

注重细节，保留工业建筑特色。园区整体的风貌保护和细节性元素营造有效保留了工业园区的文化风格，为园区文化场景的搭建营造了浓厚的艺术氛围。东郊记忆的建筑改造遵循"修旧如旧，旧房新用"的理念，注重园区工业遗产的保护和工业风格的延续。成都东郊记忆的工厂是20世纪50年代由苏联援建的项目之一，是典型的计划经济时期的建筑风格，承载着那一段时期的工业文明，拥有重要的工业遗产价值。为了更好地保留原厂房的工业元素，同时使改造后的厂房空间兼具现代审美元素，满足当代产业发展的空间需求，东郊记忆专门聘请了国内著名设计师刘家琨作为项目的总设计师，对园区进行改造设计。对于保存较完善、保留价值较高的建筑单体以修旧如旧的方式进行改造，对于留存价值较低的建筑采取新旧融合的方式使其能够承担新时代背景下产业发展需要的空间功能。除了注重对园区整体风貌的传承，东郊记忆还十分注重园区内部的装饰细节和创意小品的摆设，从细微处增强园区的工业艺术气息。园区内散落了一系列大大小小的具有纪念意义的创意小品，如蒸汽火车、B43雷达等，一些特色的场景也成为东郊记忆最令人印象深刻的名片，像其内部的"火车头广场"等地还成了成都最具特色的摄影胜地，不断吸引着当地居民和外地游客。

节事营造,激活创意场所活力。丰富多元的园区活动有效促进了园区企业的发展,激活了园区空间的活力,为园区的差异化竞争增加了引力,增强了园区的人气集聚效应。东郊记忆以音乐产业为主,因而在规划过程中配备了数量众多、规模各异的场馆,成为各种展览、演出、艺术节的文化聚集地,同时也是成都唯一配套齐全的展览聚落。在这些场馆中,每天都在进行着不同主题的音乐节、创意集市活动、上演着最热门的戏剧,展演着最时尚、最高端的品牌时尚展和新闻发布会,动漫节、摄影展、颁奖典礼等活动让人应接不暇,不论你何时来到这里,仿佛总有最时尚、最热情的艺术活动在迎接你。这些永不落幕的文化艺术活动成为园区集聚人气的重要因素,不仅全面激活了工业园区的空间活力,更是以不断制造爆点的方式吸引着世界各地的艺术爱好者和旅游爱好者前来加入狂欢。

东郊记忆以独特的工业艺术风格为基础,以多元丰富的产业业态为依托,通过厂房空间的创意改造和有效利用,以音乐产业及相关艺术产业为主体,以形态主题风格各异的展演活动为主线,将园区空间、企业与游客紧紧地联系在一起,从而打造成为一流、专业的音乐产业基地和文化创意中心(见图6-18)。

图6-18 东郊记忆园区内的工业遗产遗迹❶

---

❶ 东郊记忆音乐公园对园区内充满情感记忆的苏式红砖厂房和具有工业符号的烟囱管廊等历史遗迹进行了保护性改造,为东郊记忆营造出兼具怀旧和时尚气息的文化艺术氛围。

(三)从工业文明到音乐文化

从成都东郊记忆的转型发展中,可以看到传统工业区作为重要的工业遗产具有多方面的价值,通过引入第三产业实现工业区的功能置换,可以重新发挥其在城市发展中的重要作用,提升土地利用效率,避免城市生态污染,在传承工业文明的同时以新产业、新空间、新阶层、新生态的全新面貌实现对城市空间、城市活力、城市价值、城市品质的再造。

内容更新,再造城市空间。重视新内容,在产业结构调整和消费结构升级的背景下,促进园区产业更新,推进园区空间功能置换,再造城市空间。随着我国经济发展进入新常态,社会也渐次进入知识经济时代和服务型经济时代,经济增长动力由原来的要素驱动、投资驱动转向创新驱动。在此背景下,传统工业区的转型升级需要从以下两个方面进行提升。

一是更新产业内容。首先,明确园区发展定位,以园区定位为导向引入相关企业。园区发展定位需结合城市和区域的发展规划以及经济发展情况合理确定,依据合理的园区定位确定园区产业发展,并引进相应的企业。注意与周边园区的差异化定位,避免同质化竞争,同时注重龙头企业和重大项目的引进,发挥优势企业的带动作用。以东郊记忆为例,其就是在城市打造文创产业标杆城市的目标之下,确定了园区发展文化产业的目标定位,从而以音乐产业及关联艺术产业为主导,引入了完美世界、繁星戏剧村、亚旅传媒等企业。其次,完善产业业态布局,构建健全的园区产业生态。园区的产业业态并不是杂乱无章的,园区产业布局应结合产业定位,从产业链条的角度和园区发展需求出发进行布局,引入产业链条的上下游企业以促进企业间的合作,形成产业集聚效应。文化创意产业集群就是在文化创意产业的各个领域中,由众多独立又相互关联的文化创意企业以及相关支撑机构,依据专业化分工和协作关系建立起来并在一定区域集聚而成的产业组织,它包括了文化创意产业链上的所有上、下游企业。❶基于产业集群发展的逻辑,以文创产业和高新产业为主导,以现代服务业为辅,打造集研发、生产、配套于一体的特色园区。最后,完善园区管理机制,创建系统的园区管理体系。良好园区生态的建立离不开高效的管理机制,健全的管理体系是园区企业健康发展的保障。从园区入驻企业的筛选,到后续企业间的联动运营,都需要园区管理人员从中协调,合理规划。管理机构应树立先进的管理理念,引入创新性管理模式,健全园区产业发展的服务平台,为园区企业提供金融、投资等咨询服务,建立产业园区发展联盟,定期进行管理经验的分享,不断提升,助力园区可持续发展。

---

❶ 鲍枫. 中国文化创意产业集群发展研究 [D]. 长春: 吉林大学, 2013.

二是更新空间功能。以园区产业发展为指导，对园区空间进行系统设计，完成功能置换。一个健全的产业园区应拥有完整的功能空间，从空间功能分类来看，园区可分为生产功能、生活功能和生态功能三种类型。从生态空间来看，园区应营造良好的生态环境，增加园区绿化面积，通过创意设计和有效管理提升园区景观。以生态环境为引力，吸引创意人才和优质企业的入驻。从生产功能来看，在创意产业园区中主要为商务办公区，通过设置一定规模的商务办公空间，布局园区的商业功能。从生活功能来看，园区可划分为居住区、服务区、休闲旅游区等。通过划分园区居住单元，引入配套服务企业，有效规划公共空间，完成对园区内部居住功能、服务功能、休闲娱乐功能的配置。

传承更新，再造城市活力。重视新传承，在城市复兴的浪潮中保留传统工业区的历史传承和工业文明以及相应的物质载体，延续城市文脉，再造城市活力。工业遗产见证了工业时代的辉煌历史，大量工业时代所遗留的工厂厂区、工业建筑和构筑物、街道，都逐渐成为城市景观不可或缺的一部分[1]，是城市文脉的重要构成。一方面，工业遗产具有重要的历史文化价值，它不仅是一段时期内历史文明的物质载体，更是当时社会经济水平、科技水平、文化水平的重要体现；同时，其区别于其他文化遗产所独具有的技术价值记录了工业技术的进步和发展。另一方面，工业建筑也是城市空间演变、产业建筑发展的重要见证者，构成了园区的整体风貌，具有不可替代的社会价值和景观价值，因而工业遗产的保护和继承对于保留城市特色、延续城市文脉、激活城市发展活力、增强城市发展的竞争力十分重要。

城市更新主要包括两方面的内容：一方面是对客观存在实体（建筑物等硬件）的改造；另一方面是对各种环境（如生态、空间、文化、视觉和游憩等）的改造与延续，包括邻里的社会网络结构、心理定式和情感依恋等软环境的延续与更新[2]。从硬件设施来看，主要包括对园区建筑实体的修缮与保护以及园区景观的设计。一是对建筑单体的有效保护。园区建筑单体的修缮应遵从"修旧如旧"的理念，力求在保留建筑物外在特色的前提下延续其空间使用功能，使其适应现代产业发展的需求。对于园区新建或改造的建筑单体，应符合园区整体的风格特色，使其融入整体的园区建筑中。对于破损严重的建筑，可采取新旧融合的方式进行修缮。二是对工业景观的有序传承。工业区以错落的厂房、高耸的烟囱、林立的水塔、火光通明的高炉等为主要特征。这些工业建筑多以城市中的河道、铁路、道路作为纽带，相互关联形成独特的城市文化景观——工业景观。[3]

---

[1] VINES E.Streetwise Asia：A Practical Guide for the Conservation and Revitalization of Heritage Cities and Towns in Asia [M].Bangkok：UNESCO，2005：38.

[2] 徐振强，张帆，姜雨晨.论我国城市更新发展的现状、问题与对策[J].中国名城，2014（4）：4-13.

[3] 孙俊桥，孙超.工业建筑遗产保护与城市文脉传承[J].重庆大学学报（社会科学版），2013，19（3）：160-164.

第六章 城市更新的文化实践

工业景观的传承注重整体风貌的延续和细节元素的补充。通过在园区内部进行小范围、小尺度的更新，实现对工业景观的传承和保护。

从软性环境来看，园区工业文明的传承包括园区工业文化、价值理念、场所精神等要素。建筑遗产的更新保护再利用的重要性在于，它不仅保证了城市的历史延续性，还用物质的方式保存了地方特色的生活方式[1]，其所承载的价值理念、生活方式、企业精神都是城市文脉的重要组成部分。一是注重工业文明的保护传承，对园区的工业文明进行梳理，可在园区内建设专属的工业文明博物馆，一方面可以保存重要的工业文明，另一方面也有利于促进工业文明的传播。二是注重工业区的场所精神的延续。每一个空间都拥有其独特的性格特征，这种区别于其他地方的整体氛围就是"场所精神"，其由客观存在的空间环境与主观能动的活动主体相互影响而成。工业区因其独特的建筑环境和工业文明而具有特别的场所氛围，入驻园区的创意阶层又为场所注入了最现代、最时尚的文化要素。这种历史空间环境与现代文化精神所融合而成的场所精神，同样也是工业文明的延续。

需求更新，再造城市价值。重视新需求，在社会主要矛盾变更的背景下从城市绿色可持续发展的角度出发，从人们对美好生活的需求出发，盘活土地存量资源，再造城市价值。

第一，重视城市发展的新需求。从重数量的外延式扩张向重质量的内涵式发展，从增量规划向存量开发的转变都体现了城市发展需求的转变，城市正以一种更加合理的方式更新发展。以"互联网+""文化+"的理念推进工业区文化创意产业的发展，促进创意产业与其他产业融合发展，创造新的经济增长点，更新工业区区域发展功能，不断优化城市产业结构。第二，重视人们美好生活的新需求。随着知识经济时代的到来，人们受教育水平和经济水平的不断提高，多元特色的精神文化需求成为人们美好生活中日趋重要的组成部分。首先，文创企业应以创意性文化产品满足消费需求，不断创新产品和服务的表现形式，以云计算、人工智能、大数据、VR 等技术为手段，催生新型服务形式。针对当前文化消费呈现出的碎片化、体验化、社交化特征，创造符合人们消费习惯的文化产品和文化服务。其次，园区应以多样化的活动丰富文化体验。定期在园区举办观影节、研讨会、摄影展、创意集市等活动，打造园区具有知名度的文化事件，增强园区的人气集聚效应，不仅实现园区内部空间人员的交流互动，更能打破园区与外界的藩篱，使外来人员融入园区的文化氛围并带来新的活力要素，全面激活园区发展的活力。

理念更新，再造城市品质。重视新理念，紧随时代发展，立足当下，着眼未来，不断探索创新园区运营方式、企业管理模式，以重塑人们生活方式为导向，改造园区工作与生活方式，再造城市品质。

---

[1] 孙俊桥. 孙超. 工业建筑遗产保护与城市文脉传承 [J]. 重庆大学学报（社会科学版），2013，19（3）：160-164.

一是突破地理限制探索建设虚拟园区，创新园区发展模式。随着信息技术、人工智能、大数据、VR技术的不断发展，数字文化产业的发展也迎来了新的契机。创意产业园区发展的高级形态和未来发展趋势是依托一定的实体创意产业园区，在实物设施的创意产业园区基础上打造无界域国际化的虚拟创意园区，建设一个迅速顺畅交换传播的数字化网上市场和一个数字化的交易平台，构建"虚拟创意产业园区"或"文化创意信息数字交易港"，这是未来创意产业园区发展的崭新模式。❶ 产业园区的数字化建设和虚拟化运营进一步降低了产业集聚的成本，有助于产业链的整合，最大限度地发挥创新创意的优势。

二是创新管理模式和运营模式。变革园区管理者与园区企业的关系，文化创意产业园区的管理运营不同于一般产业集群的管理模式，未来的文创园区一定是集各种技术、人才、金融、创意、信息等要素于一体的新型社区。园区管理者的作用不再仅限于增强园区企业的黏性，更应注重园区虚拟平台载体的搭建，实现信息分享无边界。

三是从废弃工业区向城市新生活区转变，重塑都市生活方式。在文化创意产业繁荣的大都市中，职住不均衡问题严重，长时间的通勤时间大大的挤压了人们自由支配的时间，降低了人们的生活品质。而工业区更新的创意产业园区则通过在园区空间增加居住、教育功能，打破传统都市生活中工作、教育、生活割裂的状态。园区不仅仅是工作区域，更是集生活、娱乐、休闲于一体的生态社区。通过完善园区的基础设施建设，完善园区服务功能，营造便利的办公、生活、学习和娱乐空间。

---

❶ 张白玉.创意产业园区组织生态研究［D］.北京：北京邮电大学，2010.

第二节　商业区更新：
从水泥森林到文化魔方

在全球城市的水泥森林中，遍布摩天大楼。而有一些建筑群却因为独具魅力，成了文化地标。它们代表着这座城市的积淀，彰显着这座城市的精神，或者流淌着千百年来文化传承的基因。六本木新城在东京局促的城市空间中，打造出具有民族气质却不失国际风范的森林庭院，在公共空间中创造出时尚的舒适物；"THE 78"作为规划建设中的未来社区形态，是以文化生态为底色，以多元文化为立足，以美好生活为蓝图的一次大规模城市更新的尝试，更因为秉持"大规划"的理念而富有创新和远见；伦敦金丝雀码头紧紧抓住伦敦打造全球商业和文化之都的定位，以艺术、遗产和公共参与的力量，创造开放、弹性并富有创造力的空间。

一、东京六本木新城——引入文化舒适物，创造宜居城市

六本木新城❶（Roppongi Hills）位于日本东京港区六本木的六丁目地区，是目前日本最高水平的城区改建项目。在城市更新之前，六本木区域旧城建筑物密集且陈旧，90%以上的建筑都是低层旧式木屋，普遍为2～3层，最高的9层楼房屈指可数。整个地区的公共空间和绿化面积之和仅占整个区域面积的10%，居民公共活动空间不足，而且道路狭窄，以至于消防车都难以通行。更新之前，六本木当地居民居住的生态环境恶劣，且人文环境也令人担忧。2003年4月25日，六本木新城建成启用，使这一地区的

---

❶ 六本木新城项目占地面积11.6公顷，主要包括森大厦、东方君悦大酒店、朝日电视台、美术馆、榉木坂六本木综合楼和居住区等十栋建筑，是东京第三处高楼群。六本木的森大厦是商业办公和艺术休闲的综合体。其中7～48层为办公区域，集乐天、活力门等众多日本知名企业总部以及许多国外知名企业的分支机构，百度在其中便设置了办公区，约有2万人在此工作。整栋大厦租金最高昂的49～53层则用作艺术和观光，第49、50层的培训学校和图书馆则24小时开放，为市民提供周到全面的公共文化服务，52层的艺术画廊场举办动漫、电影、服装和现代艺术等主题展览，53层的森美术馆以艺术和生活为主题，介绍以亚洲为中心、全球最顶尖的现代艺术、建筑、时尚和设计等。

面貌焕然一新，也为这一地区的未来发展注入了勃勃生机。每天都有不少游客慕名而来，使该地区成为东京新的时尚场所。目前，六本木新城已经成为东京新地标，也是东京地区最为著名的购物中心和旅游中心。作为未来城市复兴的一种模式，六本木新城被誉为"未来城市建设的一个典范"。研究六本木新城的规划模式，分析其成功经验，对于解决我国城市更新过程中出现的一系列问题，尤其是城市建设平面过密、立体过疏的发展现状，具有非常重要的借鉴意义。

（一）创新文化理念：打造城市中的公园

加强整体规划设计，注重国际化和本土化结合。在六本木城市更新中，以森大厦株式会社（Mori Buliding）为主导，并贯穿规划、设计和建设的全过程。这种单一开发商主导的模式有利于加强顶层设计，进行整体规划和统一布局，在项目开发过程中保持步调一致，进行统一设计和综合开发，避免了新城项目开发定位不清、重复建设和同质化等问题。六本木城市更新的总投资为2700亿日元，约合160亿元人民币，开发、规划和建设周期长达17年。其中，新城定位、规划、设计以及与当地居民的沟通谈判耗时14年之久，真正用于施工的时间仅3年。建成后的六本木新城总占地面积约为11.6万平方米，总建筑面积约为76万平方米，相当于一座高楼林立的紧凑型城市，由写字楼、酒店、住宅楼等10余幢建筑组成，综合了工作、生活、娱乐、学习所需的一切设施，也颠覆了"新城"的概念。

在具体设计、规划过程中，森大厦株式会社集合了一群来自世界各地的设计师，由他们组成设计团队进行统一规划和设计。六本木新城设计团队主要由美国捷得国际建筑师事务所（The Jerde Partner Ship）、世界知名建筑事务所KPF、康兰伙伴设计团队（Conran and Parters）、日本著名景观设计师佐佐木叶二和建筑大师槙文彦（Fumihiko Maki）等组成。捷得国际建筑师事务所负责六本木总体规划以及购物中心和公共空间的设计，KPF负责设计标志建筑森大厦，佐佐木叶二先生负责景观设计，槙文彦设计朝日电视台（Asahi TV），康兰伙伴设计团队负责规划设计住宅区。六本木新城的公共开放空间设计还结合了良好的艺术规划设计，将整体空间塑造得更加艺术化和人性化。这座由世界各地设计师共同规划、设计的新城，每一座建筑和每一个区域都风格迥异，如具有欧洲风情的商业街（West Walk）、具有浓郁东方特色的餐饮娱乐区（Hill Side）以及日本建筑文化的结晶毛利花园（Mohri Garden），六本木新城的地标性建筑森大厦与朝日电视台则是高科技的体现。

多方协调机制，实现利益共享。日本实行土地私有制，如果没有征得土地所有权人的同意，房地产开发商，甚至是政府都不能对城市居民的房屋进行强制拆除。1986年，六本木地区的六丁目被东京都政府指定为"再开发诱导地区"。此后，土地所有者之一的森大厦株式会社联合朝日电视台共同向其他土地所有者提出进行街区改造❶的建议。这就是六本木新城再开发计划的起源。当时，这一区域的11.6万平方米分属于400个不同的产权人，另外还有300户租地建房，想要就新城开发计划达成一致，绝非易事。❷因此，经过1000多轮恳谈会，森大厦株式会社终于和92%的土地所有者达成共识，并一起向其余8%的所有权人发起诉讼。一年以后，双方达成和解。此后，400多位土地所有权人成立了"改建筹备工会"，致力于同东京都政府就再开发计划进行协商。经过14年的不懈努力，在政府部门、民间组织以及地方各界人士的通力合作之下，六本木新城得以在2000年建设施工，并最终于2003年4月完工。

为解决产权所有者的拆迁补偿问题，新城开发商提出了四种权利置换方式：一是最常用的货币补偿，即由开发商出资买断产权人的土地所有权；二是以旧换新，即按照双方签订的协议，由建成后的新房换取产权人的旧房；三是折价入股，这种方式适用于不愿意接受以上两种补偿方式的原业主，方法是由开发商成立一家六本木新城建设项目公司，原业主把自己的产权折价入股，与开发商一起享受土地升值的收益；四是混合模式，原业主通过出售产权获得收益，用于换取新房或入股，也可以用作他用。灵活多样的拆迁补偿方案，满足了绝大多数产权人的利益诉求，解决了复杂的土地权属问题，因此六本木新城在施工建设阶段非常顺利，真正实现了利益共享、多方共赢。

创造"城市舒适物"，实现城市让生活更美好。六本木新城的开发理念基于实施"城市复兴新政策"❸的项目背景。在东京缺乏一些国际功能性综合场所的背景下，六本木新城的规划建设不仅可以使生活在城市里的人们拥有舒适的环境，城市功能集中化还可以缩短那些选择住在城市外的人们往返于城市和住区的时间，使他们可以更高效地工作，从而获得更多的私人时间。正如作为业主的森株式会社社长森稔所认为的，东京作为国际大都市的吸引力正在减弱，因此需要通过对现有土地所有体系进行重新划分和建造高层建筑的方法，把东京建设成一个局部更集中、环境更美好的城市。事实上，六本木新城"城市复兴新政策"的目的就是通过为人们提供更多的城市空间和私人时间来组织更丰富的城市生活，通过创造宜人的城市环境，吸引世界人才、资金和信息，产生新的需求和产业，从而促进日本经济的发展。"城市文化复兴理念"旨在将六本木新城建设成一个"艺术智能城"，这就确定了六本木新城综合开发的功能。六本木新城充分利用城市的竖向空间，将居住区、办公区和必要的配套功能设施整合在一起的综合性区域开发，对于创造更多的城市空间尤为重要。

---

❶ 刘滨谊，王晓鸿.复合性都会再开发计划：以六本木新城为例[J].规划师，2006（1）：99-101.
❷ 黄跃."立体城市"的土地利用之道：以日本东京六本木新城为例[J].中国土地，2015（6）：19-21.
❸ 森稔.城市复兴新政策[J].六本木新城，2006（1）：27-45.

打造"城市中的公园",实现艺术、景观、生活的交融。在发展定位上,六本木新城以打造"城市中的公园,公园中的城市"为目的,以展现其艺术、景观、生活独特的一面为发展重点。尽管六本木容积率高达8,但新城不乏广场和花园,"垂直化"的设计理念和空间资源的高度集约型以及有效利用是六本木的特色之一(见图6-19)。

图6-19 六本木的观景台

六本木通过增加大楼的高度来增加更多的绿地和公共空间,并缩短办公室与居住区之间的距离,减少人们的交通时间。六本木的生态公园"屋上庭院"建在剧场楼顶,种植着水稻和其他植物,播种和收获季节邀请在六本木新城办公和居住的人参与劳动,带给大家美好种植体验的同时也降低了楼顶的温度,是非常好的生态环保设计(见图6-20)。

图6-20 六本木柯基扎卡综合屋顶花园 ❶

---

❶ 柯基扎卡综合屋顶花园(Keyakizaka Complex Rooftop Garden),花园在屋顶延伸了45米,让人想起了昔日农场的怀旧之情。这个空间通常不对公众开放,六本木山社区的成员可以在这里体验农业和其他活动。

第六章　城市更新的文化实践

六本木的广场本身又是装置艺术的展示空间和城市雕塑云集的空间，六本木新城主要的 8 个公共空间内均陈列了享誉国际的各国设计师代表性作品。多元空间和生活场景的交融，形成了复合化的城市功能，这可以最大限度减弱市民出行的困难，集约化的配套景观布局形式使市民得以在步行范围内实现城市生活，让市民在相互交流中体会到公共空间的便利，并延伸所有的配套景观设计功能在步行范围之内解决的形式❶，促进了城市生产、生活和生态空间的交融（见图 6-21，表 6-1）。

图 6-21　樱坂公园（Sakurazaka Park）的公共空间与社区环境❷

---

❶ 邓玉玲. 论现代商业综合体配套景观的新模式［J］. 设计, 2017（11）: 23.

❷ 在六本木住宅的南边有一条步行道，这条倾斜的街道上有一排樱桃树。这条宁静的小路会让人们忘记自己仍在六本木忙碌。人们可以听到快乐的孩子在附近的樱坂公园玩耍的声音。春天，樱桃树被照亮，创造出一个与白天完全不同的美妙夜晚景象。

表6-1 六本木新城公共空间艺术作品

妈妈	蔷薇花
露易丝·布鲁乔亚作。高10米的巨大蜘蛛像是来自世界各地的人们聚集一堂，编织新的信息的场所之象征	伊扎·简兹肯作。远远超出人的身长之巨大蔷薇是六本木新城的爱与美之象征（由好莱坞美容美发集团公司提供）
计数器空间（Counter Void）	壁画作品
宫岛达男作。玻璃屏幕上飘荡的数码式数字唤起人们无穷的想象力	索尔·露维特作。这是为朝日电视台入口大厅而作的活泼多彩的圆环形象（由朝日电视台委托制作）
安娜之石	只将爱……
托马斯·珊黛尔作。斯德哥尔摩海岸群岛旅行时的回忆是我的设计的全部（设计师语）	内田繁作。与爵士乐名曲同名的椅子是根据想从东西中除去某种重力的思考而设计的
公园长椅	DAY TRIPPER
加斯帕·莫利森作。设计概念就是椅子本身。它的意图不是挑起好奇心，只是表现与环境的平衡	朵鲁格设计集团作。家具被结合在人类形成的波形上而形成一体

（二）培育文化精神：创造城市空间美感

工匠精神建造，营造邻里情感。从1986年到2003年，六本木新城的建设历时17年。其中，施工只用了3年时间，而规划、设计以及与土地所有者的沟通花了14年。令人感慨的是，森大厦同原住户举行过1000多次恳谈会，这样做也是出于森稔先生的信念——留住老住户。老住户不仅是土地的所有者，还是街区活力的源泉。留住他们就是留住邻里亲情；留住了邻里亲情，就能凝聚人气，提升新区的内在质量，形成良性循环，使更多人进住，使街区焕发活力。经过漫长的协商，原先住在六丁目独门独院的500多家老住户全部同意拆迁，有400多户选择回迁，住进新盖的高楼。这意味着，新建的4幢住宅楼840套住宅，有一半是供给回迁户的。但老住户却构成了街区活力的源泉，并对留住邻里亲情、凝聚人气、提升新区的内在质量起到了积极的作用。如何用好文化工具，做好文化文章，用文化消弭社会隔阂和迁移误解，用文化解决社会问题并创造新就业机会，六本木提供了一种基于文化理念和文化尺度的解决方案。

此外，六本木新城在设计、规划阶段就考虑到公众工作、居住和生活的有机结合，因此在建筑中融入了文化、艺术、休闲等建筑元素和多样化的自然元素，体现了"城市中心文化"与"垂直庭院城市"的完美结合。新城的景观设计由佐佐木木叶二先生主导，充分利用了高楼屋顶空间，将其设计成广场或庭院，由绿色步道串联其间，屋顶花园不仅可以种植花卉苗木，也可以种植瓜果蔬菜、水稻和麦子，更有溪水潺潺、游鱼飞鸟。

第六章　城市更新的文化实践

良好的城市绿化不仅能够愉悦身心，还能形成"绿肺"，缓解城市热岛效应，改善区域环境。除此之外，建筑周围的花坛、树穴以及长椅、路灯，都经过精心设计，艺术品和装置艺术更是遍布新城。文化、艺术、休闲、自然元素为这个垂直密集型城市注入了温暖，让人们在这个繁忙的都市看到生活的未来和希望（见图6-22）。

图6-22　莫赫里花园（Mohri Garden）❶

加强区域联动，强调协同发展。良好的区位和环境为六本木新城建设提供了要素基础。日本六本木位于东京都港区，是日本大企业总部最多的经济中心区，也是各国大使馆、传媒和时尚集中的区域。六本木新城自2003年落成启用以来，约有2万人来此工作，已经成长为东京著名的购物中心和旅游中心，是东京地区当之无愧的新地标。六本木新城将规划区内一半以上的区域作为户外开放空间，着力加强地区与都市之间的融合与协调发展。

同时，六本木新城周边地区分布着新桥虎门商业街、青山赤坂商业区、麻布和广尾高档居住区等人流密集的商业街区和住宅区。加强与这些区域的协同发展，不仅可以扩大消费、增加税收，还可以吸引人才、增加就业，是六本木新城未来发展的重要环节。

---

❶　莫赫里花园是一座流传至今的宽敞而经典的日本花园，是江户时代封建领主庄园的遗迹。这里有池塘和潺潺的小溪，是一年四季中漫步和品味变化的地方。

153

六本木新城四通八达的便利交通网络使这一发展需要成为可能。作为东京重要的交通节点之一，六本木地区交通便利，形成了"4+6+N"的区域交通网络，有日比谷线、南北线、大江户线、千代田线这4条地铁线和6条公交线路，以及出租车、摩托车、自行车等多种便利的交通方式可供选择。便利多样的交通方式，吸引了无数游客和求职者，这一区域每天的平均人流量高达10万人。

建设层次丰富，注重创造城市美感。六本木新城的规划空间有限，但其将小区块的土地加以合并利用，就可以实现对中心城区综合功能的高强度开发。这种新的城市结构有利于使工作、居住、零售、休闲、教育、医疗和行政等城市功能结合在一起[1]，让工作、生活等活动在人们的步行范围之内都得以完成或实现。一个能在步行范围之内综合各种功能设施的城市还可以适应未来的老龄化趋势。此外，六本木新城构建了良好、超前的文化场景，在对包括营造城市景观和构筑文化场所的打造中，六本木通过构建一系列的美术馆、媒体中心、展示馆、影院、露天剧场、音乐广场和博物馆等富有地域文化特色的休闲空间，表达了丰富的城市文化情感，并植入了多元的艺术文化活动，让住在其中及其附近的人感受到它的美丽，对它倍感亲切且为之骄傲，也让每一个观光者都因获得美的享受而对其流连忘返。

（三）构造立体城市：激活城市发展动能

设计垂直空间，创造文化都心。垂直空间的设计理念在国土面积狭小、资源稀缺的经济发达国家和地区应用十分普遍，六本木综合体是其中的典范，也是新都市主义居住空间的范本。作为集合文化创作、研发、生产及文化产业配套服务于一体的建筑综合体，六本木新城的集群设计首先基于日本国家都市规划的战略布局。2002年，日本制定了《都市再生特别措施法》，提出以东京、大阪和名古屋等大东京城市圈核心城市的城市复兴为目标，要求城市增强活力、创新能力和提升国际竞争力。东京六本木综合体是在东京以未来理想都市"文化都心"为构想的设计下，以东京旧城更新为契机，整合分散的要素资源建造的集约式综合体。六本木充分利用地铁交通系统与都市公共交通系统，将地区商业活动与东京整体观光旅游相结合的模式值得借鉴。

六本木新城的规划、设计、开发，也是"创造力新都会"风潮下的一次伟大实践。六本木新城规划时以垂直流动线来思考建筑的构成，通过容积率的提升，创造一个垂直的都市，通过增加大楼的高度来增加更多的绿地和公共空间。六本木在建成后，保留了原址四成以上的绿地，以屋顶花园及绿色步道串联整个空间，实施了绿化效果的最大化。每幢高楼外围都有40%比例的绿地环绕，每层楼中都有花园式的休息区，体现了人与

---

[1] 郑园园. 城中城立体城艺术城[N]. 人民日报，2006-12-04（007）.

自然共生，对生态环境的重视。而六本木作为24小时复合型城市综合体，集办公、住宅、商业设施、文化设施、酒店、影院和广播中心于一体，拥有居住、工作、游玩、休憩、学习和创造等多项功能，代表了现代建筑的发展方向——复合型、集约化。六本木通过人性化的设计理念，让居住区和办公区更接近，让在六本木办公、居住的人们享受足够的便利。而六本木新城之所以能够如此体贴，充满亲和力和人情味，主要应该归功于复合型功能的规划模式。

紧凑创客空间，激发创意活力。六本木新城的建设者在77%的土地上打造了约76万平方米的建筑面积，约是整个六本木新城占地面积的7倍。可以说，新城再开发计划将"大饼状"的六本木旧城"提"了起来，收纳到一栋栋高楼大厦之中，使城市向上延展。垂直空间设计理念改变了以往城市空间布局的思路，是对当前文化产业快速发展中所存在的"圈地运动"现象的有力回击。垂直密集型建筑使城市的主要机能集中在8栋摩天大楼内，这也就相对延展了公众的户外活动空间。拥有400年历史的日式毛利花园也因此被完整地保留下来，由建筑大师槙文彦设计的朝日电视台就静静地矗立其中。两者都向公众开放，供人们参观或休憩。

六本木不但创造了"垂直花园都市"的紧凑型创意空间，将创意阶层的工作、居住、商业、游憩、休闲娱乐和教育医疗等功能集成，又将一批具有全球竞争力的大企业总部聚集于此，而且还实现了城市复兴，以艺术中心、美术馆、博物馆、城市雕塑、装置艺术等功能形成艺术街区，塑造了面向全体市民开放的城市空间创新空间。绝大多数的生活、文娱、休闲需求都能在相对集中的地理空间内完成，有利于缩短不必要的奔波时间，减少创意阶层的碎片化、零散化的时间，保持其创造性思维的连贯性不受打扰，激发创造活力，提高工作效率。

事实上，六本木新城严格意义上说是一个城市综合体，而非地理意义上具有行政界限的"新城"，但其实现了城市的功能集合，并在城市治理上进行了综合管理创新。从这一维度上看，六本木新城对我国城市更新的启示是显而易见的。首先，"新城"不应局限于行政界限，还可以是功能上的"新城"，其城市功能实现的关键则在于构建了规范高效的综合治理体系。其次，六本木新城提供了规范城市治理，创新管理体系，尊重民众意愿并制定专业化的、周详的城市复兴设计方案典范。最后，人是城市的灵魂，城市更新最根本的问题是创造一种与人和谐相处的外在环境和内在品质。

二、芝加哥"The 78"——大规划打造未来城市创意引擎

"The 78"是芝加哥城市更新未来形态的典型代表。"The 78"位于芝加哥市中心以南25公顷的棕色地带，属于城市南环区，周边唐人街、比尔森、小意大利和布

朗兹维尔等众多最具活力的多元文化社区的错落分布，充满了芝加哥特色文化和历史底蕴。规划将建设成面向所有芝加哥居民的、涵盖住宅、商业、学术、公共、文化和娱乐功能，充满活力的新型综合功能街区。在本书所有关于城市文化更新的案例中，"The 78"是唯一一个更新和建设中的个案，因而也充满了诸多不确定性。但可以明确的是，"The 78"在城市文化更新的规划设计上具有较强的代表意义，并被芝加哥大学的"源自自然的城市设计"课程所采纳。在10周的自然主义城市设计课上，芝加哥大学的学生们在城市研究专家、城市规划师和项目开发公司共同的指导下，参与了探索"The 78"的设计、更新和改造的思想碰撞，并最终提出创新提案。"The 78"的设计理念和参与方式也涵盖了当前最新的一些规划思潮、文化价值、创意理念，并折射出当前城市文化更新的重要趋向，这也是选择这一案例加入城市文化更新的主要原因。

（一）激发滨水活力，发现自然魅力

当前，芝加哥一共有77个社区，"The 78"的理念就是致力于创造一个不同于以往77个社区的新的城市空间。在"The 78"的规划中，居民将因为便捷的交通通达方式、睦邻的社区邻里网络、多元的文化艺术场景、丰富的住宅、商业、文化和自然空间吸引而来，并成为具有领导力和创新力的社区居民（见图6-23）。

图 6-23 "The 78"周边环境

"The 78"的规划理念是对"新都市主义"（New Urbanism）的开发范式的继承和创新。新都市主义是20世纪90年代于美国兴起的再造城市社区活力的设计理论和社会思潮。其基本理念是从传统城市规划设计思想中发掘灵感，结合现代生活的各要素，重构具有生活氛围的、有地方特色和文化气息的紧凑型邻里社区，取代无序蔓延（Urban sprawl）的郊区模式。新都市主义强调在城市、公共空间的发展过程中起决定作用的是开发的品质，其核心是设计新邻里社区。❶ 在"The 78"的规划设计中，既体现出了尊重传统邻里开发模式，又表现出以主要交通线路和城市滨水区线路为载体的交通导向开发模式。

"The 78"尊重自然，在保护芝加哥河滨生态系统和自然条件的前提下，力图构建完整的社区文化生态系统；"The 78"尊重社会与个人，通过创新的规划理念、有效的公众文化参与，旨在建设一个充满人情味的生态社区；"The 78"力图保持"多样性"，在尊重所在区域唐人街、比尔森、小意大利和布朗兹维尔等社区多元文化的基础上，立足于以丰富的文化设施、多样化的文化场景，建立一个活力的文化生态群落；"The 78"以绿色设计为理念，充分利用最大的城市文化资产——芝加哥河。超过半英里的连续滨水通道，连接了市中心和唐人街，丰富的公共设施、特色的艺术文化场景和尺度宜人的步行街、自行车道一同沿河通道而缓慢展开，并通过规划创造多样性公共空间。规划将河水引入社区的新月形公园，让河流蜿蜒穿越公园区，复原100年前芝加哥河的原始风貌（见图6-24）。

图6-24 "The 78"规划的文化生态和文化场景

（二）打造文化符号，塑造全球引力

"The 78"的规划理念创新还体现在大量公共设施和文化场景的建设中。"The 78"的规划以"78"为文化符号，以期让"78"成为创意的代名词。社区规划了"78"个文化项目，既有对公共基础设施的改善，也有对原有交通线路的优化。在社区更新中，地铁线路将从克拉克街向西移动，使克拉克街成为一条更人性化、更适宜步行的城市街道。新的街道和入口点将被添加到多层，创造一个高度可达的社区，而一个新的红线CTA站将为整个地区提供更多的公共交通选择……在交通通达设施和服务的更新中，"The

---

❶ 丁继军，凌霓．创意社区：凯文·格罗夫都市村庄及其新都市主义设计[J]．装饰，2010（6）：99-101.

78"除了聚焦于交通本身带来的生活便利性,更侧重于交通枢纽、文化枢纽和产业枢纽的功能重叠。在"The 78",所有的公路、铁路车站和水上出租车都通往78号公路,进而打造一个步行友好的社区、骑行友好的街道。规划还将引入78家企业,提供15000个贸易、建筑和专业服务工作机会,为社区居民创造充满活力的就业环境和办公场景。"The 78"还契合了芝加哥居民不断变化的文化需求,通过居民、企业和领先机构的参与而规划建设的公共文化设施为该地区注入活力,并吸引业内顶尖的机构与人才。设计规划巧妙平衡了建筑环境与自然景观,同时丰富了社区和社交生活(见图6-25)。"The 78"还将新的学术机构引入城市中心,由芝加哥大学、伊利诺伊大学和西北大学主导的"探索伙伴研究所"(Discovery Partners Institute)也坐落于此,致力于通过学术机构为社区发展提供智力支持,让更多的社区伙伴参与到未来社区更新的思想创造中,也让更多的企业承担更多社区更新的责任和义务。

图6-25 "The 78"公共空间[1]

---

[1] "The 78"旨在通过该多元的功能创新打造成为充满活力的城市综合体,为社区内的商业办公、邻里休闲、学术交流提供优质的公共空间。

第六章　城市更新的文化实践

（三）坚守规划初心，服务社区居民

"The 78"的规划和设计延续了芝加哥城市规划传统，也遵循了芝加哥文化规划的原则——打造一个历久弥新的优质生活圈，为居民提供丰富的文化创造，创造便捷的生活场景，激发活跃的创意氛围（见图6-26）。回顾芝加哥200年的城市发展历史，一张城市规划图就传承了100年之久。相对历史久远的巴黎和伦敦，芝加哥百年间整个城市格局与风格持续未变，树木枝繁叶茂，建筑古朴典雅，显示出深厚的历史与文化底蕴。

图6-26　"The 78"生活圈❶

"The 78"规划导则的扉页上，写着芝加哥城市规划的设计师丹尼尔·伯纳姆（Daniel Burnham）的名言："不要做小的规划，因为小的规划没有激奋人们血液的魔力。要做大的规划，目标高远、寄予厚望。一个高尚的、富有逻辑的规划图一旦被记录便将得到永生……"瞄准远景，坚持蓝图，贯穿着百年芝加哥城市规划的始终。早在19世纪80年代，丹尼尔·伯纳姆便写道："我们乐此不疲地奔向开罗、雅典、巴黎和维也纳，只因我们自己家乡的生活不如那些旅游城市舒适、迷人。人们从芝加哥挣来的钱却流向那些美丽的城市。"十几年后，丹尼尔·伯纳姆已经成为全美最有影响力的设计大师，他为

---

❶　"The 78"以丰富的地上地下交通网络，使社区与周边主要交通干线和街道有机连接，成为一个方便的生活圈。

1893年芝加哥哥伦比亚世博会所做的设计方案被世界规划领域奉为经典。1909年，丹尼尔·伯纳姆接到了一份梦寐以求的工作——为芝加哥设计城市发展规划。"芝加哥城市规划"基本塑造了人们今天看到的芝加哥城：狭长的密歇根湖沿岸被一座座公园串联起来，间或点缀着宏伟的博物馆，一条条宽阔公路从城区中心向四周辐射，连接起城区和郊区、郊区和郊区，通向邻州的铁路和高速公路呈网状交错。

100年来，芝加哥城市规划依旧被后人忠实执行。正如"The 78"规划所坚持的原则，"The 78"的规划和设计者便是丹尼尔·伯纳姆提及的"子孙后代"，而"The 78"的受益者，也将是城市居民和他们的后代们——为未来的市民设计，是芝加哥规划的传统。丹尼尔·伯纳姆认为，世博会为芝加哥留下了宝贵的精神财富，"不只是城市的荣光，更是持续稳定地为所有人的城市生活创造最佳条件的决心，它坚信作为一个集体的我们，为着公共利益而决定去做的任何事情"。"The 78"恪守了规划的本质——为居民创造更加优质的生活。而100年前的芝加哥城市规划则写道："创造理想的秩序，将使每一个生活在这里的人都拥有更好的工作和社会生活；更好的客运和货运设施，将帮助每一个贸易商和制造业主；建立完整的公园及其道路体系，工薪阶层及其家庭的生活会更健康、快乐；由此产生的更大的吸引力，将使本地人生活得更有意义和品质，并像磁铁一样吸引着那些寻求生活于美好环境的人们。吸引着有钱人的那种美好，也使他周围的人们生活快乐，同时使他和他的财富扎根于这座城市。繁荣将属于整个芝加哥。"

不管是"The 78"的规划理念，还是百年芝加哥城市规划所贯穿的基本原则，在城市更新中，顺应居民发展的新需求，顺应城市经济增长的新变化，规划"以人为中心"的城市，是城市更新不变的立意。综观百年来芝加哥城市的发展，"湖滨地区将向那些今天因受交通制约而无法前往的人敞开怀抱，现在每天在拥堵的市中心汇集的庞大人群将能够来去迅速，不受阻碍，城市的文化生活将因格兰特公园聚集的诸多文化设施而勃兴，而在芝加哥如此多样的城市生活的中心，将耸立起市政中心的高大穹顶，它赋予整座城市以活力和统一。"[1]

从芝加哥城市规划到"The 78"，"大规划"在全球城市发展的100多年间也常常受到城市规划师、社会学家、历史学家的批判。在"大规划"兴盛的同一时期，一场名为"美丽城市"的运动也在芝加哥、克利夫兰、底特律和华盛顿特区这些大城市中进行。著名的城市规划作家简·雅各布斯就曾对"美丽城市"运动有过批评，她认为实际上这是一种"建筑设计崇拜"。其他的批评者则指出，规划者对"美丽"的理解过于狭隘，

---

[1] 丹尼尔·伯纳姆，爱德华·本内特. 芝加哥规划[M]. 王红扬，译. 南京：译林出版社，2017（4）：123-135.

只停留在美学（而且是单一的美学）层面，却没有触及人性化和社会改革的层面……[1]特别是在市场主导的城市发展过程中，许多城市更新项目以大规模、颠覆式的改造，对城市文化生态造成了破坏。

"The 78"的城市更新，是以文化生态为底色，以多元文化为立足，以美好生活为蓝图的一次大规模城市更新的尝试，不管其是否成功，或者在城市更新的历史上产生什么样的影响，它都会带给我们诸多关于城市文化更新的启示。

城市文化更新的关键是为城市中的场所寻找并塑造一种"场景精神"，这既是塑造城市文化地标的物理方式，也是塑造城市文化精神的价值核心。新时代的城市文化更新，是在全球化和城市化快速演进的双重背景下，逐渐被城市实践并证实有效的一项极富创新挑战又具有应用价值的课题。以文化为特色或以文化为价值引导方式的城市更新，在引领城市发展方式从外延式扩张转向内涵式提升、发展动力从单纯依靠工业化转向更加多元和特色化的进程中，扮演着重要的角色。

随着当前城市发展正从过去偏重追求经济上的数量增长转向实现经济、社会和文化等领域发展和质量提升，城市的规划者和管理者愈加清晰地认识到，文化是城市更新的灵魂，也是城市生活的核心，而居住在其中的居民则始终是城市更新的主体，是城市更新的参与者，也是城市更新的建设者。在人本主义的关照下，当代城市更新开始因为"人本"而更具有时代的温度，而"人本"尺度下的城市更新，也因为"文化"的深度嵌入而更具魅力。

"The 78"的规划理念，从关注物质空间形象转向提供公共服务和人居环境，从围绕"生产"提供"场地"转向围绕"生活"塑造"场所"，也塑造出当代城市文化更新的"场景精神"："文化更新"将创造城市"节点"结构作为承载城市发展的"空间"，旨在探寻改变传统城市改造中"重新规划建设"的刚性方式，转变为"区域系统考虑、微循环有机更新"的方式进行更加灵活、更具弹性的节点和网络式软性规划，创造一种社会、历史、文化与城市空间有机存在的脉络。

三、伦敦金丝雀码头——立体有机更新，打造金融心脏

伦敦金丝雀码头是20世纪后期伦敦最大的城市更新项目，从废弃的港口到能够与伦敦金融城相提并论的新金融CBD，在这个位于泰晤士河边的废弃工业区码头的更新过程体现出了令人难以置信的灵活性，政府与市场的"一臂之距"以及城市设计在更新过

---

[1] 孙今泾.城市规划如何从"大规划"走向人性化，以及来自全球13个城市的新闻[N].城市早报，2019-07-09.

程中的全方位融入等手段都体现出了典型的"英式"风格。一座码头的复兴，政府与市场之间的关系、独特的城市设计、多元综合的产业形态以及交通体系都为项目的成功起到了关键作用。伦敦金丝雀码头的辉煌转变，不仅仅复兴了码头港口的历史，更改变了伦敦金融和商业中心的格局和英国的经济地理。

（一）从废弃港口到金融心脏

在《伦敦金融城文化战略2018—2022》（City of London Cultural Strategy 2018—2022）中有这样一句话，伦敦将"抓住千载难逢的机会，将城市重新定位为全球商业和文化之都，利用艺术、遗产、学习和图书馆的力量，让伦敦金融城变得更加开放、富有创造力、弹性和创业精神"。伦敦的城市更新、社区建设和金丝雀码头的创新发展，从来不是孤立的。创新和创造持续为城市发展创造财富，为居民和社区创造财富。

金丝雀码头位于伦敦老城区边缘的道格南区的中心，即狗岛（道格斯岛）北部的废弃工业区，更新之前周围都是最为贫穷的白人和少数民族社区。金丝雀码头区的东西两侧与泰晤士河直接相接，南北两侧亦被水环绕，在71英亩的总用地面积当中，水面达25英亩，还有25英亩沿河用地，水资源尤其丰富，水系空间成为日后金丝雀码头更新规划的重要因素之一。以泰晤士河为依托，东起伦敦塔桥，西至千禧穹庐，形成伦敦城市发展的一条中轴线，金丝雀码头在这条中轴线上与1平方英里之外的老伦敦金融城遥遥相望。如今，金丝雀码头的现代、时尚与老金融城的古典、厚重遥相呼应，形成强烈的视觉对景效果，形成伦敦鲜明独特的经济地理格局。

从19世纪初到世纪80年代关闭，金丝雀码头得天独厚的地理位置优势使其一直是伦敦最为兴旺的工业与贸易码头。后来，由于船运公司要寻找更大、更有效的港口，金丝雀码头就此没落直至关闭。除船之外，没落的还有交通体系与市场经济，使金丝雀码头几乎成为道格南区上的一座"孤岛"。直到20世纪80年代中期，伦敦房地产市场繁荣与日益拥挤的中心城市迫使英国政府恢复东部经济、改造废弃港口以寻求更大空间，撒切尔政府批准成立了伦敦港口开发公司，专门负责英国港口码头的重建工作，这才成为金丝雀码头复兴重生的重大机遇。

撒切尔政府的系列政策出台之后，金丝雀码头便开始了其轰轰烈烈的复兴过程。1981年，英国政府启动金丝雀码头区的城市开发，其初始目标是对旧码头区的再开发，通过棕地开发的城市更新手段振兴地区经济。整个开发过程经历了20年的时间、2次开发公司的重组，通过城市更新提高了区域土地价值，形成了伦敦新的城市发展核心，成为伦敦新的金融和商业中心，成为"政、商、企"结合的绝佳场所。金丝雀码头涵盖了金融业、商业、服务业、教育、新媒体等多项产业功能，众多的摩天大楼包含许多银行的总部、分部和商业巨头的总公司——汇丰银行、花旗银行、巴克莱银行、英格兰银行、渣打银行、罗斯恰尔兹贴现公司、摩根大通和《每日电讯报》《每日镜报》《独立报》等（见图6-27）。截至2014年，金丝雀地区的工作人员约为10.5万人，金丝雀码头及其周边房价环比增长17%，金融业从业者占伦敦总数的34%。❶

图6-27 金丝雀码头的办公和休闲空间

金丝雀码头的定位一开始便与众不同，英国政府不仅想将其建设成为一座新的中央商务区，而且是整体的城市社区，其产业形态以金融、商业为主，同时又包含休闲、娱乐、传媒、出版、服务、教育等多元综合的业态。34%的金融从业者造就了金丝雀码头白天

---

❶ 高树勋, 盛况. 伦敦金丝雀码头棕地治理启示［J］. 城乡建设, 2019（18）: 71-73.

的忙碌、夜晚的繁华；24小时不眠不休的金丝雀码头容纳了超过300间超市、咖啡厅、商店、酒吧和餐厅，7.85万平方米的商业街为商务人群提供了零售、餐饮、休闲的完整配套。此外，伦敦城市大学与四季酒店、宜必思酒店、万豪酒店、弗雷泽宫酒店等服务行业翘楚同样坐落于此。

以便利交通催化企业放心入驻。交通是金丝雀码头更新项目得以成功的一大关键。码头项目实践之初存在很大争议，其中最大的争议便是交通问题。虽然开发商提供了最大的优惠条件吸引企业入驻，但是由于交通配套设施并未达到预期，潜在的租户担心落后的交通设施影响业务发展而不愿入驻，进而导致了一期建设的失败。而随着码头轻轨与Jubilee地铁相继建成，码头地区终于迎来发展转折点。正值伦敦房地产热，金丝雀码头的写字楼一度供不应求，金融和商务服务机构对写字楼面积和品质的需求不断增大。

DLR轻轨与Jubilee地铁是金丝雀码头主要的交通线路，可在10～15分钟到达伦敦市中心与伦敦西区。在地铁之外，临河位置还设置了独特的水上交通工具——泰晤士快船，定期通往伦敦桥、格林尼治和滑铁卢等站。金丝雀码头往东延伸就是伦敦城市机场，连接着包括纽约在内的32个海外目的地。而作为伦敦2020计划的一部分，伦敦正在建造一条自西向东的快速跨城高铁——伊丽莎白线，途经西面的希思罗机场、市中心老金融城、奢侈品商圈邦德街、中国城以及金丝雀码头等重要地标。自此，作为伦敦两个"三网合一"的地块之一，金丝雀码头与伦敦各重要地标的通勤时间将大大缩短。便利交通成为各大企业与位于市区总部沟通的直接保障，以地铁站为中心，交通所催化出的空间效应保持了金丝雀码头开发的持续性（见图6-28）。

图6-28 金丝雀码头的交通系统 ❶

---

❶ 金丝雀码头拥有便捷的交通系统，为创意阶层的集聚提供了便利。

第六章　城市更新的文化实践

以完整配套构筑宜居生活整体。根据金丝雀码头整体城市社区的定位，为城市工作者构建宜居的生活整体是金丝雀码头发展计划的一部分。整个金丝雀码头被分为三大开发区域，中央区和东区将重心放在打造办公写字楼和购物中心，西区更靠近码头，则把重点放在酒店、居住以及娱乐项目上，便利的轻轨和地铁则将金丝雀码头与伦敦市中心蛛网密布的轨道交通系统完全对接。2014年7月，金丝雀获得了东扩的规划批准，金丝雀码头集团已经着手开始金丝雀码头住宅区的发展计划，包括商业和住宅综合开发计划规划，建造30栋楼宇，总共45.5万平方米建筑面积。其中包括17.6万平方米商业写字楼以及3100套住宅，超过600套经济适用房，一所学校和医疗中心。除此之外，金丝雀码头还将在保持原有金融区特色的基础之上，吸引媒体、科技和电信类公司的入驻，预计将为该地区再新增11000个工作和生活的新增人口。[1]依靠其金融中心的伦敦商务发展中心、优质的商业配套、完善的交通设施以及商务区东扩的发展潜力，金丝雀码头形成了完整的生活生态，过去10年，已经带动周边2平方千米范围的居住人口增长了89%，而随着伦敦经济文化中心东移与伦敦核心区域东扩计划的实施，金丝雀码头未来发展将更为强劲。

将创新的精神融入空间规划。在空间设计方面，金丝雀码头的空间形态是规则的矩形。城市设计的空间为古典的对称构图，以东西方向的中轴线与南北方向的两条交通次轴线组织空间，以开放空间作为连接点，构成地块的整体框架。东西方向的中轴线自西向东围合出4个几何形广场：最西端的West Ferry环岛广场是连接金丝雀码头的道路系统和城市道路的立交环岛，林荫大道尽端的Cabot广场和中部的Canada广场为长方形绿化广场；最东端是半圆形的Churchill滨水立体化广场，第一加拿大广场、第八加拿大广场与花旗银行集团中心三座超高层建筑以三角形布局位于中轴线中心位置，成为金丝雀码头的地标。南北方向的第一条交通轴线以DLR轻轨为依托，在与东西方向中轴线交叉点上形成空间序列的集中点；第二条交通轴线则是以Jubilee地铁站与Canada广场相连接，将各建筑群与开放空间串联成为一个整体。[2]而在城市设计上，金丝雀码头始终以符合国际最高标准的商务空间和高品质的城市环境建设一个"绿地上的大型商务中心"为最高的功能定位展开。在金丝雀码头的建设过程中，始终通过城市设计的控制力来指导各类建设的实施，严格遵守了城市设计的相关指导，落实城市开发的总目标和城市设计相关内容。1987年，金丝雀码头城市设计方案对空间布局、空间特色、建筑形态、水系环境、交通组织、地下空间等方面进行整合，该方案将整

---

[1] 搜狐网.金丝雀码头Canary Wharf的三生三世［EB/OL］.（2019-04-11）［2020-03-04］.http://www.sohu.com/a/127769993_467343.

[2] 郝艳婷，王赵坤，王颖，等.从废弃港口到城市金融中心复兴之路的城市设计评述［J］.居舍，2018（14）：92.

个地块通过方格网道路分割为 26 个地块，每个地块单元都制定了一套完整的城市设计指导方针，并及时转化为"城市设计导则"，并作为所有单个建筑工程项目设计审查和许可的法律依据。❶

从城市更新的角度看，金丝雀码头的城市空间设计一直为人所称道，原因在于其不仅是城市形态上的美化重构，还在于交通与空间功能的整合提高了城市整体运行的效率，完整的生活配套与空间设计为伦敦金丝雀码头的发展架构起了高质量的发展结构，生活催化与空间催化的城市发展成为金丝雀码头成功复兴的关键（见图 6-29）。而这一切，都源自城市更新过程中对文化的认识。正如《伦敦金融城文化战略 2018—2022》中对城市价值的描述："我们是全球化的、灵活的世界城市，我们对自己的位置、历史、街区和身份具有强烈的自豪感；我们重视学习文化和加强参与，重视文化对公民、社会和经济带来的显著影响，并认为这是文化体验的重要组成部分；我们认识并拥抱伦敦文化的多样性，并拥护由此带来的卓越和创新；我们力求在文化、经济和社会变革的最前沿，成为创新的催化剂或文化发展的引领者，以团结、敏捷、实验和慷慨的方式参与进来。"

图 6-29 金丝雀码头的居住空间 ❷

（二）融合新旧空间，联动上下力量

融合新与旧，发挥创意的力量。城市设计是一种颇具创意特性的城市规划手段，也是城市更新过程中不可或缺的一种手段。城市更新的潜在核心意指便是新与旧的融合，空间布局规划需要新与旧的综合考量，空间功能置换需要新与旧的立体交融，空间导向的城市设计通过创意的力量完成的是从旧到新、新旧融合的立体化过渡过程。

自 20 世纪 90 年代以来，英国政府明确将城市设计作为国家推动城市更新政策中的重要组成部分，提倡以城市设计美化城市风貌，以创意融入提升建筑价值，进而引导与

---

❶ 高树勋，盛况. 伦敦金丝雀码头棕地治理启示［J］. 城乡建设，2019（18）：71-73.

❷ 金丝雀码头的居住空间也具有较强的公共文化性，开放尺度和邻里空间为居民提供了"蜂鸣"的场景。

第六章 城市更新的文化实践

培育消费，丰富产业形态，以设计重塑城市的理念同样贯彻于金丝雀码头。奥林匹亚与约克公司委托美国 SOM 建筑设计公司编制金丝雀码头的规划方案，并花费重金委托世界顶级的规划和建筑专家西萨·佩里（Cesar Pelli）等人，针对伦敦的城市特征，在规划方案中对公共空间、城市文脉、城市景观甚至建筑细节部分等都进行了深入细致的研究，并在开发过程中贯彻始终。

SOM 公司的设计规划方案在整体上沿用了欧洲 19 世纪的传统街区式布局，同时加入了明显的轴线、宽阔的绿地，以及轴线上的摩天楼等元素，使金丝雀码头具有独特的美式风格，整齐的街道和广场空间又体现了欧洲传统的城市形态。在具体的空间设计中，设计公司将码头独特的水系空间与交通以及历史要素有机整合，通过填埋或者开挖，将水系与重要的空间节点整合起来，实现水系重塑，并通过滨水用地和绿化、建筑界面以及生活娱乐休闲功能的整合创造出宜人的滨水空间，成为适合人停留、活动的场所。[1] 交通设计也是金丝雀码头的一大特色，轻轨站、高架桥与水景相结合，在形式与色彩上相互呼应，营造出独特的视觉效果。同时，SOM 公司有效利用地下空间，与地上空间进行了功能、交通、节点的三维整合，形成金丝雀码头特有的三维空间体系。

金丝雀码头通过城市设计将地上与地下、陆地与水系、内城与外城、码头与市区以整体串联，消解了多元素混合所带来的矛盾问题，让不同的城市功能空间得以有机整合，不仅让城市形态更加美观，也让城市运行更加高效。在城市更新中，新与旧的融合并不是简单的建筑风貌的继承，所谓的"立体化"过渡指的也不仅仅是空间导向的重新设计，更是精神导向的文化考量，城市设计是城市精神最好的体现。当前的城市化建设面临着多变性，经济全球化带来的不仅仅是经济的一体化，还有着对于城市文化多元性的消解，从而使原有的城市结构面临着解构与重组的两难之地，城市精神的复兴成为城市复兴的关键。而通过城市设计在有限的空间里进行高效率的空间组织，重现城市活力的空间形态，成为全球化背景下复兴城市的重要手段。

纵观历史，伦敦一直是全球商业和创造力蓬勃发展的中心。作为世界上最古老、最重要的贸易枢纽之一，伦敦数百年的历史遗产、艺术品和手工艺品的长期增长与城市文化教育、公共娱乐、绿色空间和艺术市场的发展，显示出瞩目的光辉。尤其是自 20 世纪 20 年代以来，伦敦已成为世界一流的文化中心，拥有大量的文化艺术机构、公共文化空间、艺术场景，并以激动人心的户外活动、多元纷呈的艺术展览，吸引着全球游客（见图 6-30）。

---

[1] 韩晶. 伦敦金丝雀码头城市设计 [J]. 世界建筑导报，2007（2）：100-105.

图 6-30　金丝雀码头的夜间文化活动 ❶

在伦敦城市更新的过程中，伦敦人一直坚信，商业的自由交换与创造性思想的自由交换交织在一起，将创造出更加卓越的力量。这也是为何作为一个商业区，金丝雀码头能够集聚创意阶层并展现出创意带来的文化价值和经济力量的原因。在《伦敦金融城文化战略 2018—2022》❷ 中，更是把文化作为未来的发展目标（见表 6-2）。

表 6-2　伦敦金融城文化发展的价值和愿景 ❸

序号	目标
1	转变城市的公共领域和物理基础设施，使其更加开放、鲜明、受欢迎，并在文化上充满活力
2	在城市西北部开发文化中心，该文化中心将成为伦敦的激动人心的目的地，并充当促进城市变化的催化剂
3	支持一系列领域的文化卓越和创新精神、创意风险和艺术公民精神
4	通过示范性的文化教育、伙伴关系、文化的学习和发展，支持伦敦的教育战略，并启用我们世界领先的机构来培养创造力和技能
5	使用我们的资源和资源成为数字和创意经济的领先中心，并释放个人和企业的创意潜力和弹性
6	在英国和国外提升我们的文化、遗产和创意实力

---

❶　金丝雀码头不乏丰富的夜间文化活动。1/3 的伦敦人从事夜间经济相关的工作，1/4 的伦敦人习惯在午夜之后睡觉。

❷　参见 *City of London Cultural Strategy* 2018—2022。

❸　同 ❶.

续表

序号	目标
7	更好地促进世界一流的文化和遗产供应,并利用我们在室外空间的财富来扩大其吸引力,以吸引更多的观众,使城市和其他地区的社区受益
8	支持我们的文化组织建立与城市企业和员工互动的能力,以使他们变得更有弹性
9	发挥催化剂和召集人的作用,与更广泛的首都和英国其他地方的文化生态系统进行支持和联系
10	建立清晰的文化领导力:与文化伙伴合作开发技能,调整目标,制定绩效指标,交流影响和建立能力,以使能力超过部门总和

不管是从过去、现在还是未来哪一个层面看,金丝雀码头的城市更新都将以文化为主线,文化与金融的深度融合也将渗透在金丝雀码头未来的成长中。除了伦敦对文化发展一如既往的重视,英国作为"创意产业"发展的领头羊,也一直都强调"创意"在产业发展中的作用,体现在城市复兴方面,便是城市设计手段在城市建设中的运用。伦敦金丝雀码头虽然是一个大规模的城市更新项目,这种简·雅各布斯所大力批判的城市更新形态不仅没有体现出对原有城市文脉的破坏,反而体现出对整个英国经济发展前所未有的带动性。因此,一个完整可行的城市设计方案或许是拯救大规模城市更新项目对城市文脉破坏的法宝,也是重新焕发城市发展活力、复兴城市精神的武器。

联动上与下,激发社会参与活力。政府与市场之间的关系是城市建设管理中最为核心的关系,不管是在中国这样的社会主义国家,还是在西方资本主义国家,都必须在城市管理当中确保政府对于意识形态的导向作用。即使是在美国这样市场化程度最高、被认为是最自由的国家里,也同样不能忽视政府的作用。市场又是城市建设中最具活力的一部分,把握好政府与市场之间的关系,让"有形"与"无形"的两只手有效发挥力量,是指导城市更新过程的关键。

伦敦金丝雀码头作为领导区域整体复兴的大型城市更新项目,私人资本的活跃对于项目的成功起到很大的助益,而这背后也离不开英国政府制定的系列政策支持。尤其是在 1979 年撒切尔夫人上台之后,英国的城市更新项目更加明确为以市场为主导。1980 年,《地方政府规划与土地法》授权成立城市开发公司来负责城市的开发区工作,并且赋予城市开发公司一系列权力。其中,最为重点也是最具争议的一项内容是——城市开发公司可以不经公众质询,强制获得公共部门的土地。市场主导在法律的强硬保证之下,在英国的城市更新当中快速的发挥作用,伦敦道客兰开发公司就是第一批成立的城市开发公司之一。[1]对于中国的城市更新来说,要处理好政府与市场之间的关系,最重要的是要激发市场活力,充分发挥市场的能动性,尤其是近年来市场机制无所不在地对于城

---

[1] 秦虹,苏鑫.城市更新[M].北京:中信出版社,2018:47.

市建设各领域、各方面的渗透，个体意识逐渐崛起，迫使政府不得不转变职能，以适应当前的城市发展。

值得一提的是，英国城市更新秉承独特的城市管理原则、注重旧建筑的保护、多主体共同参与、注重城市设计的作用以及绿色可持续发展等理念，金丝雀码头用15年的时间完成了从废弃港口到金融CBD的重生。如今，金丝雀码头仍在向着伦敦金融、文化、娱乐中心不断成长。在这项大规模城市更新项目实践中，公私合作的开发模式、恰如其分的城市设计、不断完善的交通体系与完整的城市生活娱乐配套成为金丝雀码头成功并日益受到欢迎的关键因素。

金丝雀码头的重建始于英国政府的东部经济复兴计划，并且在项目执行过程中充分体现了英国自由市场政策，将主导权几乎完全下放给开发商。撒切尔政府专门成立半官方开发公司伦敦码头开发公司（LDDC）取得土地所有权，进行伦敦港口码头的复兴重建工作。LDDC和私营开发商奥林匹亚与约克公司合作，将土地转让给金丝雀码头开发公司，政府放权、开发商主导的开发模式成功避免了开发的土地所有权问题。在项目执行过程中，奥林匹亚与约克公司在充分利用政府给予的免税政策以及宽松的规划和项目审批制度来获取最大利益的同时，并未回避相应的社会责任。其委托美国SOM建筑设计公司编制了金丝雀码头的规划方案，并创下了2年之内建成8座高楼共60万平方米办公面积的建筑奇迹。在政府方，伦敦码头开发公司虽然是政府开发机构，但主要负责项目招商，并不干涉具体的项目操作及其他相关建设工作。

（三）吸纳创意阶级，汇入城市发展

伦敦金丝雀码头能够发展成为伦敦的新商业中心，离不开其包容、开放、互动的城市发展环境。便利的交通环境架构起金丝雀码头与伦敦老市区之间的桥梁，良好的商业配套环境是吸引各大商业公司入驻的媒介，而完善的生活配套环境则是让各大领域的人才留在金丝雀码头的力量，金丝雀码头营造了一个完整的生活生态。从人的发展的角度与城市发展的角度进行项目设计的考量，这是城市更新促进城市发展真正的力量所在。

吸引创意人才集聚，建立良好的伙伴关系。金丝雀码头充分认识到了创意人才的价值以及文化在区域发展中的重要力量。在城市更新中，金丝雀码头以多种形式支持文化的发展，不管是在文化场所的开发、文化场景的打造还是文化活动的举办上——电影、戏剧、音乐、视觉艺术、建筑、遗产、街头艺术、图书馆、学习和参与、开放空间、户外活动等，这些公共文化设施和服务成为吸引创意人群最好的标的。而为了实现这一目标，金丝雀码头也一直吸引和支持最优秀的创意人才，包括艺术家、教育工作者、图书管理员、策展人、程序员等成为社区成员，为文化的发展注入持续性动力（见图6-31）。

图6-31　金丝雀码头公共空间集聚了众多参加文化活动的居民和游客

除吸纳创意人才集聚之外，金丝雀码头还将培养具有创意精神的人才作为重要的任务，通过培养文化教育伙伴关系，让更多的居民成为具有世界眼光、良好技能和创新知识的人。金丝雀码头通过伙伴计划构建文化网络，为更多的居民提供文化学习机会，让更多的居民在日常生活中享受表演、音乐、参与活动，并将其作为未来区域发展的潜在力量。金丝雀码头的学校、城市学院和社区组织都被提供旅游津贴，参观金丝雀码头的公共空间和文化组织，以及整个伦敦地区的博物馆、艺术馆，均成为教育的组成部分。秉持伦敦建设全球数字文化和创意经济领先中心的目标，金丝雀码头在释放个人创造力、凸显企业创新精神方面也充分利用商业资源，为初创企业和中小企业提供各种支持。这些活跃的市场细胞在创意氛围和文化场景中获得了更多创新的激励，数量不断增加，业务也更为多元化，并时刻保持着与金丝雀码头的互动共生，与新兴市场的战略耦合。因而，也有越来越多来自全球的创新企业加入金丝雀码头，这里充满刺激的创新精神和富有吸引力的商业环境成了一个卓越的孵化空间。

融入城市文化建设，创造充满活力的目的地。英国的城市更新项目秉承"发展"的理念，伦敦在2005年以"为下一代留下资产"获得奥运会的主办权，举办地在史特拉福——第二次世界大战之后遗留下来的荒无人烟的工业区，伦敦奥运建设局当时对场馆建设提出要求"场馆设计必须符合赛事期间及赛事之后所扮演的不同角色"，史特拉福在赛后得以重塑，为当地社区居民的生活发挥更大作用，进而推动了区域整体复兴。

而伦敦的城市发展则一直对文化项目予以支持，社区居民的生活质量、文化复制以及以本土文化建构的文化自信和社区意识是城市文化发展的重要组成部分，各地的文化组织、创意企业和从业人员都拥有最活跃的生态环境。伦敦金丝雀码头的文化更新，就如同文化蔓生在古老城市中的力量——它既存在于我们伟大的机构的建筑物和遗产中，也存在于我们的街道和它们之间的非正式文化空间中。它适用于所有人，不只是狭义地

面向精英，更是社交活动的强大推动力。❶

伦敦的城市文化更新以改变城市的公共领域和物理基础设施，使其更加开放、独特并成为具有文化活力的目的地为主旨，在这一语境下，打造商业和文化中心就成为城市发展的目标。这也是金丝雀码头在实现商业繁荣的同时，也具备完备的公共服务设施、创新的文化发展环境、富于魅力的创意场景的主要原因。随着伦敦在城市发展中不断加强文化组织建设，并将数字创意和文化旅游产业的发展融入城市遗产的复兴中，古老的伦敦更加具有活力，以金融为核心的金丝雀码头也更加具有文化的气息。

四、北京郎园三园——创意蝶变，深耕城市文化运营*

城市的快速发展和产业结构的调整遗留下了大量的工业遗存，如何保留工业遗存，实现工业文明的延续和传承，对工业厂房的空间实现功能置换，避免资源浪费成为城市更新中值得关注的重点。老旧厂房作为城市中的工业遗存，承载着一座城市所积淀的工业文明，见证了城市中工业发展的历史，牵引着一代曾经奋斗在工业领域人民的情感记忆，具有重要的历史文化价值。因其独特的建筑风格和空间特色，成为城市更新中一种极具活力的改造载体，老旧厂房的空间功能置换成为解决快速城市化进程中造成的城市功能臃肿问题的重要手段。

将城市中废弃的旧工业厂房改造为文化创意产业园是当下城市更新中一种较为流行的方法。一方面，可以防止资源的闲置与浪费，复兴旧工业区，延续工业厂房的历史文化价值；另一方面，通过创意产业的集聚增强城市的发展动能，为城市发展提供源源不息的内生动力。在此背景下，处于北京市核心地段的郎园运营团队冲破地产开发模式的思维禁锢，将这片大规模工业遗存改造为文化创意产业园区，并以打造鱼塘生态的产业运营理念来规划园区内的业态布局，相继引入了知识共享、影视文化、新闻传媒、网红经济、创意餐饮等多种产业形态，通过企业间文化因子的不断碰撞，激起新的创意火花，从而实现不同企业的创意升级。

目前，经过多年的探索实践，郎园在文化驱动下融入城市更新，以文化定位项目，从空间运营渗透到内容运营，通过社群建设成功反哺内容运营，聚焦文化"空间+内容+产业"融合运营文化平台，形成了较为成熟的郎园模式。郎园从郎园 Vintage 开始，在北京相继输出了郎园 Park 和郎园 Station 两个项目，在洛阳、杭州、厦门也先后运营及合作了多个文化园区项目，走出了一条从地产开发到城市文化运营的转型之路。

---

❶ 参见 *City of London Cultural Strategy* 2018—2022。

* 本部分作者刘晓菲系深圳大学文学院博士研究生。

（一）蜕变：从旧厂房到城市地标

郎园位于北京市朝阳区通惠河北路的郎家园6号院，其前身为万东医疗设备制造厂。随着北京市产业结构的变迁和工厂外迁，郎家园6号的老旧厂房被腾退出来。2009年，首创置业从北交所通过招拍挂获得郎园这片土地和旧厂房，在决定郎园未来发展路径的过程中，郎园运营团队在深度调研的基础上，经过多方面的考量，最终决定保留郎园原有的老旧厂房，对其做存量开发，以保护CBD仅存的旧工业遗址资源为首要宗旨，将其打造成为CBD地区的文化绿肺，以文化创意产业集聚激发区域发展的活力。

如今，经过运营团队将近8年的努力，曾经破败不堪的万东医疗设备制造厂摇身一变，成为一处以"创意办公+体验式商业+艺展中心+设计型餐厅"为四大主要业态，同时涵盖多个孵化器和高端定制设计品牌，以及丰富的文化艺术活动、品牌发布和社群活动的集创意、时尚、人文、艺术、美食等多种要素于一体的文化创意产业园区。

精确园区定位。郎园的运营团队将自身清晰地定位为"空间运营+文化内容运营"的综合运营商。郎园Vintage是郎园模式成功实践的第一个园区平台，目前，郎园已经成功将郎园模式进行了输出，陆续打造了郎园Park、郎园Station园区项目。经过品牌输出后，郎园已经成为一个轻资产的文化运营品牌。不同于一般文化内容运营品牌的是，郎园不仅拥有实体空间的运营能力，还拥有文化内容的运营能力。

1. 郎园Vintage：聚焦精品文化，助推产业升级

从郎园的发展历程与北京市文化创意产业的发展来看，无论是首都功能定位中明确的"文化中心建设"定位，还是做好首都文化大文章的"一核一城三带两区"文化工作纲领，都会发现郎园8年的发展观与北京市的发展观不谋而合。从地理区位上来看，郎园不仅处于CBD核心地段，拥有旧工业文化聚集区的先天优势，也拥有大运河文化带上的文化积淀。从旧工业文化转变为更加适合国际化大都市功能定位的新共享文化，郎园实现了总体的园区升级。郎园Vintage位于CBD核心区，是北京最早的老厂房改文创园项目之一，以成熟的"大院儿文化、鱼塘生态、八大服务平台"为运营模式，成为北京文化创意产业园的品牌示范园区（见图6-32）。郎园对自身的角色定位不只是停留在园区的层面上，而是要将其打造成为一个文化创意产业的公共服务平台，在园区的基础上统筹建立八大服务平台，涵盖金融服务、孵化服务、品牌推广、线上交流、公益服务、文化交流、艺术展示、会员服务多个方面，为园区内企业提供一站式服务（见图6-33）。不仅如此，郎园还致力于将园区打造成为北京新文化中心、北京精神高地，成为中国知识经济新地标，打造最科技、最前沿、最有跨界精神的文化内容生产地。目前，郎园Vintage是郎园中建设最完善、运营最久、体系最健全的园区，因此在接下来的分析中，主要以郎园Vintage作为研究对象，阐述郎园发展的经验与模式。

图 6-32　郎园 Vintage 的空间场景

图 6-33　郎园 Vintage 的发展定位

2. 郎园 Park：聚焦美育教育，树立文化消费升级标杆

郎园 Park 位于石景山区，处于长安街畔，紧邻地铁八宝山站，其前身是京西北方旧货市场和博古艺苑古玩工艺品市场，是北京市"腾退疏解促提升""留白增绿"两大城市品质升级专项工作指导之下的石景山区重点项目（见图 6-34）。同时，郎园 Park 又是郎园运营品牌输出的老市场改造升级项目，复制郎园成熟的运营模式和品牌理念，将郎园 Vintage 8 年的品牌经验迭代落地到石景山，搭建起公园里的艺术园区。郎园 Park 拥有特色的四合院街区，将规划良阅城市书房、东方美学生活体验区、体验式商业、格调餐饮、颜值美店等业态，拥有独立院落，内享兰境艺术中心、草地艺廊、艺术花园、装置艺术广场等格调文化艺术配套，外享老山公园、城市雕塑公园等城市公园低密度生态环境。郎园 Park 致力于构建文化艺术共享空间，打造成为郎园 Vintage 之上的品牌升级之作。

图 6-34　郎园 Park 的空间场景

3. 郎园 Station：聚焦国际文化交流，打造滨水文化消费小镇

郎园 Station 位于北京朝阳区东北五环内半截塔路 53 号，原为北京纺织仓库，拥有 30 栋建于 20 世纪 60 年代的老库房，并有 2.23 千米产权铁路专用线及 8 000 平方米大型铁路罩棚。园区生态环境优越，工业风浓厚（见图 6-35）。郎园 Station 南临亮马河、北临坝河、西邻将府公园，结合朝阳区"五轴三带"的发展格局，其正处于"国门科技时尚轴"发展方向上，项目国际化基础十分优越。

郎园 Station 采用了"边改造边运营"的方式，逐步布局文化消费业态和夜间经济，通过打造成"文化三里屯+生态 798"的优势结合体，致力于成为北京新生代的生态型文化潮流地标。在运营理念上，郎园 Station 秉承"无边界"概念，致力于为新城市中产所代表的社会大多数提供更好的生活品质，倡导工作无边界、生活无边界、学习无边界、创新无边界，杜绝传统的办公、生活、教育之间的割裂，弥合现代都市人群因大都市生活半径带来的幸福感缺失，创造灵活多样的共享生态空间，建立系统规则与管理下的自我优化更新机制。

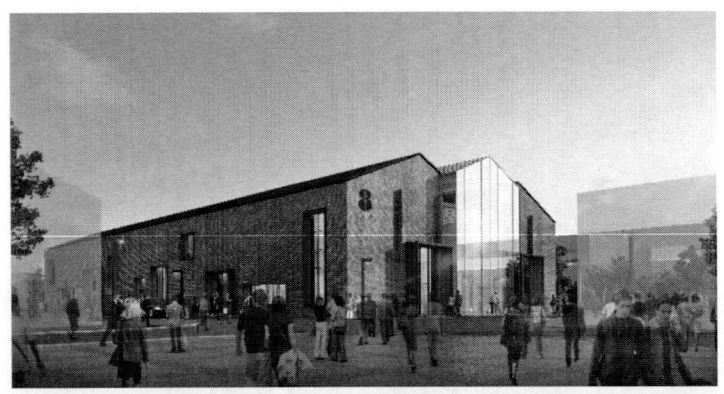

图 6-35　郎园 Station 的空间场景

优化业态布局。郎园坚持以"文化 + 科技"为核心的业态定位吸纳企业，对入驻园区的企业进行严格的审核，以"意识形态正知正向、主营业态符合园区定位、办公环境符合园区氛围、企业文化开放共享"作为选企标准。目前，园区内的业态布局主要集中在知识共享、影视文化、新闻传媒、艺术设计、文化金融、网红经济和创意餐饮七大方面。

探索改造模式。在老旧厂房向文化创意空间探索的过程中，不同的企业根据自身的特点确定了多样化的改造方案，主要包括以文化、创意、商业等多业态集聚为主要特色的综合性创意平台，以文化旅游、展览为主要功能的旅游功能区，以产业集聚办公为主要目的的产业基地，以艺术相关产业为主要业态布局的艺术中心和以传播知识为主的文化中心。郎园 Vintage 的建设属于第一种类型，此类园区是旧厂房改造文创园时最为盛行的一种模式，通过多种业态的集聚、多种文化的融合、具有不同特色风格企业的入驻，形成文化创意产业的集聚高地，打造创意综合体，营造文化新生态（见表6-3）。

表6-3 郎园文化产业各行业入驻的典型企业

企业类型	代表企业
知识共享类	果壳网、在行、分答、罗辑思维
影视文化类	腾讯影业、万达院线、卓然影业、五洲发行
新闻传媒类	CCTV北京记者站、BTV全资控股
艺术设计类	香知凝、沐迪珠宝、Lily Garden、桔子树
文化金融类	千合资本、新鼎明
网红经济	咪蒙工作室、闹闹工作室
创意餐饮	阿潘答、美炉火锅、不相离餐厅、然食堂

（二）模式：从园区改造到品牌输出

郎园的运营大致经历了以下四个阶段。第一阶段，改造期（2010—2011年）。这一阶段主要是对园区的空间设计进行规划改造，以满足入驻企业的需求，打好园区未来运营的基础。第二阶段，公共服务平台期（2011—2013年）。这一阶段致力于完善园区内的公共服务体系建设。第三阶段，文化内容孵化期（2014—2015年）。此时的园区已经不只是局限于对空间的运营，开始逐步进行内容的孵化。第四阶段，科技文化融合期（2016—2018年）。郎园开始向数字化智慧生态园区迈进，经过两年的内容孵化与经验积累，郎园开始逐步向外输出文化内容，郎园模式进一步趋向成熟（见图6-36）。

图6-36 郎园以园区为载体，全生命周期的文化运营模式

园区改造理念：修旧如旧。老旧厂房作为城市中的工业遗存，承载着一座城市所积淀的工业文明，对于传承工业文明、延续城市文脉具有重要的作用。在老旧厂房向文化创意产业空间拓展的过程中，协调好保护与开发的关系至关重要。郎园在空间改造的过

程中秉承对这片土地尊重的态度，坚持修旧如旧、低碳环保、建设数字化园区的改造理念，保留其时代面貌，延续城区记忆。在这里，时尚与历史碰撞，办公与休闲融合，旧的工业遗存与新的审美观念完美交融，构筑了繁华商业区中心的一处艺术休闲空间。郎园对园区内原有的厂房、办公楼、宿舍楼、员工食堂等旧建筑进行了保留，并在全新业态定位和使用功能需求基础上进行了工程改造。在园区界面设计方面，不仅重新改造了园区北大门的环境，为园区增加了停车场，还将北大门延伸到长安街旁，开通与园区消费圈、商务圈接轨的"黄金通道"。在园区布局规划方面，仍然延续之前的建筑分布状态。在建筑改造过程中，尽量保留原有建筑的外立面风格，保留原有的一草一木及爬藤，为园区内营造出古朴、安静的景观环境。在园区动线规划上，充分考虑到各商家的消费需求和游客的游览需求，注重静动分区，以协调园区内部工作人员和外部游览人员的不同需求。

产业运营理念：鱼塘生态。郎园模式力主创新，尊重文化生态——对于文化产业而言，文化是水，创意是氧气，文创园是鱼塘，而企业是游弋于塘中的鱼。无论是什么品种的鱼苗，在一个水质清澈、氧气充足的环境里才能更快、更好地成长。因此，郎园一直致力于营造好的鱼塘生态。❶郎园运营团队对园区发展走向具有高度的把控能力。为了使园区整体文化氛围符合郎园"开放、包容、共荣、共享"的发展价值观，郎园不仅拥有自己招商、选商的标准，而且能够在商户入驻后引导商户融入郎园大家庭，增进园区内企业间的互动。郎园以打造鱼塘生态为目标，致力于经营有温度、有情感的园区。在企业布局方面，鱼塘生态强调的是入驻园区的企业相互协调又彼此各具特色。在企业业态方面，一方面考虑企业氛围与园区生态的契合度，另一方面考虑具体产业领域内产业链的完善，让业务范围有重合的企业能够互助成长，处于产业链条不同环节的企业相互合作，最终打造成为一个有序运转的企业鱼塘生态圈。以同在郎园的果壳网和罗辑思维为例，两者都与知识付费相关。企业间经常进行交流合作，探讨行业内的发展问题，促进彼此共同成长。

社群运营理念：文化大院。郎园以"文化大院、邻里氛围"为运营理念，搭建金融服务、孵化服务、品牌推广、文化交流、艺术服务、生活服务、会员服务、线上服务八大服务平台，将园区内位置最佳的两栋老厂房改造为兰境艺术中心和虞社演艺空间独立运营，作为服务CBD的共享艺术空间❷，以促进园区内部社群的发展。在郎园的社群运营中，文化活动被作为一种无形的载体来激活园区内的创意氛围，提升园区的文化内涵。

---

❶ 从老旧厂房到年产值106亿元的文创园，郎园凭什么？[EB/OL].（2018-07-23）[2020-02-28]. http：//www.naddc.org.cn/edu/guanzhu/20180723/35955.html.

❷ 范周，梅松. 北京市保护利用老旧厂房拓展文创空间案例评析[M]. 北京：知识产权出版社，2018：121-122.

永不落幕的文化活动不仅增强了园区内部与外部的沟通交流，也促进了园区内企业之间的沟通交流。为了活跃园区氛围，园区运营者不定期的组织丰富多彩的活动促进社群交流。郎园一年举行大大小小的文化活动近400场，包括露天火锅派对、读书会、音乐会、电影晚自习等，工作和创业都成为生活的一部分。在这里，不仅可以共同庆祝冬奥会申办成功的千人水枪"大趴"，还可以参加专门为促进单身男女沟通交流的情人节派对。除了这些帮助人们解压的娱乐活动，郎园还设置了多种文化教育活动，用优质的文化产品和文化服务来满足园区内部工作人员的学习与精神需求。

（一）空间运营理念：文化场景

从单个的园区空间单元载体到构建出多元创意的城市文化场景，郎园始终坚持文化场景是促成文化内容聚集、推动文化消费的必要前提。郎园内的每一个项目都有自己的文化空间，而这个文化空间就是构建园区文化场景的物理载体。不同的文化空间内容不同、定位不同，构建的场景特质、产生的文化蜂鸣也各有特色，吸引着不同的消费群体。如良阅城市书房系列项目，以书店为基本定位，既是一个可供大家免费阅读城市公益图书馆，又是承载着社交、会谈、拍照等多种功能的公共文化会客厅，场景的传统与自我表达特性突出。与此形成鲜明特质对比的是虞社演艺空间，不仅是国内首个5G剧场，上演着永不落幕的精彩演出，更是时尚文化的风向标，重要时尚活动的首选之地，更加凸显场景的迷人特质。郎园发展理念的前瞻性不仅体现在场景方面，更在于其更开阔的发展格局。从园区空间运营到城市空间运营，郎园不仅依托自身空间服务继承社区，开展惠民文化活动，更是弥补区域发展的公共文化服务空缺，服务城市建设，实现了服务园区到服务城市的跃升。

（二）启示：从空间规划到内容孵化

除了在北京运营的三个园区，郎园还在河南洛阳打造了郎园·洛耐项目。通过改造始建于1958年的"中国中钢集团洛阳耐火厂"，塑造"红色洛耐厂，文旅新体验"的体验型文化IP，呈现具有国际视野的文化古都面貌。在杭州市打造了郎园Lakeside，通过改造建于1958年的杭州新华影剧院，重新塑造文化艺术内容的发声场，改造为以文化属性为核心特色的"城市ID MALL"消费地标。同时，郎园还成为白马湖动漫广场合作运营方，在杭州白马湖项目中，以"空间+产业"互动发展为理念，从土地价值、城市规划、产业升级、环境保护、区域记忆等多维度出发，为其量身制定"产城融合"发展之路。在厦门，郎园和厦门翔发集团达成战略运营合作，基于双方资源优势，共同探索小镇区域协调的"全域旅游"发展战略，通过运营澳头小镇，探索国际旅游目的地的创新模式。从一个郎园开始的裂变，正通过创意链接世界。专注于文化驱动下的城市更新实践，让郎园充满活力，并释放着内生动力。

工业遗存修旧如旧，保存空间历史记忆。在老旧厂房的改造中，注重协调保护与开发的关系。城市老旧厂房中的建筑往往保留着一段时期工业文明的独特气息。在老旧厂房的改造过程中，遵循修旧如旧的改造理念，尽量尊重原有建筑的形态特征，保留原有的空间结构框架，延续工业遗存的空间记忆。在对老旧厂房进行空间改造时，为满足园区新的功能要求，对内部空间进行创意改造。为充分体现场所精神，整合好外部环境及交通，将建筑与周边环境融合。[1] 文化创意产业在老旧厂房集聚，一方面需要以老旧厂房宽阔的存量空间作为平台，另一方面则是由于文化创意产业从业人员自身创新、开放的特质被保存有工业文明的建筑空间所吸引。园区内的一砖一瓦以及厂房内废弃的机器配件都记录了工业文明的发展历程，承载了城市空间的发展记忆，散发着工业文化的气息，现在以城市雕塑的形态继续体现着它的价值。修旧如旧的改造理念最大程度上实现了对工业建筑的风貌的保留，继承了老厂房的工业文明，使老厂房留存建筑的历史文化价值得以传承。

合理布局园区业态，促进企业互利共赢。对厂房改造后的创意空间，产业形态和结构布局要进行合理规划，有效利用周边资源，避免恶性竞争，弥补区域发展的短板。首先，在对老旧厂房改造后的文化创意空间产业业态进行定位时，要考虑到周边市场的产业竞争状况，对行业发展现状进行详细调研，分析市场中的威胁与机遇，有效整合周边资源和优势企业。在引进相关产业业态、进行产业布局时，要对引进的企业进行合理规划，制定严格的准入标准，避免同类企业陷入恶性竞争，完善相关产业上下游产业链，构建起互利共赢、共生共荣的企业发展格局。郎园在园区企业入驻方面始终做到了坚守，为促进园区多元企业的协调发展，不惜拒绝大牌企业入驻。其次，协同城市整体规划，梳理厂房改造相关设计。在旧厂房的规划开发中，协同城市发展的总体规划，对于厂房改造后的空间进行整体的功能定位，再进行具体的土地利用、产业布局、历史文化保护、综合交通、公共服务设施、绿地系统等相关规划。郎园改造成为文化创意空间，离不开北京市国家文化创新实验区的区域建设，离不开相关政策对工业厂房改造的扶持。从关注民生需求的角度出发，弥补区域发展中缺失的领域以改善周边居民的生活，满足区域发展的需要。郎园在发展过程中，主动利用自身的服务功能弥补周边区域公共文化服务缺失的不足，并成功与北京市公共文化服务平台顺利进行了对接。在空间改造过程中，要做好园区空间及定位的顶层设计，从园区定位出发，合理布局产业业态，分配功能分区，完善相关配套设施。此外，在老旧厂房向文化创意空间的改造升级中也在与其他行业进行不断的融合。许多园区在建设过程中不断的探索与城市发展、大型商业综合体等

---

[1] 王珏，秦玲玲.旧工业厂房改造的合理化策略：以下关新华船厂改造方案为例[J].建筑与文化，2015（11）：67-69.

方面的融合经验，在文化创意企业入驻的产业布局中融合商业综合体的建设，形成特色体验型商业街区。在老旧厂房改造的过程中，进一步加强与文化旅游、时尚设计等特色经济领域的融合。

构建多元文化场景，营造良好社群生态。邻里单元的建设是打破园区与社区割裂状态的重要渠道，文化事件是积聚人气培育园区知名度的重要活力因子。应在园区内部营造开放氛围，共筑社区生态。改造后的文化创意空间并不是一个封闭的系统，要努力打破厂房高大围墙的物理限制，实现园区内部空间与周边社区的良好互动和深度沟通，使周边社区的人们自觉融入创意空间的文化氛围中，并成为其中重要的组成因子。丰富多元的文化活动是推动社群发展的纽带。园区的运营者和管理者应不间断的推出文化活动，调动园区中的每一个文化企业推出自己的特色活动，加强企业与企业间的文化交流，也使园区内的人员与周边社区的居民可以加入进来。社区居民的加入为园区的生态系统注入了活力要素，使老厂房真正实现了重生，也促进了文化创意产业与传统居民社区的和谐共生。举办品牌节事活动，有助于打造多元化的文化场景，形成更强的城市发展驱动力。

推动园区内容孵化，积极建设文化地标。新时代的产业园区运营不应仅局限于对其物理空间的规划与运营，更要注重无形的品牌内容孵化。郎园的运营团队始终坚持的一项认知就是，物理空间是常量，而内容运营则是变量，要守住常量，用变量提升常量及品牌附加值。文化地标的打造对产业园区的品牌形象和知名度具有重要意义，应努力加强园区文化地标的建设，发挥其城市触媒作用。旧厂房在进行创新型的空间改造时，要注重挖掘自身园区建筑的特色与原工业文明的内在价值，避免空间改造因循守旧，千篇一律，以自身独特的闪光点作为文化支撑构筑园区的生态系统，塑造园区的可识别性，努力将创意空间打造为所在地区的文化地标。郎园 Vintage 依据自身空间特色保留的红色砖墙与外墙藤蔓都是园区的标志性象征。园区规划者依据郎园自身所处的地理区位优势，将两个标志性厂房空间打造成为公共文化交流场所，承载其作为 CBD 地区文化交流的功能。参照日本秋叶原（动漫文化产业的聚集地）的经验发现，一个具有显著主题和标志性的文化地标是创意产业延续的根本。在日本游走会发现，当离开某一个特定区域（如奈良、六本木），是很难再找寻到相似的设计和产品，独特的地域带来独特的文化产品，同时独特的文化产品又为该地区注入生命力和活力。❶

因此，在厂房空间的改造过程中，首先，要做到因地制宜、因势利导，摈弃厂房空间改造的固有经验的桎梏，融入创意因子，打造属于自身独一无二的文化魅力和空间吸引力。其次，要发挥创意空间的城市触媒作用，加强园区与周围元素的交流互动。20 世纪 80 年代末，美国学者韦恩·奥图（Wayne Atton）和唐·洛干（Donn Logan）提出城

---

❶ 毛毅静. 创意产业园区的历史遗存与文化：以田子坊为例 [J]. 创意与设计，2010（4）.

市触媒理论，认为城市环境中的各个元素都不是独立存在的，都具有一定的关联性。当其中的某些元素发生变化时，就会像化学反应中的"触媒"一样，影响或促进其他元素的变化。❶园区与周围元素的互动有利于将园区打造成为城市磁场，聚集人气，成为城市中最具活力的动力新区。郎园 Vintage 作为国家文化产业创新实验区的一个单元，通过触媒的方式辐射周边区域，形成文化微集聚活力区域，同时与走廊上其他先期项目相互串联，促进区域发展。园区与周围的创意单元相互连接汇聚成网，将辐射和带动整个地区的发展活力。最后，遵循政策导向，合理利用政策红利。近年来，老旧厂房向文化创意空间的拓展备受重视，各地纷纷出台相关政策来扶持老旧厂房的改造。在对园区空间进行规划时，管理者应合理把握政策红利，遵循政策的方向引导，在完善区域功能的同时缓解园区资金周转困难的困境。

促进文化科技融合，打造智慧生态园区。紧随时代发展是文创园区持续发展的不竭动力。厂房的改造规划应着眼未来，紧跟时代发展。随着时代的不断进步，在创意空间的改造中要更加重视老旧厂房未来的改造趋势，充分渗透互联网、新媒体、信息技术和计算机技术来对空间进行改造，对厂房空间进行功能置换，引入智能化建筑的概念，打造智能园区。通过构建数字化一站式增值服务平台助推园区内企业强强联合的聚集效应。创意产业园区的高级形态和未来发展趋势是依托一定的实体创意产业园区，在实物设施的创意产业园区基础上打造无界域国际化的虚拟创意园区，建设一个迅速顺畅交换传播的数字化网上市场和一个数字化的交易平台构建"虚拟创意产业园区"或"文化创意信息数字交易港"，这是未来创意产业园区发展的崭新模式。❷郎园就是在不断探索文化与科技的创新，用大数据探索运营虞社演艺空间，用复合式思路运营兰境艺术中心。正是由于文化与科技的融入，才让郎园两大自营空间品牌自带内容与流量。以数据赋能园区内容运营，实现服务人群的细分，从而反向引领园区空间运营，数据成为贯通郎园空间与内容运营的重要工具。

郎园的个案进一步表明，老旧厂房的改造和再利用无疑已经成为城市再生的一个契机。从深层意义上说，旧厂房改造表现出对现代城市问题的一种反思，也是一种文化和审美价值的转变。但是，旧厂房改造不应该仅仅是立面审美的改变，而应该从城市地域和场地介入，在转变其原有身份的同时，能够得到社会公众的参与，在特定的地域条件下，留住城市肌理，为城市注入新的活力，从而重新演绎其历史价值，并得到社会文化

---

❶ 韦恩·奥图，唐·洛干.美国都市建筑：城市设计的触媒[M].王邵方，译.台北：创兴出版社，1995.
❷ 张白玉.创意产业园区组织生态研究[D].北京：北京邮电大学，2010.

的认同。❶ 随着老旧厂房向文化创意空间拓展的实践一步步推进，文化产业园区成为以城市针灸作为实现城市修补的重要抓手。在此背景下，园区运营者如何把握园区未来的发展，确定可持续性提升的发展路径，使园区建设融入城市更新值得重点关注。郎园独特的"品牌输出＋空间运营＋内容运营"的产业园区运营方式实现了城市有机更新的模式创新，从硬资产管理到软文化运营，真正将产业园区的运营做成品牌，通过文化提升品牌的无形价值，实现文化品牌的连锁运营。文创产业园区的运营要始终不断地实现自我的迭代更新，探索发展的新路径。郎园从一开始的地产开发再到园区运营，从社区活动到社群活动，从空间运营到内容运营，从产业园区到生态社区，从服务园区到服务城市，一直在不断突破自身局限，主动承接周边公共文化服务的缺失，融合城市更新发展，从而突破园区建筑空间的有限，实现社群空间的无限可能。郎园以文化为抓手，以园区为载体，构建文化场景，输出文化品牌，孵化文化项目，促进文化消费，成功走出了一条以科技助力园区建设，以文化赋能城市发展的更新之路。

---

❶ 李伟，陈剑霄，袁媛. 旧厂房改造中的地域和场地策略：楚天181文化创意产业园概念设计[J]. 新建筑，2010（8）：89-92.

第三节 居民区更新：
从生活场所到共生场景

在以人为中心，小尺度、渐进式更新逐渐成为城市再生的重要方式的背景下，"营造安全、卫生、方便、舒适、美丽、和谐以及多样化的居住生活环境"成为城市更新的重要目标。在全球居住区有机更新的发展演进中，不难发现，那些具有发展活力的社区，无不以文化艺术为"酶"，在文化价值认同的基础上，以文化参与为动力，以文化保护为底线，让社区成为独特的场景。社区作为人类聚居地，折射出不同的文化气质。而这种弥漫在社区中的空气，就如同本雅明笔下的"拱廊"，是一处场景，更是一座城市，甚至是一个微型的世界。"拱廊"的出现，也使"闲逛"成为城市生活一件重要的事情。闲逛者与拱廊的共生关系体现在今天游客和居民的对话、观光和生活的交错中。

一、芝加哥威克公园——文化艺术释放场景红利

提及城市的公共艺术创新，芝加哥威克公园是绕不开的议题。威克公园不仅以商店、餐馆和夜生活闻名，其艺术场景也极其丰富多样。如果用芝加哥市民对文化艺术的理解来解读威克公园，那么，"探索熨斗艺术大楼的多个艺术工作室，或者在一只奇怪的鸟旁边停下来体验一次亲密的艺术表演……"便可以打发在威克公园闲散的周末时光。位于芝加哥北部巴克镇（Buck Town）的威克公园（Wicker Park）是一个充满活力的、具有历史的、不断变化的地区，由两个社区组成（见图6-37）。威克公园城市更新与文化艺术营造体现出兼收并蓄、包容协同的特点，其创造的独特的艺术氛围和城市场景，吸引了大量的创意阶层集聚。在威克公园的建设中，社区居民将保护、促进和支持社区的独立性作为城市更新的主旨，并通过文化艺术参与，解决威克公园面临的压力和困境。

图 6-37 历史上的威克公园 ❶

（一）公众参与规划，共同打造理想的艺术家园

2000—2010 年，巴克镇的威克公园的人口相对平稳，但在 2010—2015 年，该公园的居民增加了近 1000 人，这证明了该社区面临的发展压力。为了维持和促进威克公园和巴克镇社区的繁荣，创造独特的生活品质，也为了居民、游客和商业共同的利益，威克公园的社区居民共同致力于以高效而富有创新的社区规划，吸引睿智和富有前瞻性的投资，改善公共道路，优化公共设施，创新艺术活动，并保持威克公园和巴克镇社区的文化多样性特点（见图 6-38）。

图 6-38 芝加哥威克公园街景

---

❶ 在 1871 年芝加哥大火后，人们寻求重建家园的场所，威克公园成为一个理想的地址。威克公园最初的移民包括德国人和斯堪的纳维亚人。

在威克公园的文化规划中，居民、企业、社区团体、艺术组织和志愿者团体构成了维护社区多样性的重要力量。在规划前期，社区在网上广泛征集居民意见，并采访各种各样的民选官员、企业和社区领导人，组成了一个顾问委员会，通过四个公共研讨会，来更加充分吸纳各种各样的社会组织、居民、企业和民选官员的意见和建议。在整个规划过程中，反复出现最多的主题之一，是社区成员们希望培养广泛的艺术，搭建多元而特色的文化场景，让居民和游客在街道景观、建筑立面、当地商业、商店、餐馆、壁画和公共艺术设施中都可以看到艺术和文化，感受到威克公园的艺术魅力。对此，威克公园规划达成一个共识，即从居住在这里的居民，到为社区服务的商店、企业和餐馆，以及前来体验威克公园独特之处的游客，都将享受和体验到优美的街景、公共空间和独特的开放空间。

在公众参与威克公园建设的背景下，社区成员共同确立了未来威克公园的发展愿景。①保护威克公园的传统建筑，打造艺术中心。通过寻找提供负担得起的生活和工作的艺术空间的方法，发现创建社区创造者空间的机会，支持在社区生活或工作的艺术家。②创造性地推广和支持艺术创作、生产和交流。推广艺术相关活动的创造性营销策略，通过社区网站或多种渠道建立和加强艺术家的门户，并与社区的酒店、餐厅和企业合作，向居民和游客营销社区艺术。③加强艺术和商业的融合、艺术与社区生活的融合。为当地艺术家的公共艺术创作和表达寻找新地点，一方面将社区艺术家的创作活动、创作作品注入街景设计中，让街区走廊、街区墙壁等日常生活空间成为艺术的界面。另一方面，成立本地艺术基金，鼓励发展商把公共艺术纳入社区新发展项目、把空置空间改为与艺术有关的功能空间，通过探索社区生活分区方法，探索艺术式生活和工作的可能性。④通过更为广泛的公众参与，保护历史建筑，促进城市更新。包括社区居民共同制定有利于威克公园发展的文化政策，提高社区居民和游客对威克公园历史、文化的认识和体验，以及鼓励保护公众参与历史遗迹保护，参与地标性的和具有较为优秀历史的建筑进行适应性改造。[1]

（二）打造艺术活动，在城市更新中创造"蜂鸣"

威克公园作为芝加哥文化最为多元化的社区之一，多样化的居民扮演着重要的角色。多元的社区文化是威克公园文化魅力的来源，这也得益于芝加哥多元的文化政策的支撑。芝加哥人口中，白种人只占45%，其他都是拉美裔、非洲裔、亚裔等种群，同一座城市，使用的语言多达100多种。世界各地不同的文化和宗教在这块自然资源相对匮乏的土地上，相互碰撞、求同存异，形成了包容、开放的文化特质，实现了多元文化的融合。独特的人文精神是芝加哥不断进取的核心内动力。芝加哥在制定公共政策、创造就业岗位、营

---

[1] 参见 *Wicker Park Bucktown Master Plan*，内容为笔者翻译。

建市政设施等方面都充分考虑了多元文化特质,如在政府采购中,对供应商资质的认定就明确要求必须为少数或困难群体提供 10%～20% 的就业岗位;尊重种族文化,在相对聚集的区域建造特色博物馆,最具代表性的有布朗兹维尔(Bronzville)非洲文化博物馆、比尔森(Pilson)墨西哥文化博物馆等,力求为市民提供良好、贴心的服务,创造一个公正和谐的宜居宜业环境(见图 6-39)。❶

图 6-39 威克公园的高架铁路 ❷

多元的文化使威克公园的艺术场景富有特色,高度集中的壁画和公共艺术使威克公园成为游客的打卡胜地。而威克公园保留的艺术遗产和建筑遗产,也使社区的场景具有较强的艺术识别度。建于 1918 年的肖邦剧院,一直是创新思潮、国际前沿的文化地标。位于社区中心的扁铁大厦(The Flat Iron Building)已经成为艺术工作室集聚的艺术地标,扁铁大厦每个月的第一个星期五是邻里开放日,更多的居民有机会参与与艺术家的对话中。事实上,早在 19 世纪初,芝加哥市内的社区就涌现出民众自发的"壁画运动"。许多社区的民众开始在街道的公共空间,如墙壁、过道甚至某些建筑的外立面上绘制代表社区文化氛围和个性特征的图腾或是场景。其中相当一部分人是在艺术家的带领下进行

---

❶ 李扬. 芝加哥发展经验对深圳国际化城市建设的启示[J]. 特区实践与理论,2016(5).
❷ 威克公园的高架铁路连接了社区与周边的文化艺术空间、绿岛、骑行道路和步行道路。

创作的，营造了最早期的公共艺术创作氛围，也由此引发了普通市民追求文化和艺术的热潮。1871年芝加哥市区发生大火灾，烧掉了1/3的建筑。重建后，芝加哥市区内摩天大楼的数量仅次于纽约，超过100米的摩天楼数量达到1200多座。摩天大楼的蓬勃发展带来了现代化的城市新面貌，也对城市文化的走向提出了新的问题。因为这些千篇一律国际风格派的建筑使市区环境变得单调乏味，缺少人文气息，城市中心区的魅力开始逐渐下降。在这种历史条件下，芝加哥利用公共艺术品修复城市开放空间文化的片断。这些公共艺术作品在城市某一固定的公共空间中得到极大的重视，仿佛获得新生，焕发出新的生机和强烈的艺术感染力。[1]

多元的文化还使威克公园多种类型的场景空间和多样化的艺术活动，创造出更多的"蜂鸣"。威克公园的邻里同样多元而时尚，有时髦的潮人、职业艺术家、商业专业人士和家庭。住在威克公园的年轻专业人士努力工作，但知道如何玩得开心，为社区的年轻氛围做出贡献。近年来，时髦的潮人和艺术家将文化和风格注入了这个地区，当地的学校吸引了那些也想住在独特宽敞的房子里的家庭。威克公园的夜生活丰富多彩，密尔沃基大道、达曼大道、北大街和迪格街沿线的时尚咖啡馆、餐馆、酒吧、商店和画廊为夜晚带来各种可能性。威克公园每个周末都有农贸市集，每年的6月至10月在室外举行，12月至次年4月则在室内举办，不仅为居民提供健康、新鲜的食材，为游客提供多元的美食体验，更通过这种方式鼓励邻里之间和游客之间建立一种亲密的睦邻关系。此外，威克公园社区还以丰富的文化艺术活动吸引居民和游客共同参与，以2019年的文化艺术活动为例。6—8月是威克公园的电影节，众多好莱坞明星集聚社区，每部电影都将有1000多名与会者，电影让艺术成为社区的一种生活方式。7月26—28日是夏季公园节，这也是被《芝加哥论坛报》称为"芝加哥夏季的最佳街头节日"，夏季公园节以其强大的音乐阵容吸引着来自芝加哥和世界各地的游客。威克公园节展示了该社区丰富的音乐遗产、充满活力的夜生活和广受赞誉的餐厅。基于该地区的独特个性，周末以各种音乐（社区的4个舞台将会有50多个乐队）、当地美食、艺术和手工艺、儿童区和零售小贩来庆祝这个节日。8月24—25日是威克公园消夏购物节，社区的人行道将被改为创意市集，15000名居民和游客在购物节娱乐和消费。9月17日，威克公园则赢在了秋季晚宴趴，全芝加哥及其附近城市的美食家均被邀请到威克公园，和居民及游客们一起品尝秋日美食。此外，还有12月的冬季音乐节，整个社区会被打造成"音乐客厅"的场景，当地的音乐家将在社区持续的演奏，与艺术家、街头艺人的表演相互穿插，居民也被鼓励在音乐节中展示音乐天赋（见图6-40）。

---

[1] 叶敏. 美国芝加哥公共艺术与城市文化的交互影响研究 [J]. 大众文艺，2015（21）.

第六章 城市更新的文化实践

图 6-40 威克公园的文化场景和艺术活动

威克公园作为芝加哥社区发展的典型个案，既有特殊性，又有普遍性。多元文化的叠加和融合，实现了社区艺术场景营造的特色发展，而芝加哥促进公共艺术发展的政策和措施，则使社区的艺术更新成为可能性。为促进公共艺术的发展，避免出现单调重复的城市建筑外环境，芝加哥在20世纪60年代便制定了公共艺术建设百分比政策。宽容、兼收并蓄的艺术环境使芝加哥已先后积累了400余件室外公共艺术作品。这些作品分布于整座城市，形成一个开放的公共艺术广场。威克公园也不例外，以一棵"柳树"为公共艺术的雕塑作品，矗立在社区中心，公共艺术家结合自然场景、艺术意境和居民气质设计的"柳树"作品不仅成为社区的艺术标志，而且让居民有了油然而生的场所文化认同。这种场所感由"场"或场所精神外显而成。而场所精神通常建立在特定地方人的感知系统与场所特质长期交往互动的基础之上，是场所拥有的性格与品质。凯文·林奇也认为场所感从狭义来说即地方特色，使人能区别地方与地方的差异，唤起人们对一个地

189

方的记忆。一个生动和独特的场所会对人的记忆、感觉以及价值观直接产生影响。❶ 场所感关系着人们是否对一个场所有认同感和归属感，关系着场所本身是否具有吸引力，它使场所呈现出独此一处的魅力。在城市形象不断趋同的年代，通过艺术载体呈现出各具特质的场所感因而显得尤为重要。❷

（三）优化公共设施，在城市更新中实现多样性

威克公园作为芝加哥社区发展的缩影，展现出良好的公共服务设施对居民和游客带来的重要作用。作为一个步行可达的社区，威克公园的更新得益于芝加哥城市整体的更新规划。芝加哥有数千英里的居民区街道，这些街道的交通流量和速度都很低，因此，这些街道是鼓励建立骑行道路的理想场所（见图6-41）。《芝加哥"骑行"城市规划》指出，骑自行车是芝加哥交通系统不可分割的一部分。每天，成千上万的人骑自行车行驶在街道上，无论是骑去上班、去商店还是娱乐。城市的发展必须伴随着安全的自行车基础设施的建设。威客公园社区鼓励所有居民——不管是青少年、中年人还是老年人，都能够骑自行车，因为这是一种可靠、快速、经济、健康和有趣的交通方式。发展骑行基础设施，也将改善所有芝加哥人的生活质量，并将促进整个城市社区的经济增长。《芝加哥"骑行"城市规划》的愿景，是让芝加哥成为美国最适合骑自行车的城市。❸ 在这一背景下，芝加哥的许多社区也着手制定适合社区自然环境、与居民生活协调并能够积极引导游客视觉路线的自行车街道规划，以线路引导社区微更新。

图6-41 自行车街道规划

❶ 凯文·林奇. 城市形态［M］. 林庆怡，等译. 北京：华夏出版社，2001：94.
❷ 张苏卉. 场所营造与公众介入：美国公共艺术的当代取向研究［J］. 美术大观，2019（2）：93-95.
❸ 参见 Chicago Sterrts for Cycling Plan 2020，内容为笔者翻译。

第六章 城市更新的文化实践

威克公园社区的《2020年自行车街道规划》(Streets for Cycling Plan 2020) 通过建立一个长645英里的道路自行车道网络，鼓励所有人社区的居民们骑行出行，也积极为游客提供公共自行车骑行的便利条件。威克公园以一个交通通达方便、步行可达的宜居社区为规划目标，周围的交通网络逐渐发达完善，越来越多的周边居民和游客可以通过便捷的公共交通达到威克公园，享受社区的艺术文化。随着2015年606线路（606是威克公园的一个美丽的线性公园，以配有全新的现代自行车道、艺术品和尖端便利设施的骑行道路贯穿而成）的开通和道路、公共自行车共享系统（Divvy Bike Share System）以及该市第一个公共自行车柜台在威克公园的普及，骑行和步行逐渐在威克公园风靡开来，并日益成为社区的风景线。此外，在威克公园城市更新中推出了"零愿景"计划，旨在通过改善十字路口的行人过路处的设施，确保所有路口都有行人通过的倒计时装置。这一公共服务设施使行人的出行更便捷，也大大减少了交通事故。威克公园还通过城市更新，将街道进行改造，使其逐渐具备零售、住、艺术和公共文化服务等更加多元而广泛的混合用途。而艺术氛围的营造始终是社区不变的宗旨，正因为此，社区还吸引了来自整个芝加哥其他地区的居民和游客的关注。

不仅对社区道路进行了"骑行"通道的更新，在威克公园新开发的项目中，也更加注重预留大片的城市绿地，通过开场的空间，优化社区的步行尺度，突出公共开场空间的地方特色、多样性和文化丰富性。威克公园这些公共设施、艺术场景和文化活动的打造，使更多的企业愿意留在威克公园开启新的发展，也吸引更多企业选择集聚在威克公园社区，企业和居民、艺术家和游客之间不断产生互动，从而使社区长期弥漫着创新的空气。

威克公园创造的艺术场景和以文化驱动城市更新的方式在芝加哥具有鲜明的特色，但并非个案，芝加哥77个社区在芝加哥文化规划的引导下均注重以文化介入生活，创造了文化引领城市更新的典范。在《芝加哥文化规划2012》中指出："文化的目的是，通过增加可及性、有效提供服务、保护当地遗产资源、审查公共和私人支持以及提高知名度，增加和传播现有文化资产的影响；通过对社区整体福祉、经济活力、文化旅游，以及利益相关者与整体社区之间的协调，实现广泛公民影响的发展潜力；以及确保通过各种文化活动、机会和设施的举办和营造，促进市民参与的增长、推动伙伴关系的发展，让全龄的芝加哥市民享受到文化发展的福祉，用文化满足市民对未来的需要和期望。"❶

---

❶ 参见 City of Chicago Cultural Plan 2012，内容为笔者翻译。

二、汕头小公园——文化保育推动城市渐进更新[*]

在今天的广东汕头老城区,有一片将近40公顷的区域,集中保留着百年前的城市开埠与近代繁荣发展的历史记忆。这片区域以20世纪30年代建成的小公园亭(中山纪念亭)为核心,仿巴黎规划的环形放射状路网及周边片区集欧陆和南洋风情于一体的骑楼建筑群共同构成汕头的开埠核心区(见图6-42)。然而,在城市的不断发展和扩张中,这片珍贵的历史文化街没有得到应有的保护。近期,汕头市政府重新启动停滞长达十余年的小公园旧城改造项目,推动小公园片区建设进入实质性保护阶段,让人看到了老城复兴的曙光。城市发展的文化保育与活化传承,应该成为旧城更新中的核心理念和灵魂线索,使城市文脉得以永续留传、城市业态得以可持续发展。

图6-42 小公园街区老照片[1]

(一)文化退让:城市更新中的逻辑错位

城市经济发展是城市功能赖以发挥作用的重要物质基础,以经济腾飞带动城市发展是长期以来的城市建设思路。法国经济学家弗朗索瓦·佩鲁(Fransois Perroux)曾提出著名的"增长极理论",认为应尽可能地将有限的稀缺资源投入发展潜力大、规模经济和投资效益明显的领域或行业中去,以资本和技术的集中,优先培育规模巨大、增长迅速且能产生强大辐射效应的"增长极",进而带动相邻地区的共同发展。[2]增长极理论影响深远,很多国家和地区都将其作为制定区域经济政策的主要依据并用来指导地区和城

---

[*] 本部分作者周洁系北京师范大学与美国圣路易斯华盛顿大学联合培养博士,汕头大学文学院讲师。

[1] 陈碧霞,张烈华.重逢汕头小公园,遇见的不只是记忆[N].晶报,2017-02-04.

[2] 弗朗索瓦·佩鲁.经济空间:理论与应用[J].经济学季刊,1950(5):24-38.

第六章　城市更新的文化实践

市发展。这一理论有其合理性，但也很容易被扭曲，甚至走向一种完全以经济效益作为衡量指标的发展模式，进而带来极其严重的负面效应，包括区域经济发展的严重失衡和贫富差距悬殊等问题。更重要的是，在这种城市发展观中，文化被淡化到一个可有可无的边缘地位，人文主义的缺失与历史观的淡漠使城市发展失去精神的引领，缺乏气质的塑造，也抹杀了历史的厚重。文化退让，导致城市发展出现了一种错位的逻辑。

被遗忘的历史文化街区。地处"岭东门户，华南要冲"的汕头原本是韩江出海口的一个小渔村，由于地理位置优越，明中叶以后逐渐成为贸易港。在第二次鸦片战争之前，汕头就已经是繁荣商埠。《天津条约》签订后，汕头被迫正式开埠，成为各国在华办事处的集中地，外商也纷纷到此设立商行、开办工厂，从事商业贸易和土特产品加工出口。外部力量的影响是双面的，西方势力的入侵在对潮汕经济造成严重打击的同时，也推动了汕头的城市贸易、对外贸易和埠际贸易的发展，近代工商业逐渐崛起。不少潮汕人开始顺着南部航道走向东南亚和香港地区，从事商业、种植业和转口贸易业，凭着出色的经商天赋和勤奋的拼搏精神获得了巨大的商业成就。海外游子的赤子情怀让不少成功的潮商又回报故里，返乡斥资兴业、修路建厂、筑屋经商，并在当时的市中心形成了具有独特建筑风格的繁华商业区和居民区，其标志性建筑就是建于民国时期的小公园亭。这里曾见证了汕头的繁荣盛景，也经历了历史上的政权更迭。

1980年，得益于优良的港口区位优势和侨乡资源优势，汕头被列入中国最早开放的四个经济特区之一，也因此成为改革开放的一块重要试验田、对外开放的一扇重要窗口，开始进入城市发展新车道。注重招商引资、发展航运物流、吸引侨资侨力支持成为主要的发展思路。城市重心开始东移，逐渐向经济特区的核心区龙湖区靠拢，公共财政投入主要用于新区建设，而小公园街区则慢慢成为被遗忘的角落。随着城市发展，旧城区基础设施老化日益严重，居民纷纷外迁搬离，小公园街区逐渐变成危房林立、经济凋敝、人口老化且与外部缺乏往来的孤岛。街区的破败使这一带建筑的居住功能、商业功能、社交功能、文化功能几乎全然消失。

旧城开发中的破坏性保护。破坏性保护，是指在城市建设和历史文化保护利用中对古建筑和文物遗产进行错位开发或超载开发。比如，缺乏整体规划的"随意性修复"，或者忽视整体环境的"外围性重建"，或者毫无保护意识的"翻新性修缮"等。

汕头小公园街区也曾遭遇过这些"破坏性保护"。为了增加土地利用率，旧城改造被纳入城市发展规划中。小公园街区的改造工程始于1987年，先后经历了"危房修补"—"成片改造"—"重新建设"—"商业开发"等多个阶段。[1] 最初的改造是一种

---

[1] 袁奇峰.基于空间生产视角的历史街区改造困境：以汕头小公园历史街区为例［J］.现代城市研究，2016（7）：68-77.

标准不高、缺乏规划的修修补补，旨在通过简单翻新改建部分危房建筑。1995年，汕头出台《旧城区改建控制性详细规划》，明确提出要"利用市场利益驱动机制，促进用地结构调整"❶。旧城区开始展开成片改造和人口疏解，由国资建筑单位建起一批配套相对完善、价格相对低廉的居民住宅小区。2000年前后，在"地产热"的席卷下，私营房地产公司选择旧城改造中的优质地块开发商品房，虽然在2000年版的《小公园历史建筑风貌保护区规划》中提出要"对有较高保护价值的传统街道、特色建筑给予保留与维修"，但现实情况是小公园街区遭遇"天女散花"式的开发，外围靠海一侧地块成为香饽饽，建成一排高层海景楼房；中心区域则如烫手山芋乏人问津，企业无利可图，政府无暇顾及，这片别具一格的呈放射状分布的老建筑群慢慢被遗忘（见图6-43）。

图6-43 小公园街区景象

历史街区是有生命的有机体，但当外部的破坏侵蚀与内部的自我老化同时合力时，街区必然面临快速衰退。小公园老城就像一个巨大的包袱一样被城市主导者抛弃，同时也无法得到使用者给予的关怀，街区整体风貌的保护和复兴在每个人眼中都事不关己，交通道路不做平整，基础设施久未更新，老住宅楼房岌岌可危，社会结构老化断层。居民渐次搬离，留守其间的大抵只剩底层贫民、小商小贩，以及从事低成本、低档次、仓储式批发业的小商户。他们也非常缺乏社会参与意识，仅仅期待着是否可能在房屋拆迁中获得更大的收益补偿。在拆迁博弈过程中，由于房产确权与置换无法落实，资金链断裂，改造中的建筑只能停工（见图6-44）。

---

❶ 中国城市规划设计研究院. 城市规划资料集（第四分册）[M]. 北京：中国建筑工业出版社，2005：153.

图 6-44　小公园的日常场景

（二）文化认同：城市更新中的诗性回归

长期以来快速而至的城市化发展带来的最直观感受就是"千城一面"，拔地而起、鳞次栉比的高楼大厦固化了一种新的建筑审美。在城市新区的"混凝土森林"中已经很难找寻城市原有的韵味、诗意和魅力，唯有那片保留着历史印记的旧城还有可能牵连出一些被湮没的城市记忆，而这些具有集体认知属性的城市记忆将有可能唤起人们内心深处几乎已被遗忘的文化认同。

潮商文化：寻根溯源，重塑城市记忆。在城市的发展中，共同的文化传统和文化经验积淀成我们共同的文化记忆。[1]城市记忆是城市历史文脉的延续和城市人文精神的传承，这座城市曾经经历过的辉煌和苦难，都将形塑它日后的品性和风格。

汕头小公园街区是"百载商埠"的历史见证，以小公园为核心朝外五向辐射，构成了完整系统的环形放射状路网格局，纵向为主，横向为次，条条道路通码头，既是终点，

---

[1] 张海燕. 城市记忆与文化认同 [J]. 城市文化评论，2012（11）：23-27.

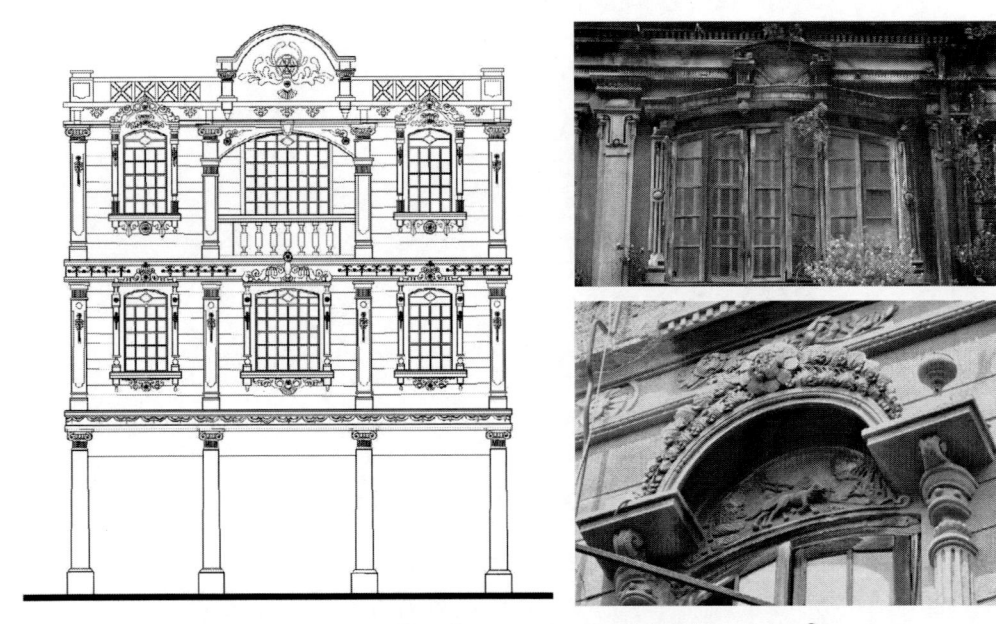

又是通往海洋的起点。这是汕头自然形成向西南沿海不断推进而逐步演变改造而成的结果。这种以放射形设计而称道的严谨布局在国内外城市中并不多见,而沿着放射状路网林立排布的骑楼建筑更是国内唯一,并且形成中国大陆面积最大的一片骑楼群,规模远超广州"上下九"等地。这片骑楼建筑沿袭了东南亚特有的建筑形式,带有典型的南洋风情,同时又有希腊柱头、罗马拱券等西洋外立面装饰,带有西方建筑风格中的文艺复兴、巴洛克、洛可可及古典主义烙印。❶ 因为它们大多是侨资所建,所以这种明显的中西合璧的建筑风格也并不让人觉得意外,其背后体现着潮汕地区海纳百川、开放包容的海洋文化特点。骑楼建筑上还有极为精美的花卉浮雕窗饰,这又正体现了潮汕文化中的细腻、柔美和考究(见图6-45)。

图6-45 小公园骑楼窗饰外观和小公园沿街骑楼立面样式❷

特殊的地理环境造就了其独特的地域文化,三面靠山、一面向海的"省尾国角"孕育出中国近现代史上最具影响力和生命力、与晋商和徽商齐名的传统三大商帮之一——潮商。潮商以从事海洋经济和自由商业贸易为主,从宋元到明清,大量潮人从东南门户经海路涌向东南亚各国,在当地开荒种植,并积极经营进出口贸易产业。据统计,在越南的这些相关产业中,华人资本占60%~80%,而潮人资本则占中资的1/4以上。❸ 直至今天,

---

❶ 沈陆澄.汕头市小公园历史街区的传统风貌特征[J].潮商,2013(2):19-23.

❷ 右图为笔者拍摄,左图来自沈陆澄.汕头市小公园历史街区的传统风貌特征[J].潮商,2013(2).

❸ 杨群熙.潮人在越南[M].香港:公元出版有限公司,2003:25.

第六章 城市更新的文化实践

东南亚各国依然遍布潮籍后裔,潮州会馆、潮汕商会更是遍布海内外,而在世界上具有较大影响力的国际潮团联谊会也成为全球潮人敦睦乡谊、共荣发展的重要平台。潮商文化源远流长,而小公园街区则是今天在城市发展格局中还依然能够得以保留的文化起源、历史缩影,是共同体认的城市精神得以诗意栖居的所在。

侨批档案:守望乡愁,打造城市名片。乡愁,是异域游子漂泊在外的思念和眷恋,是当地居民寻觅故里的惆怅和惋惜。在现代城市空间里,倘若文化遗产被铲除、历史传统被切断,那么乡愁就如同一种无根的漂浮物,无所依附,无处安放。然而,在潮汕地区,有一种乡愁得到了整体性的保存,它记录了100多年前海外侨胞对于家乡极为真挚浓烈的情感,成为今天人们回望过去极为珍贵的历史符号。这种铭刻乡愁的载体就是侨批档案。

侨批俗称"番批""银信",是指海外侨胞通过民间渠道及后来的金融、邮政机构寄回国内的连带家书或简单附言的汇款凭证,是一种信、汇合一的特殊邮传载体,广泛分布在福建、潮梅地区和海南等地,真实记录了19世纪中期以来中国移民向外迁徙的历程。侨批和侨批局的出现和存在,勾连了几大洲的通信渠道、金融体系、经济往来和文化交流,成为研究近代华侨史、家族史、经济史、社会史、文化史、金融史、邮政史、中外交通史、国际关系史等的珍贵档案文献。批封上的精美图案、信局刻制的各式印戳、私人所用的珍异图章、龙飞凤舞的书法风韵、异国他乡的精美邮票,都在片纸方寸之间有机地融合于一体。❶极其丰富的史料特性和独具一格的文化审美属性,使侨批档案在2010年和2012年先后入选《中国档案文献遗产名录》《世界记忆亚太地区名录》,并在2013年成功入选联合国教科文组织《世界记忆名录》,这笔珍贵的文化遗产因此获得了应有的权威认证。

作为著名的侨乡,潮汕本地目前保留着10万余件侨批,占广东侨批的绝大部分。清末民国时期,由于旅居海外的潮人数量众多,专业从事侨批业务的批局也陆续开设。据统计,1933年汕头市已有批信局66家(还未包括规模较小、没有参加侨批业同业公会的30余家),地点大部分就分布在小公园街区(见图6-46、图6-47)。最多的时候,潮汕各县市有批信局130家。相应地,潮汕华侨在东南亚国家(包括中国香港地区)开设了451家批局。20世纪30年代,汕头每年平均侨汇高达0.8亿元,汕头是中国收受侨汇最多的侨乡。❷

侨批是华侨移民史、创业史及广大侨胞对中国和侨居国经济社会发展所做贡献的历史真实见证,侨批档案背后则承载着海外侨胞对故乡和亲人难以割舍、无法取代的情谊。

---

❶ 罗堃."侨批档案"申遗成功 潮汕侨批占大部分 为广东首项世遗[J].四海潮汛,2013(3):45-47.
❷ 王琳乾,邓特.汕头市志[M].北京:新华出版社,1999.

这种乡愁是对故乡的原初记忆,是对城市的文化认同,侨批、侨批局、侨居、侨资建筑等乡愁萦绕的载体和处所应该在旧城更新中获得整体性的规划和复兴,要让文化遗产与城市记忆活起来,并将其打造成为世界侨乡最名副其实的城市名片。

图 6-46 民国侨批

图 6-47 世界记忆名录侨批纪念地 ❶

(三)文化保育:城市更新的创新思路

城市文化保育,是对城市历史、故事、建筑、遗产、记忆等文化资源的保存培育和有效调动。它不仅是怀旧,更应包含创新;它不能只是散点修缮,更应该有整体规划;它不单是科学的保护,还需要有合理的活化;它不应该是过去常见的"文化搭台、经济唱戏",那种思路已经带来太多的文化异化和概念化商业炒作,而应该是以"文化为魂、深度融合",还原文化的本真面貌,使其能够与城市建设、规划布局、社会结构、产业形态、公共空间、城市治理等真正融为一体,体现城市发展中的人文主义精神。

历史文化的传承需要有创意规划引导,将设计理念植入,使空间有序接驳,让产业有机融合。汕头市小公园街区的旧城更新项目中,发展文化创意产业应成为题中之义,并且通过产业间的跨界融合与创新驱动下的业态升级,将其打造为该地区的支柱性产业,实现可持续发展的文化保育。

城市更新:做好顶层设计,实现渐进式更新。小公园街区的保护与创新尽管集中于一个相对有限的范围,但它与汕头城市文化复兴密切相关。城市更新政策旨在通过前瞻性规划和创意性策划,通过技术性设计和控制性规划,促使小公园历史文化街区活态发展带动城市更新。

---

❶ 目前,汕头旧城西南面海岸线西堤片区已建成免费开放的西堤公园,并确定为"世界记忆名录侨批纪念地"。

一是采取渐进式更新策略逐步推进。政府主管部门需要对目前小公园历史文化街区所辖区块、巷道、楼宇进行确图管理，对街区房屋产权、租赁、人口及商业配比和业态布局进行系统调查，以便实施网格化管理。

二是明确定位，在深入研究小公园街区文化历史、功能定位、空间格局、土地利用、文化资源、交通市政、人口密度的基础上，根据实际情况，制定小公园街区文化创意产业发展专项规划，从实现空间正义和优化产业功能的角度，对区域中长期发展提供可持续的实施指南。

三是循序渐进，采取小规模、微循环、由点到面的模式对小公园街区的文物建筑、巷道肌理、民居骑楼以及文化遗产进行有机保护更新，最大限度地保护历史人文环境和风貌特色，设计合理的开发模式。

空间优化：做优空间规划，把握整体风格风貌。小公园街区的空间优化旨在解决这一区域文化创意产业拓展的空间杂乱问题。空间优化政策是对现有空间进行统一规范和规制，对商业、文化和生活空间进行合理划分和拓展，以实现公共空间的特色维护与创意营造。

做优空间规划，设计回路文化线路。以小公园街区的扇形放射状路网格局为基础，科学开发巷道支线，实现横纵联合发展，构建高品质、高颜值、高标准的多维文化空间。围绕片区地域特点，规划滨海景观空间与街区互动空间，实现两者相互独立及有机衔接。通过设计回路文化游览线路，串联文化空间，衔接不同板块和不同主题区域，打造创意迸发、人文荟萃、空间灵动、生机盎然的宜游宜居街区。

确立空间规范，延续整体风格风貌。要制定商业空间装饰标准，对整体建筑、装修风格进行统一规范管理，在符合整体标准的基础上，鼓励特色空间设计。对小公园街区居住空间建筑格局、文化生态进行环境优化提升，激发巷道住户对历史文化风貌保护和传统民俗延续的文化自觉精神，倡导融洽和睦、丰富多彩的邻里交往习俗和特色生活方式，延续城市文化记忆。

做好空间规制，合理安置腾退居民。进一步落实房地产权分布、产权归属等问题，发挥市场机制的作用，鼓励社会力量和社会资本参与房屋保护和修缮工作。按照"修缮、改善、疏散"的总体要求，保护历史文化风貌，改善居民居住条件和生活环境。对于商业区块的更新改建，应合理安置腾退居民，筹集资金建设居民搬迁定向安置用房，加强物理空间腾退和对居民的心理疏导工作。

产业活化：推动产业融合，构建多层产品体系。小公园街区文化创意产业的活化和提升，核心是实现该地区的业态整体转型，重构以文化创意产业为主业，以文化创意和设计服务与相关产业深入融合的产业网络，通过构建多层产品体系，重塑特色文化主题，实现产业优化升级。

一是打造"生活+"产品体系。重点突出潮汕本土独特而且精湛的美食、茶艺、药膳、陶瓷、潮绣、勾花、潮剧文化，以及与百姓紧密相连的民间宗教信仰和各种民俗，以市场需求为导向，塑造内涵丰富、外观新颖、具有影响力和感染力的文化创意产品，提高文化产品的个性化和品质化，不断提升产品附加值。

二是打造"设计+"产品体系。立足本土历史文化资源，吸纳多元文明精髓，设计现代、中式、西式、卡通、创意、简约、奢华等多种风格的文创产品，吸引广告、传媒、演艺、创意设计、家居设计、手工业、制造业等相关企业入驻，在小公园商业区开设产品展示窗口，积极搭建设计服务平台，逐步实施以IP为核心的文创产业集聚工程，逐步建立完善的设计服务体系。

三是打造"旅游+"产品体系。小公园街区更新项目的完成，将会使这一地带成为汕头充满怀旧乡愁和地域特色的地标性旅游点。因此，需要进一步优化街区软硬环境，改善文化服务理念，开发包括旅游线路、博物馆群、民居客栈、特色旅馆、商场商店、配套交通、餐饮服务、手信纪念品等在内的周边旅游创意产品和服务，并确保其风格和管理能与整个文化街区有机融合。

管理创新：完善市场机制，政府社会加强联动。管理政策的创新主要在于尊重市场规律，引入市场机制，广泛整合资源，发挥社会投资经营主体和片区居民作用，提高小公园街区文化创意产业提升和空间改造的开发效率和社会参与度，在更大的范围内获得广泛的文化认同和经济支持。

首先，完善市场机制，加强公司化运营管理。吸取过去20年间小公园街区改造过程中所出现的各种失败教训，进一步推进这一街区的公房市场化、社会化改革进程，或采取PPP模式加强战略投资引进。在有条件的情况下引入市场机制，由专业公司（团队）对小公园街区进行运营管理。积极构建联通政府和市场的对接平台，为政府、开发企业、研究机构、社会资源、当地居民、商户及非营利组织之间提供开放的交流平台，按照"统一规划、统一施工、统一租赁、统一管理"的原则，实行多元化弹性开发。

其次，加强政策协同，协调多方关系。树立协同发展理念，统筹处理好经济效益与社会效益、长期效益与短期效益、整体开发与局部开发、前期开发与后续经营、单体项目开发与全市文化创意产业整体发展的关系。加强政策联动，处理好小公园街区文化创意产业开发的公益目标（文化风貌保护、社区品质提升、城区文化门户打造）和运营公司经济发展之间的关系，通过协调性政策解决巨大的资金需求、积累的历史问题、投资周期漫长等商业风险，实现政府主导下的市场运作。

最后，鼓励社会监督，构建社会化平台组织。进一步明确小公园街区文化创意产业发展中的各方责任，明确政府、居民、投资方、产权方以及管理方的责任，并按照职责权限实行责任追究。鼓励政府和社会民间组织、企事业单位、社区和个人作为多元的管理主体共同对街区的社会事务、社会生活进行规范和管理，通过平等的伙伴型关系共管共治、多方协作，实现对小公园街区整体规划和日常治理的利益平衡与效益提升，经营维护好作为历史人文景观、现代商业街区和传统生活民居的三重形态。

小公园街区的更新是一项长期工程，需要有清晰明确的目标定位和有序推进的建设步骤，但更为重要的是，要坚定不移地确定以文化保育为核心、以守护城市记忆为目标、以历史文化资源的合理开发和活化传承为主导的发展思路，使旧城更新工程能够最终实现刘易斯·芒福德所说的储存文化、流传文化、创造文化的三大城市使命，最终使"人、文、产、城"能够真正实现有机融合、共生发展。

三、丽江古城——场景精神重塑文化旅游[*]

从茶马古道上的仓廪集散之地到如今人员快速流动的旅游之城，从传统纳西民族居住地到旅居文化生活圈，丽江古城在文化旅游产业引领的城市更新进程中，既保留了以纳西族特色传统文化为核心的本土真实性，又以多元文化共同体的构建呈现出多彩的现代戏剧性，同时又以文化自我表达与传统主义的融入重新定义了场景的道德合法性。丽江古城以文化旅游重塑了城市文化场景，同时也缔造了新的社会联结，建构了新的文化生活共同体。

（一）从纳西民族聚居地到旅居文化生活圈

丽江古城作为纳西民族传统文化的渊薮，纳西古乐、东巴文字、古城民居等多彩的地方民俗和娱乐活动使其呈现出特色鲜明的少数民族文化景观。同时，丽江古城作为世界文化遗产保护地，文化旅游业的快速发展也使得古城原先以纳西族当地居民为主体的稳固的民族社会结构与社会关系面临着解体，而代替以游客以及"新丽江人"为主体的旅居文化生活圈。

20世纪90年代以前，以纳西族当地居民为主体的稳固文化生活圈。建于宋末元初的丽江古城曾是茶马古道上的仓廪集散之地，纳西名称叫作"巩本知"，距今已经有800多年的历史。商贸物流的发达给丽江古城带来的不仅是经济上的快速发展，还有多元文化的交流融合，最终成就了以纳西族为主体的，具有稳固社会关系与文化认同的文化生活圈（见图6-48）。纳西族民在社会交往过程中建立了共同的社会主体认知和以东巴教为主的宗教信仰，发展出了纳西古乐、东巴仪式、火把节等多彩的民族习俗和文化娱乐

---

[*] 本部分作者亓冉系中国传媒大学文化产业管理学院博士研究生。

图 6-48　丽江古城❶

---

❶　丽江古城建于宋末元初，盛于明清，迄今已有 800 余年历史，总面积 7.279 平方千米，包含大研古城（含黑龙潭景区）、白沙民居建筑群、束河民居建筑群。

活动，同时也形成了与传统"方九里，旁三门""九经九纬，经途九轨"的中原建城原则不同的没有围墙的建筑风格，形成了孟子在"井田"中所描绘的"乡里同井，出入相友，守望相助，疾病相扶持"的稳固而又温馨的民族社会。中华人民共和国成立之后，丽江古城社区完全被纳入国家政治体系管理当中，将纳西族民整合在相对封闭的单位组织当中，熟人社会孕育出了丽江古城稳固的社会文化认同和社会关系结构。直至20世纪90年代，丽江实施"旅游先导"的城市发展战略，文化旅游业打破了原先封闭和牢固关系的社区生活，使丽江古城直接面临着社会结构重建、社区共同意识重塑的问题。

21世纪，当地居民的流失与旅居人口的涌入。丽江古城的文化旅游业开始于20世纪80年代。1976年，丽江古城被国务院列为中国历史文化名城，1997年成为中国以整座古城申报世界文化遗产获得成功的两座古城之一。伴随着世界文化遗产的申报成功以及丽江政府对文化旅游业发展的大力推动，20世纪90年代的丽江古城走上了文化旅游业的快速发展之路。

文化旅游业的快速发展给丽江古城带来的不仅是经济收入上的提升，还有纳西族当地居民的流失以及大量旅居人口的涌入。纳西族当地居民对自家院落进行改造之后将门面出租，根据相关数据显示，1986年年底，丽江古城有居民4269户、15279人，到1999年年底，已经有1527户、5001人迁出古城❶，至2017年，仅大研古镇就有新居民近6000户、19000余人。❷经营权转让使古城人口发生了根本性的置换，过去以纳西族当地居民为主体的稳固的文化生活圈解体，传统的社会文化认同以及稳固的社会结构面临着消解重塑的问题，传统的纳西族文化也走向边缘化，而代之以商业化经营为主要手段的资本利益式呈现。

伴随着文化旅游业引导的城市化进程的加快，丽江古城的城市更新进程也由民族性向流行性转变。传统的纳西民族文化经过旅居者的经营与再造，以一种更具现代化与大众化的方式呈现出来。这部分旅居人口不同于一般的商业经营者，他们大部分举家搬迁，成为丽江古城的真正居住者和生活者，并且力图融入丽江民族文化的话语体系中以获得归属感和认同感。他们对于丽江的地方依恋随着迁入时间变长而不断加强，成了"新丽江人"，并开启了新的文化认同塑造以及社会结构建造的过程，进而逐步形成了以旅居人口为主体的旅居文化生活圈（见图6-49）。

---

❶ 常州博物馆.丽江古城的现状与保护［EB/OL］.（2017-02-17）［2020-03-20］.http://www.czmuseum.com/wx/default.php？mod=article&do=detail&tid=17409.

❷ 何丽萍.丽江"新遗产人"的培育与融合［N］.中国文物报，2017-11-10（006）.

图6-49 丽江古城的纳西族 ❶

如今丽江古城仍然以特色的传统民族文化为文化旅游业发展的重要文化资本，四方街上的"打跳"等民俗活动成为吸引游客聚集的文化场景，古城以水和桥为核心的水巷空间布局以及独具特色的民族建筑更加彰显了其悠久深厚的民族文化底蕴。与此同时，丽江古城还直接带动了周边区域购物、酒店、民宿、客栈等服务业态的发展，形塑了一个以文化旅游业为核心产业的"新丽江"。

（二）场景维度：特色生活圈的营造依据

文化旅游引导的古城更新的过程，是以多元的文化场景造就美好的生活前景的过程。显现本土真实性的场景保留了纳西族的传统文化特色，也是流失的当地居民与古城联结的记忆与情感纽带，呈现现代戏剧性的场景经由旅居者的创意创造进一步增添了古城的文化魅力与时尚色彩，表现道德合法性的场景实践专注于游客、旅居者以及当地居民进行地方文化认同的重新定义。其中既有功利主义的基础，又有自我表达的创造，也有传统主义的坚守。不同的场景专注于不同的主体，三种场景也不是孤立存在的，而是相互交叉、互动融合的，从而构建出多元的文化生活共同体。

本土真实性：民族传统文化的特色保留。作为世界级文化遗产的丽江古城以其特色鲜明的传统民族文化成为文化旅游业发展的核心资源与重要品牌，古城的民族性与地域性特质吸引了游客，同样也成为流失的当地居民联结故里的记忆和情感纽带，营造出了古城文化场景的本土真实性。2012年，社区的自组织者首先注意到当地居民流失对于古城的不利影响，于是开始利用旅游参与的机会动员当地居民进行社区自组织的"打跳"等活动，以让当地居民重新与古城建立联系（见图6-50）。❷

---

❶ 如今，纳西人的生活方式被演绎为旅游表演，以纳西婚俗东巴婚礼为主导，由纳西优秀传统节庆习俗、传统手工技艺、传统文化传习及传统饮食记忆文化组成，展示民族传统文化。

❷ 孙九霞，罗婧瑶. 旅游发展与后地房共同体的构建[J]. 北方民族大学学报（哲学社会科学版），2019（3）：101-108.

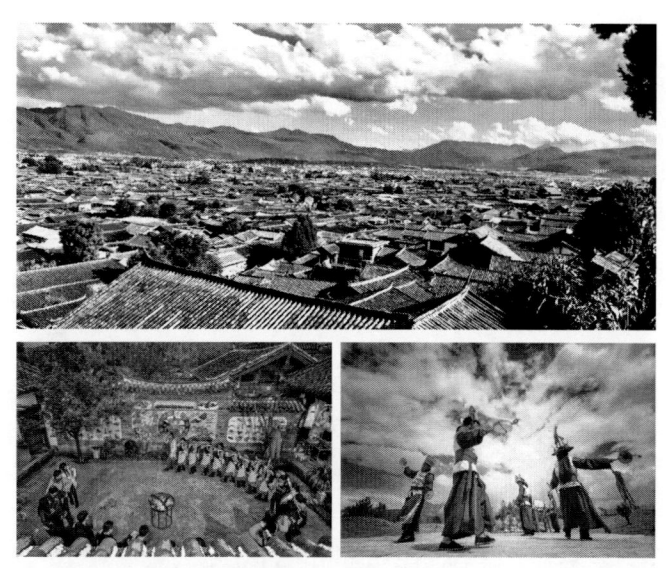

图 6-50　丽江古城全景及古城中的纳西古乐和民族表演

民族特色传统文化的保留所营造出的本土真实性的文化场景，对于当地居民来说是宝贵的情感与记忆资产的时间延续，对于丽江古城来说是以民族文化资源的有效整合实现历史文化脉络的空间传承，从而构建出极具地方特质的城市形象。

自然景观、线路遗产构成了真实性文化场景的骨架。在丽江古城区内的玉河水系上，修建有354座桥梁，其密度为平均每平方千米93座。桥梁的形制多种多样，较著名的有锁翠桥、大石桥、万千桥、南门桥、马鞍桥、仁寿桥，均修建于明清时期（公元14~19世纪）。文物古迹、历史文化、民族节日以及地方特色美食构成了真实性文化场景的内容（见图6-51）。新华街上的天地院作为丽江古管局创建的文化展示窗口，每天分三个时段循环上演纳西族特有的东巴舞谱舞、"热美蹉""呀哈哩""阿丽哩"、树叶、羌笛、纳西古乐等一系列文化表演项目。这些场景元素经由一代代的纳西族民传承而来，真实地反映着丽江古城的地方性，彰显着丽江古城的民族文化特质（见表6-4）。

表 6-4　丽江古城文化场景元素

文化场景	构成本土真实性的文化场景元素
文物古迹	木府、万古楼、东巴文化博物馆、五凤楼、方国瑜故居、普济寺、四方街、古桥、科贡坊、黑龙潭、纳西人家、天地院、雪山书院、民间手工艺术馆、基督教堂遗址等
历史文化	丽江古乐、东巴音乐、白沙细乐、东巴仪式、素神仪式、祈寿仪式、占卜文化、丽江壁画等
民族节日	甲子会、重阳节、中秋节、祭祖节、火把节、药王节、端午节、泉水会、清明节、骡马会、龙王庙会、三多节、牧童节、北岳庙会、白沙农具节、春节等
特色美食	鸡豆凉粉、丽江粑粑、麻补、灌肺、吹猪肝、青嫩玉米糕、酥油茶、余汤、五色菜等

图 6-51 纳西族文字和图腾

现代戏剧性：古城现代文化的魅力显现。文化旅游业的快速发展扩展了丽江古城民族传统文化展示传播的边界，将原本地域性与民族性的古城文化推向开放性与流行性，使民族传统文化逐渐融合了现代流行文化的特质，营造出了极具现代戏剧性的文化场景，增添了古城的文化魅力与时尚色彩。其中，占据了古城大部分人口的旅居者在戏剧性场景的营造方面发挥着重要作用，他们将来自外界的现代文化与流行文化嵌入古城的民族传统文化语境当中实现了融合，旅居者们本身有着对于古城传统民族文化的认同从而来到这里，丽江古城的慢节奏的诗意生活与秀美风光成为吸引他们来此生活扎根的重要原因，他们希望在古城实现浪漫主义的生活理想。这也是旅居者与一般的资本经营者最大的不同，因为商业经营并不是他们最主要的目的。从这一方面来说，旅居者是新丽江真正意义上的文化建构者与传承者。

场景的现代戏剧性不仅表现在旅居者的生活状态上，而且表现在旅居者的经营状态上。古城的旅居者主要是一些小企业主，主要投资客栈、酒吧、咖啡馆等小型业态，他们的自主经营表现为充满田园生活气息和睦邻友好型的经营状态。尤其是以小客栈的经营为典型，旅居者们通过精心的装修改造与院落设计，强化了客栈院落作为一种文化场景元素的美学特征，并且逐渐发展成为一种独特的旅游吸引物。旅居者们本身的生活状态对于从快节奏的城市走来的游客们来说也极具感染力，因此丽江古城的游客很容易和旅居者发展成为朋友关系，从而形成了一种特殊的具有相对稳定性的经营体系。

价值合法性：地方文化认同的重新定义。传统主义的纳西当地居民与自我表达的旅居者和游客重新定义了地方文化认同，从而重塑了文化场景的道德合法性。丽江古城要发展文化旅游业，代表着将整座古城置于市场的体系之下，因此必然有着针对游客的功利主义的期许，包括店铺的租金、商铺的收入、门票的收入等。不同于一般资本经营者的旅居者们因为怀揣着美好生活的愿望而在古城有着强烈的自我表达性，他们更提倡诗意的栖居，而不是资本的逐利。少数传统主义的当地居民又是古城历史文化脉络的坚守者。围绕着游客、旅居者以及当地居民的三个不同主体所形成的文化价值观，经由文化旅游的引导重新实现了和谐共生，这也是地方文化认同在城市更新过程中必然经历的重塑过程。

丽江古城文化旅游业发展的场景吸引力主要集中在三个方面：一是具有民族和地域特质的文化展演活动，原先只在纳西族封闭社会中展现的传统场景经由文化旅游的力量得以开放性的展示，从而具有了资本的功利主义性质；二是旅居者提供的客栈、酒吧、咖啡馆等，这些小型商业形态由于经营者本身的美学追求，在其功利的性质之外又具有了一种超功利且具有自我表达性的文化内涵；三是纯粹针对游客的小型商铺，如特产店、美食店等，这些商铺遍布古城的大街小巷，完全随着市场体系运行，具有纯粹功利主义的性质。在这三种不同的场景空间当中，关于丽江古城的新地方文化认同随着文化旅游业的发展而重新建立起来，形成了一种市场的功利主义与生活者的文化坚守交叉融合的文化价值观。

（三）场景价值：文化生活圈的美好动量

文化旅游产业所引导的丽江古城文化场景重塑在喜忧参半的发展中实现了多元主体对于地方文化认同的重构。作为世界级的文化遗产，发展文化旅游业对于丽江古城来说或许是时代的必然选择也是发展机遇，但是在发展过程中的商业开发所造成的当地居民流失却也值得我们重新去思考城市发展与文化旅游之间的平衡问题。

一是以本土真实性的传承营造成长空间。丽江古城通过纳西族传统民族文化的保留营造了具有本土真实性的文化场景，但是这种场景的本土真实性却是不完整的。保留当地的真实性，不仅是保留当地传统的文化习俗、节庆，单纯将其作为文化旅游发展的资本，更重要的还是要尊重当地的"人"，为人营造一个良好的成长空间，让人实现文化的在地参与，成为地方真实场景的塑造者。

呈现本土真实性的文化场景是尊重传统的传承空间。城市的发展要保持自身的特色，文化的传承尤为重要。从宏观的时代视野来说，中国传统文化已经并且正在经历着全球化带来的文化冲击；从微观的地方发展来说，在地的传统文化面临着流行文化与大众文化的挑战。但是传统文化的传承并不是要忽略时代和流行，坚持传统，而是要固本培元，传承传统文化的内在精神。丽江古城的旅居者之所以选择在古城居住生活，根本原因是在于他们对丽江传统文化的核心价值的认同。他们向往自由生活，驳斥物质主义，渴望平等与尊重，这是从纳西族民到旅居者的文化价值传承，也是古城当地居民与旅居者能够实现和谐共生的原因。

呈现本土真实性的文化场景也是以文化人的人性空间。丽江古城当地居民的流失让人嗟叹，虽然城市更新的过程必然伴随着社会结构与社会关系的变动，但是人口的根本性置换仍然是丽江古城更新过程中所忽视的矛盾问题。我国台湾地区的社区营造继承了日本宫崎清教授所提出的"人、文、地、产、景"的社区营造五大面向，同样有着文化的产业化开发，但是其最终落脚点却始终在"造人"这一根本之上，他们力图通过地方文化资源的整合、在地团体的培育以及生活化的文化经营实现人本身的价值提升，让人实现在地成长，这才是营造具有本土真实性文化场景的根本着力点。

二是以现代戏剧性的创新培育引力空间。文化旅游业引导的文化场景的重塑既不能局限在传统主义的固本思维中，也不能局限在功利主义的流行思维中，城市可持续的发展动力在于营造出现代戏剧性的文化场景。丽江古城作为世界级的文化遗产，其本身所拥有的文化价值自然毋庸置疑，宝贵的民族传统文化特色也是丽江古城文化旅游产业发展的核心支撑力，但是过度的商业化开发必然会造成文化资源的浪费甚至是传统文化内在价值的扭曲。

呈现现代戏剧性的文化场景是时尚迷人的魅力空间。时尚迷人的空间充满了无限的可能性，在丽江古城，传统的民族文化有了更为大众化的表现方式，旅居者们通过诗意的栖居实现了传统与现代的个性化表达，即使在古城大街小巷随处可见的手鼓商铺，经由游客的传播也会出现"网红"，这都是由不同主体创造的结果。对于现代戏剧性的文化场景的营造来说，要对于主体的创造给予充分的包容和尊重，充分激励主体的创新创意能力，从而使场景空间经由主体的创造得以无限地拓展。

呈现现代戏剧性的文化场景也是睦邻友好的交往空间。尊重场景空间中主体的生活状态，实现睦邻友好的交往，营造一个充满热情、关怀与团结的社区是当今城市有机更新非常重要的一个方面。一个和谐稳固的社会关系网络的构建需要人际交情，需要社会交往，需要文化互动，丽江古城文化旅游业的发展打破了原先传统的封闭式网络而使得古城空间呈现出极大的不稳定性，但是具有相同情怀的当地居民、旅居者和游客之间基于共同的文化价值认同又重新构建了古城的社会关系网络，这种睦邻友好的交往也使场景更具可持续性。

三是以价值合法性的塑造打造共生空间。文化场景的价值合法性塑造是在尊重场景主体的行为实践上所进行的。丽江古城有着坚守传统的当地居民，有着自我表达性的旅居者，同时有着功利主义的游客，在文化旅游产业发展的力量引导之下，三种主体重新定义了丽江古城的地方文化认同。但是要真正实现以多元主体为核心的文化生活共同体的和谐共生，一方面要打造经营性的生活空间，实现文化场景在资本环境中的动态融入；另一方面要构建互动性的开放空间，尊重多元主体的行为权利和参与权利。

呈现价值合法性的文化场景是经营性的文化空间。丽江古城中的旅居者就是典型的经营性的文化生活状态，他们一方面通过自主经营维持生计，同时也有着自己的文化价值追求。而在城市的发展和场景的营造中，其价值的合法性与旅居者的行为状态相似，要在功利主义的实用价值追求之外，也要有基本的文化价值坚守。纵观现在很多历史文化街区或者是其他景点的经营，过度商业化与同质化的现象随处可见，其背后显示出的是资本逐利的恶性循环，随之带来的是对于地方文化脉络与历史肌理的破坏。场景的营造必须要坚守文化价值的道德底线。

呈现价值合法性的文化场景也是互动性的开放空间。构建互动性的开放空间就是要尊重多元主体在场景空间营造中的行为权利和参与权利，使其能够发挥各自的作用和价值。对于丽江古城的城市更新来说，除去古城当地居民、旅居者以及游客，还有古城的经营管理者发挥着引导的作用，从而使古城得以持续经营。台湾地区文化生活圈的营造由地方主体共同提出地区性的发展议题，并经由当地团体的培育去共同解决地方发展问题，从而使社区得以永续地经营。场景的价值合法性的营造要实现多元主体的共同参与，使其能够趋向一种合作机制，共同促进场景的健康发展。

第四节　街区更新：从文化织补到文化共栖

街区是一个城市的历史遗存，也是一个城市的记忆，承载着文化的温度，更镌刻着历史的印记。作为一个重要的城市意象，街区积聚了人类艺术、宗教、文化、商业和技术的发展，街区也记录了城市历史、风物、环境和生活的变迁。简·雅各布斯曾经说过：如果一个城市的街道看上去很有意思，那么这个城市也会显得很有意思；如果一个城市的街道看上去单调乏味，那么这个城市也会显得单调乏味。国王十字街以伦敦兼收并蓄的城市精神缓缓延展，在伦敦创意产业的勃兴中逐渐光芒四射，在大手笔城市更新中熠熠生辉，更新为文化参与而变得充满活力。宽窄巷子以川西民居为特色，以街道为主线，通过历史空间、传统形式和现代消费的有机更新，形成生存空间和生活方式彼此塑造；南锣鼓巷则通过共生院式城市更新，以绣花般的精细化织补方式，把每一处文化传承、每一个院落重生作为老城规划保护的重中之重，探索新老融合的生活圈。

一、伦敦国王十字街——织补文化肌理，激活城市机能

伦敦国王十字街（King's Cross）是伦敦市中心最重要的开发项目，它以全新的邮政编码区（N1C）亮相并代表了一个非凡的城市形态。国王十字街作为交通枢纽，是6条地铁线路、2个主干线车站、欧洲之星车站所在地，并拥有连接伦敦主要机场的直达线路。国王十字街作为文化枢纽，则连接了摄政运河的自然滨水、历史建筑的古老风貌、工业遗产的时光齿轮，还拥有兼收并蓄的文化景观和繁荣活跃的邻里社区。这些因素使国王十字街成为一个出色的文化街区、卓越的公共空间。

（一）廊道复兴：沙砾与光泽的结合

"……沙砾与光泽的完美结合，同时也象征着伦敦过去的工业和工程以及现在的创意。"

——埃德温·希思科特，《金融时报》建筑评论家

国王十字街作为在过去的100多年时间里面经历了战乱、衰败、复兴的工业区域，

第六章　城市更新的文化实践

曾一度被人们所遗忘。如今的国王十字街在文化织补、建筑修复、科技加持、时尚引领、创意驱动和教育支撑的多轮驱动下，从衰败的没落之地华丽转变为创意十足的新街区。越来越多的商业、餐饮、文化设施、娱乐场所、邻里社区和绿色空间向全球居民开放，不但吸引了来自世界各地的人在这里驻足，而且浓厚的艺术生活气息让国王十字街区转变为当前伦敦最具特色、最热闹的地方之一，是在伦敦生活、工作或观光的居民、游客们青睐的目的地，并已成为全球城市再生和文化复兴的典范。

纵观国王十字街的文化更新的历程，交通引导区域发展起到了重要作用。国王十字街区域以国王十字火车站为核心，交通轨道的枢纽作用对区域引导作用自然十分明显。从通达条件看，国王十字街区的圣潘克拉斯是欧洲连接最紧密的交通枢纽，它连接了6条伦敦地铁线路、2个国家干线火车站和国际高速铁路，与伦敦的5个国际机场也保持便捷的通行线路。同时，圣潘克拉斯也是"欧洲之星"所在地。在此乘机出行，到达巴黎市中心需要2小时16分，抵达布鲁塞尔需要1小时48分，到达里尔需要1小时22分，到达阿姆斯特丹则需要3小时41分。这也是国王十字街不仅能够成为伦敦创意集散地，而且能够成为欧洲居民商旅出行的重要枢纽的原因。

而从历史的视角看，国王十字街的更新历程一直与交通枢纽的发展紧密结合。19世纪中叶，国王十字街是伦敦管道煤气的供给中心，居民大部分为工人，住在铁路和运河周围的住宅中，这一状态一直持续了一百年。到了20世纪70年代，伦敦步入后工业时代，国王十字街内的工厂纷纷倒闭，街区萧条，居民贫困。20世纪80年代，街区状况进一步恶化，遍布毒品、流莺、低端夜店与艳舞俱乐部，中产者纷纷逃离，留下的空房与废弃厂房往往被流浪汉非法占据。20世纪八九十年代，街区稳居"伦敦最贫困十大选区"名单，国王十字街进入发展的至暗时刻。20世纪末，经济弱势的非洲裔与少数族裔群体集中涌入，导致国王十字街人口持续增长，街区40%的居民饱受犯罪威胁，73%的居民对街道上的偷盗与抢劫诟病不已，17%的居民夜晚不敢出户。而真正改变这一局面的，还是由于交通轨道的规划和建设。❶

1995年，"海峡隧道干线法案"获得英国上议院通过，该法案包含在国王十字街设置新"欧洲之星"停靠站（圣潘克拉斯火车站）的计划。1996年，伦敦欧陆铁路公司（London and Continental Railways）承担起改建圣潘克拉斯火车站并运营的责任。作为补贴，铁路公司从英国政府手中获得了一系列国有铁路沿线的资产，包括国王十字街的大部分土地。同年，大伦敦政府的战略规划提出"中心城区边缘机遇区"（Central Area Margin Key Opportunities）概念，明确了伦敦最急待开发区域，国王十字街地区也包含在内。在政府引导与商业逻辑共同导向下，国王十字街的开发正式启动。从2001年至2007年，经过了7年的整修与改

---

❶ 参见 *King's Cross Overview brochure* 2018。

造，耗资 5 亿英镑（约合人民币 47 亿元），圣潘克拉斯国际火车站通车。2012 年，国王十字火车站改造完工，改造耗资 5.5 亿英镑（约合人民币 51 亿元），与圣潘克拉斯火车站接通，加上原有的 6 条地铁线路，形成英国最大、最重要的综合交通转运站。城内、国内、国际线路在此交汇，每年来去的乘客数量高达 5700 万人次。除了轨道交通之外，摄政运河的滨水通道也成为国王十字街的天然分割。基于"交通枢纽带动经济"的目标，摄政运河以南地块——含两座火车站与一座地铁站的区域，主要用于开发办公楼；而摄政运河以北则以住宅区与相关配套为主。值得注意的是，摄政运河穿过国王十字街中心地带的方式是多种多样的，它或者飘荡着五颜六色的小船，或者营造出常春藤覆盖的墙壁的景观，抑或是以丰富的野生动物昭示着自然的馈赠。国王十字街的轨道交通、运河水系和林荫绿径、人行步道与多元开放的公共空间和其周边丰富悠久的历史建筑，构成了城市文化更新的主体。

（二）场景复现：历史与人文的对话

"建筑外面的生活和建筑里面的故事一样重要。在国王十字街，水、光、土的结合创造了一个丰富自然、绿色生活的公共领域。在这里生活和工作的人的幸福，只有通过与大自然建立亲密关系才能得到提高。"

——大卫·帕特里奇，国王十字街银行发展合伙人

公共空间的场景营造，是城市文化更新吸引居民、留住创意阶层的重要因素。更新后的国王十字街，40% 的开发用地被分配给开放空间，围绕着绿树成荫的公园、广场、街道和小路，创造出人与自然对话的舒适场景，让每个人都能体验和享受宜人尺度。国王十字街的成功，也很大程度上要归功于新公共空间场景营造的成功。

国王十字街的文化更新以伦敦城市创意产业的发展为底色，因而从一开始便带有浓郁的文化特色。伦敦是一个非凡的城市，作为英国的首都和全球性城市，伦敦以金融中心和创意熔炉的城市定位成为一个文化和商业活跃的地方。而以国王十字火车站为中心的国王十字街地区，则是伦敦城市发展的缩影——色彩丰富、历史悠久、文化多样，并拥有富有进取心的居民和充满雄心的创意阶层。

2012 年，谷仓综合体（Granary Complex）建设完成并成为伦敦重要的经典；2015 年，随着国王十字街内新建的 4 个公共空间——潘克拉斯广场（Pancras Square）、路易斯·卡贝特（Lewis Cubitt）广场、路易斯·卡贝特公园、储气罐公园（Gasholder Park）建设完成；到 2023 年，总计 30 座新建筑、20 座翻新历史建筑、2000 户住宅、20 条新街道、10 座新公园广场、10.5 万平方米绿植环绕的社交公共空间（约占到开发面积的 40%）、27.9 万平方米的办公空间、4.6 万平方米的零售与休闲场所将在街区内涌现，多达 42000 人将在国王十字车站学习、生活和工作（见图 6-52）。

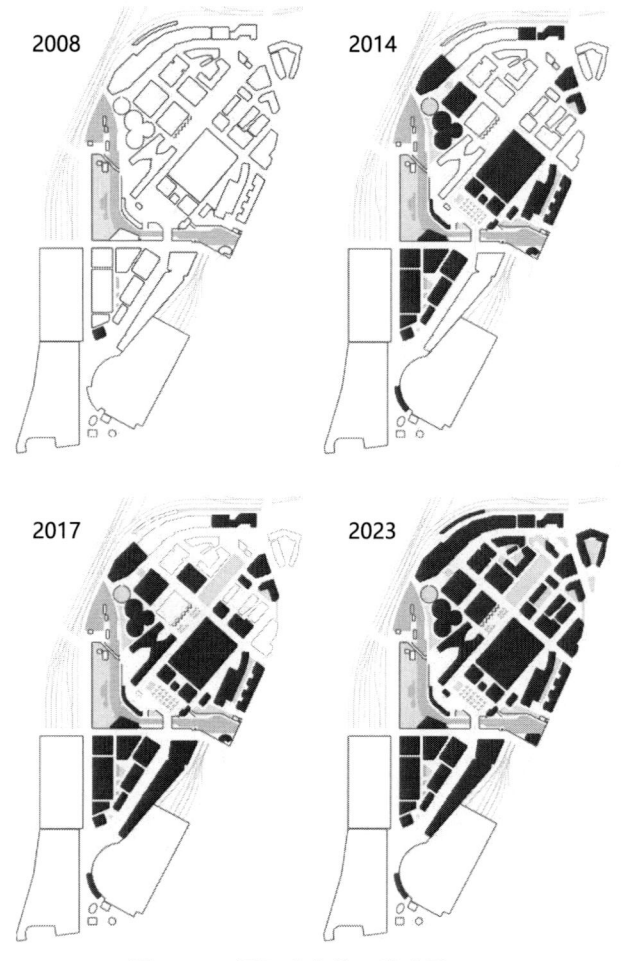

图 6-52 国王十字街开发进展

　　国王十字街立足于城市发展氛围，着力打造一个文化多元的场景，一个包容生长的环境，以此成为世界创意企业云集的高地。历史造就了国王十字街地区的风貌，它们如同沙砾一样嵌入这一地区的文化价值与基因血液中。古老的建筑遗产、延续的生活方式、多元的文化特色又对历史进行了补充，如同一束光泽，既对历史进行了补充，又创造了鼓舞人心的时间和空间。这也是为何国王十字火车站长期以来一直在伦敦的商业生活中扮演着重要的角色的原因。其核心的地理位置、位于运河水畔的自然禀赋、丰富的历史建筑遗产、混合使用的功能空间形态，将伦敦市中心的位置与全球的可达性融为一体。

　　在国王十字街的开发中，历史建筑成为城市文化更新重要的载体。国王十字街地区拥有的维多利亚时期的历史建筑数目众多，多与铁路与工业发展史有关。总共 20 座保护建筑被计入国王十字街总规划，通过改造翻新发挥社会与经济功能。其中，最典型的就是"谷仓综合体"（Granary Complex），其原本是伦敦的粮仓，通过翻修改造，目前已成为中央圣马丁艺术与设计学院（Central Saint Martins）❶的新校址。中央圣马丁艺术与设计学院与国王十字街互相吸引，前者拥有在艺术设计、创意产业领域的创新远见及大量的专业人才；后者具备充满艺术气息的历史氛围和文化环境，中央圣马丁艺术与设计学院的搬迁也进一步强化了国王十字街地区作为创新技能，包括艺术、时尚、传媒、设计和戏剧策源地的整体定位。而国王十字街则一直是创意人士的灵感来源，两者的结合，让伦敦市中心出现了一个新的文化焦点。连接圣马丁艺术与设计学院与国王十字街的，是一条长110米、高20米的玻璃走道。不同文化创意形态的单间、工作室设在走道两旁，将中央圣马丁学院"创意仓库"的能量辐射向整个街区。此外，储气罐公园（Gasholder Park）、巴格利步道（Bagley Walk）和卸煤场等也都是地标性的历史建筑或遗产改造而成的公共文化项目。巴格利步道是一个高架公园，沿着运河的曲线，将翻新的储气罐公园和谷仓广场新通过绿色空间连接起来。横纵联合的创意网络既连接了历史，也对话了未来，创造出与众不同的创意生境，在历史遗产的印记上却打上了时尚科技的烙印。

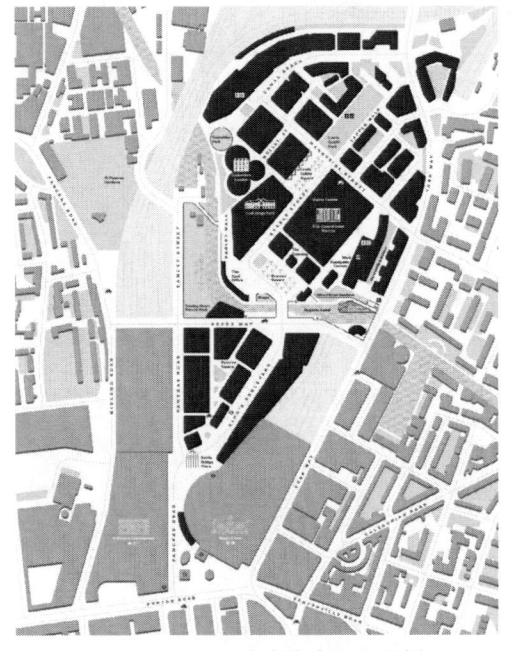

图6-53 国王十字街中心区规划

国王十字街区的发展，致力于提供一个对居民、企业和游客都有吸引力的、可行的、充满活力的多功能城市场景。因此，设计场景，创造场景精神，成为国王十字街区最重要的创新实践（见图6-53）。例如，为了让国王十字街变得更加安全、更有吸引力、更为友好，在街区的空间管理上，"强制执行低交通速度（低于20英里/小时）策略"，而在街区的时间管理上，则保持"灯火通明的街道和空间，使街区在白天和/或晚上都具有不同的活跃地方和蜂鸣场景，以创造丰富的韵律感和有魅力的节奏感"❷。

正如国王十字街的规划者所说的，像国王十字车站这样的城市更新机会并不经常出现。这就是为什么当时的规划师放眼未来，他们认为自己有责任创造一个对环境影响最小的、有长远未来的场景，这也一直是国王十字街规划和建设的指导原则。在国王

---

❶ 中央圣马丁艺术与设计学院是英国一所著名的艺术与设计学院，属于伦敦艺术大学（UAL）的一部分，是世界四大时装设计学院之一，并作为盛产时装设计名师的名校而闻名国际时装界。

❷ 参见 *Principles for a Human City*。

十字街，人们正尽一切努力为伦敦创造建立在可持续价值基础上的发展：不管是提高能源效率还是鼓励绿色交通，或者是推进历史建筑的再利用以及开启大规模的植树计划，可持续建筑设计和可持续人本理念实现了国王十字街社会和文化发展的多样性（见图6-54）。

图 6-54　国王十字街摄政运河上的公共空间

（三）创意赋能：众创公共文化空间

"当人们通过自己的努力感到自己'属于'某个社区时，这个社区就会变成一个值得努力保留和发展的地方，人们将捍卫他们共同创建的家园。"

——斯卡曼勋爵，1991 年

国王十字街地区在规划和建设之初，便确立了以人为本的理念核心。在规划建设之初，从萧条中久未恢复活力的十字街地区，在全球城市发展和消费迭代升级的语境下也面临诸多挑战。塑造一个密集的、充满活力的城市街区，一个具有独特身份的文化街区和一个满足世界城市功能并保障在地居民文化权益、实现创意阶层文化梦想的创意街区，面临重重困境。在这一境况下，"人本"成为出发点和落脚点。在各种市场条件下，提出高质量的、富有想象力的、在财务上可行的、适应性强的和可交付的建议，成为国王

215

十字街地区城市更新首要解决的问题。

以人为本，设计可持续发展的街区。围绕城市发展目标，未来十年，国王十字街地区应该会成为一个可持续发展的世界城市的典范，那么，它应该是一个宜居、宜业、宜文、宜游的目的地，并对伦敦文化、经济做出积极贡献。在这一诉求下，国王十字街以"平等"为关键词，以建设"人类城市"为发展原则，力促在可持续增长方面创新和探索。十字街的更新，以为当地社区带来好处，改善当地的环境、促进居民的就业，提供更多住房机会，实现居民更好地获得医疗、养老、教育和其他公共服务服务为目标，同时提升居民文化素质和文明素养。

国王十字街建设"人类城市"的发展原则是城市更新目标的具体化，一方面反映了规划师和居民对十字街地区公共场地、场景精神、历史文化、工业遗产和经济社会发展的一系列困境和挑战的思考；另一方面也反映出为人们创造一个持久更新的场景，一个对可持续的支持不断变化的社会和经济行为模式的场景的渴望（见表6-5）。因此，在国王十字街城市文化更新的时空转向中，也体现出人类对建筑环境的期望——如人类的规模、多样性和选择、地方感和归属感、喜悦和惊喜的机会——并将这些作为当代城市设计的驱动力（见图6-55）。在国王十字街的更新中，政府、规划建设和运营管理公司以及社区共同致力于创造条件来改善和提高城市生活质量，以创意的力量推动城市复兴。

图6-55　国王十字街的办公空间和街头景观❶

❶　图为十字街的一条小径蜿蜒穿过国王十字街靠近码头的花园，在这里驻足可以看到摄政运河（The Regent's Canal）。

表 6-5　国王十字街"人类城市"发展原则

序号	国王十字街"人类城市"发展原则	序号	国王十字街"人类城市"发展原则
1	稳健的城市架构	6	为国王十字车街地区工作，为伦敦工作
2	持久的新地方	7	致力于长期的成功
3	促进可访问性	8	吸引和激励
4	充满活力的混合用途	9	安全交付
5	利用遗产的价值	10	清晰、公开地沟通

在国王十字街地区的文化更新中，既可以看到物理框架的重塑——街道、广场、公园、绿地和花园的结构和序列，使十字街地区的社区生活在不断变化的环境中继续繁荣，又可以看到这些文化场景之间的联系所产生的空间吸引力和环境价值力。它们影响和定义了人类生活的空间格局，成为人们最想去的地方。而除了国王十字街，在伦敦有很多以文化舒适物创造繁荣的例子。例如，伦敦西区的部分地区、苏荷区、马里波恩、克勒肯维尔和其他城市边缘地区，受益于一个健全和连贯的城市框架，并秉承"创造一个成功、持久的新地方"，它们在文化参与和艺术激励下，成为生活和工作的理想场所。

为了让更广泛的居民参与文化更新，国王十字街地区发起了全球征名活动。2013年3月，由"国王十字合作组织"发起公开竞赛，为国王十字街地区内正在建设的新街道命名，希望公众能为街区的发展创造"蜂鸣"的力量。来自全球的公民参加了比赛，并吸引了国际的关注。这项竞赛共收到了1万多个参赛作品，远远超出了国王十字合作组织最初的预期。经过对参赛作品的深入评估，最终有38人入围，并已经有30项命名获得批准，将投入未来街区的建设。尽管在最终的街道命名中，不可能全部使用这些"创意"，但它们提供了一个丰富多元和兼收并蓄的组合，显示出世界对伦敦更加非凡的期待。因而，与在地居民一同"寻找那些有趣的、引人入胜的、与国王十字车站产生强烈共鸣的名字"，也让社区邻里更加团结。

此外，国王十字街地区还发起成立了"国王十字学院"（King's Cross Academy），作为一个充满创造力和创新的地方，国王十字学院致力于打造卓越的创意环境和良好的创业土壤，成为一个人们渴望工作、热爱生活、想要一次又一次造访的地方。在国王十字学院，19幢新建和翻新的办公大楼提供了300万平方英尺不同类型、灵活组合的办公空间，每一个建筑都由不同的建筑师设计，为项目带来独特的体验，吸引了初创企业和国际企业。

伦敦国王十字街的城市更新，以文化嵌入区域织补为特色，从物质空间的规划建设街到历史廊道的贯穿，再到文化经济功能的修复，展现出一个针灸式修复到整体性持续发展的区域发展框架。与纽约高线公园（The High Line）具有相似之处，历史上的国王十字街也曾有过辉煌阶段，在城市演进的历史长河中，由于工业时代的产业调整，城市功能布局的空间变迁，都曾面临萧条时期，沦为城市贫民窟。但在城市复兴的呼声下，国王十字街秉持可持续发展的原则，通过制定发展规划寻求城市更新的解决方案。国王十字街在规划理念上，坚持以人为本的原则，建立民众参与的规划框架，为人民增加福祉而过的规划的文化价值认同。在城市更新方式上，国王十字街以保护型建造的方式，修补街区历史文化的遗失，并以修补的方法，扩大建筑在有限范围内对周边社区的文化经济影响，达到开发商与原居民的利益均衡，提高了居民的生活品质。在城市更新手法上，国王十字街以文化织补的手段，促进区域人流、车流疏解，建立风貌统一、肌理相接的新型文化活力区，同时利用其作为交通枢纽的优势，将丰富的教育资源、历史文化资源、创意产业资源汇集在街区周边。无论从哪个层面看，伦敦国王十字街都是值得参考的城市文化更新案例。

二、成都宽窄巷子——保留历史风貌，创造巴适生活[*]

从清朝为始，宽窄巷子作为部队驻军的生活、住家场所，其功能以居住和零售商业为主。辛亥革命以后，清朝总督赵尔丰随后交出政权，大批的达官贵人在此修建了许多公馆。1949年后，政府把宽窄巷子作为国有企业员工的福利房分配给职工。至此，宽窄巷子还是维持了其主要的居住生活功能。直至2003年，成都市宽窄巷子历史文化片区主体改造工程确立，在保护老成都真建筑的基础上，形成以旅游休闲为主、具有鲜明地域特色和浓郁巴蜀文化氛围的复合型文化商业街，并最终打造成具有"老成都底片，新都市客厅"内涵的"天府少城"。[1]至此，宽窄巷子从一个居住区完全转变为一个商业街区。在城市更新中，宽窄巷子实行"保护性开发"的策略，树立可持续发展的理念，在实现建筑历史风貌延续的同时，也实现了巷子空间整体功能置换，满足了新时代背景下人们的生活需求，重新塑造了具有场景精神的街区空间，让古老陈旧的历史文化街区重新焕发出活力（见图6-56）。

（一）注重文化保护，活化历史文化风貌

强调历史文化的延续和传统风貌的保护是始终贯穿街区改造全过程的核心思想。宽窄巷子的改造规划遵循的是"保护性更新"的模式，强调迁而不拆。宽窄巷子确立的是

---

[*] 本部分作者刘晓菲系深圳大学文学院博士研究生。

[1] 仰骏辉，李虹霖. 从城市设计角度看现代城市中的历史文化街区的可持续性发展：以成都宽窄巷子为例[J]. 美与时代（城市版），2019（10）：36-39.

图 6-56 宽窄巷子已经成为成都"巴适生活"的文化旅游符号

"街巷—院落—建筑—构件"四位一体的保护模式,全方位保护街区的历史风貌。宽窄巷子历史街区的宅院建造融合了清朝建筑等级思想和民国年间"西风东渐"思想。街区中建筑整体色调为黑灰色,实则是清代建筑规范结果和等级制度的反映:清朝建筑制度规定人们的官品等级不同。其住宅正门所用色彩也不同。《大清会典事例》中记载:"公侯以下官民瓦屋……门用黑饰。"❶宽窄巷子承载着街区近百年的历史文化记忆,保留着具有老成都特色的原生特色院落,是成都城市文脉的重要组成部分,具有十分珍贵的历史文化价值。对于历史文化街区的更新改造,宽窄巷子采用的是有机更新的模式,即保护为主、循序渐进的模式。在建筑物的改造中,各种建设活动都要以修复、整治为主,严格控制建设强度,以防对建筑物造成不可恢复的损伤。对于保留较好的建筑进行修缮保护,对破坏较为严重的部分进行整修改造,并且对于重要的建筑构件进行了保留,通过一系列保护措施尽最大可能实现对建筑风貌的整体延续。

  以人的活动为主线,创造游憩体验。人作为街区活动的主体,满足人各项活动的需求是街区空间改造的重要目的。宽窄巷子通过对土地的利用调整来实现功能置换,将原来以生活为主的土地升级改造为集商业、文化、娱乐、休闲等多功能于一体的复合型功能空间,对居住空间进行了适当保留。街区经过漫长历史岁月的洗礼,大部分建筑空间都已破败不堪,已经难以满足人们的日常生活需求,各种基础生活设施亟待改造。因此,在街区的改造中政府对部分本地居民进行了迁出安置,对街区的居住功能进行了适当的保留,一方面为街区的多功能发展提供了空间,一方面也实现了街区原始生活方式的保留。街区空间的大片区域的腾换实现了以往散乱的碎片式空间的整合,促进了空间格局的完整性,有利于进行相关的空间规划。

  改造后的宽窄巷子作为重要的历史文化保护区和旅游展示区,面临着大量游客涌入的空间承载压力,因此对街区空间的功能进行合理布局十分重要。通过对宽巷子、窄巷子、井巷子进行不同的功能定位,结合历史建筑的特色,布局相关的功能业态。以窄巷子为例,作为"慢生活"区的功能单元,为了契合其功能定位,在院落文化展示的空间区域内融入了众多咖啡厅、茶馆、酒吧、艺术沙龙等诸多业态,共同构成了窄巷子安逸、悠闲的氛围。这些店铺的装饰也各具特色,巧妙地与院落风格融为一体,毫无突兀感。多元功能业态的入驻不仅并未损伤街区的古朴风貌和文化氛围,还以各自的独特的风格特色丰富了街区的文化特点,优化了游客的空间体验。值得注意的是,商业业态的引入也要控制对"度"的把握,在宽窄巷子后期的发展中,也逐渐产生了一些商业化业态喧宾夺主的现象。

  以历史文脉为依托,保护传统风貌。历史文脉的延续是传统街区改造升级的必要考

---

❶ 佘龙. 成都宽窄巷子历史文化保护区保护与利用研究[D]. 成都:西南交通大学,2004.

量。历史文化街区核心是"历史",其形态则是"古老"。❶ 基于文化规划的开发理念,对具有重要历史文化价值的历史文化街区的文化遗产资源进行调查、研究,深刻领悟文化内涵,对于空间布局进行整体规划,以实现历史文化的线性衔接,延续街区的历史文脉。通过对过去仿古建筑案例调研发现,许多建筑存在形式上的复古,但在建筑的功能、空间组合、传统元素运用等方面有失偏颇,打着传统的旗号,设计现代建筑。❷ 对古城风貌的理解要破除仅仅只是古风建筑群的落后观念,建筑风貌的背后是不同时代的文化在建筑中的折射,具有深厚的文化底蕴。对于街区历史风貌的延续,要注意协调好保护与开发的问题。从恢复建筑单体的肌理出发,遵循"修旧如旧"的理念,对建筑进行修缮。单体建筑风貌的修复要符合街区整体的建筑风格,保持整体风格的统一。要树立可持续发展的观念,不能仅以经济效益为主导,还要修建兼具本土性、民族性、时代性的建筑。

(二)立足居民生活,延续川西生活方式

人的更新是宽窄巷子升级改造的重要方面。宽窄巷子在规划中给予社区重要关注,并对街区内的当地居民和外来租户进行了区分,充分考量并尊重居民的搬迁意见,最终成功实现了人的更新。经过业主精心"挑选",宽窄巷子留下一些传承文化基因的"钉子户",他们是宽窄巷子中所有居民的代表,看到了宽窄巷子更新改造的意义,愿意向外来游客介绍宽窄巷子的历史和典故,介绍旧时成都的生活百态,成为宽窄巷子最具有说服力的生活延续者。❸ 在街区空间更新的过程中,建筑设计也充分考虑了人的空间感受,注重空间营造对于人的尺度的设置。坚持较低人口密度,优化街区环境,建筑的设置适宜人的日常活动,通过完善基本设施,提升街区人们的生活质量。在历史风貌的保护中,注重居民的参与性,通过政策引导、改革等多种措施,调动居民参与的积极性,让居民自觉的投入街区环境的保护中。在街区的商业布置中,依据建筑特色采用了"院落式商业"的经营模式,完美地实现了将消费人群与游览人群分流的效果,避免了人潮过于拥挤杂乱的现象。改造后的宽窄巷子不仅为很多本地居民提供了新的经济来源,也吸引了大量的人才在此就业,拉动了城市的经济发展。

以活态文化为传承,保留生活方式。"以人为本"是贯穿居民区更新发展的重要理念。居民区更新区别与工业区、商业区更新的一个重要因素在于本地居民和街区原始生

---

❶ 王俊,蒋玉川.基于成都宽窄巷子的历史文化街区改造探析[J].生态经济,2012(6):196-199.
❷ 谭笑.传统院落空间在历史文化街区保护与更新中的实证研究:以成都为例[D].成都:西南交通大学,2016.
❸ 李藝楠,刘伯英.成都宽窄巷子历史文化保护区复兴及其对存量规划的启示[J].城市设计,2016(2):80-89.

活方式的保留和传承。历史文化街区作为一种城市空间、文化场景或社区单元，其文化内容、历史遗存和城市记忆都来自于民间。它们凝聚着群众的集体智慧并在日常生活中薪火相传，一方面充满了较强的文化认同感和情感归属，另一方面延续着难以磨灭的文化记忆与价值共识。❶居民作为街区生活的主体，对街区生态的活化传承具有至关重要的意义。居民们的生活习俗、行为习惯、价值理念，都是经过漫长历史岁月的沉淀所传承下来的，具有珍贵的历史文化价值，是街区文化的重要组成部分，也是街区文化中最活态化传承的部分。在居民区的更新发展中，如何在优化街区居民生活体验的基础上，帮助居民寻找新的经济来源，是实现街区空间整体提升的重要问题。街区空间实现更新，居民是必须要考量的要素。为了对街区空间进行升级改造，以留出部分空间迎合旅游发展的需要，完善街区功能单元，需要对一些当地居民进行外迁安置。杭州市对历史文化街区的保护原则是逐步降低人口密度，改善居民的居住条件，保持本地居民的生活风貌。❷因此，在居民区的更新中，要注重顶层设计，对街区功能单元进行合理规划，对居住空间进行适当保留，合理安置外迁居民，关注居民的需求。房屋拆迁是一件关乎居民利益的大事，因此在安排居民外迁的过程中，应做好教育引导工作，帮助居民安全渡过搬迁期，切实维护被拆迁人的利益。对于回迁的居民，设置专项基金鼓励其发展传统生活习俗和文化艺术。另外，还可以引入一些手工艺的传承者和具有较高文化品位的艺术家，在传播文化的同时也提升了街区的整体文化氛围。合理安置居民和商户后，培育新的社区文化至关重要，通过协调引导，帮助街区主体人群树立正确的价值理念，促进共建共享，建立起新的社区生态圈。

（三）以街区为载体，创造多元场景体验

多元场景的设计是街区空间特色的重要呈现载体。实现多元化的文化场景需要注重对于场所精神的营造。场所精神指的是人在特定环境下所特有的感受与体验。街区的空间设计应考虑到街区中主要群体的实际需求，即居民和游客的需求。居民作为与街区空间共同生存发展的群体，需要一定的公共空间满足其交需求，因此在空间更新过程中要注意打造满足居民需求的邻里公共空间，有助于营造良好的社区生态环境。作为体验老成都文化的游客，需要多元化的文化体验场景、健全的基础设施体系以及合理的空间节点布置。文化场景的打造需要从顶层设计开始，以区域的文化内涵为核心，运用多样化的科技化展示手段和创意规划，将无形的历史文化塑造为有形的空间体验，一方面有利

---

❶ 齐骥. 历史文化街区的空间重构与更新发展［J］. 广西民族大学学报（哲学社会科学版），2017（6）：15-20.

❷ 杨春蓉. "走"还是"留"：历史街区改造中原住居民安置的两难困境：以成都宽窄巷子改造中原住居民安置为例［J］. 理论月刊，2009（11）：85-88.

于挖掘文化价值，另一方面有利于游客旅行体验的优化。在街区的空间开发中，还应为传统文化、非遗传承留出专门的展示区域，将街区区域中乃至整个城市的特色进行集中展示，以成都为例，成都拥有蜀绣、蜀锦、竹编、川剧等多项重要文化遗产，文化遗产需要传承需要展示，因此需要空间来进行传播。另外，要合理布置街区空间的触媒节点，实现街区空间有序秩序的建立。街区空间并不是孤立存在的，应是彼此之间相互联系的空间单元。空间节点的布置一方面有利于游客从一个场景顺利过渡到下一个场景，实现心理空间的渐进过渡；另一方面有利于激活街区空间的活力因子，成为空间中的活力场景。空间节点往往是街区空间中最具活力的部分，具有重要的触媒作用，有助于实现空间单元的衔接。

街区空间产业的发展也应依据街区的历史文化的差异和不同特点进行合理规划。如宽窄巷子的建筑风貌由宽巷子到井巷子逐渐从传统向现代过渡，因此在业态安排中，宽巷子风貌保存较为完好，应严格控制商业业态的入驻，商业业态应更多地立足于本地文化，而窄巷子应契合本身定位，从传统生活中提炼产业发展要素，井巷子则可更多地发展现代生活的产业。

符合时代特征的街区风貌和文化内涵是城市文化体现的重要符号。街区传统风貌的更新需要对城市文化的本真性进行深度挖掘，契合街区历史文化特征，符合城市整体时代特征。以文化为魂，打造街区可持续发展的内生动力。宽窄巷子能够成功打造成为老成都文化的代表区，成为代表成都的城市名片，一方面得益于其得天独厚的历史文化资源，另一方面还应归功于改造者在规划前期对宽窄巷子的文化进行了深度挖掘，并对其特色进行了提炼和保留。一些国际政务名流的来访以及诸如新年倒计时、音乐消夏季等多种重要活动的举办大大提升了宽窄巷子的知名度和国际影响力。宽窄巷子体现着原真性的传统地域特色，在市民心中具有浓烈的情感价值。宽窄巷子作为成都市民的共有财富，也成为成都市民的乡愁寄托。[1]

三、北京南锣鼓巷——优化文化生态，实现共生共栖

南锣古巷位于北京市东城区，坐落在城市中轴线的东侧，是北京旧城区中最古老的区域之一，主街南锣鼓巷南起地安门东大街，北至鼓楼东大街，全长约786米，平均宽8米。整条街区以由南向北这条南锣鼓巷为主干，两侧各延伸出八条较为整齐的胡同，整体呈现出鱼骨状，形成其独特的胡同肌理。从20世纪70年代末起，南锣鼓巷便被列

---

[1] 李藝楠，刘伯英. 成都宽窄巷子历史文化保护区复兴及其对存量规划的启示[J]. 城市设计，2016（2）：80-89.

入了北京旧城改造与更新的试点区域。由于对其没有采取大拆大改的改造方法，而采用了街区改造与更新模式，因此保护了最完好的"棋盘式"四合院保护区。街区内保存较好的传统四合院、私家园林、名人故居等被列入各级文物保护单位的有20余处（见表6-6）。1993年的《北京城市总体规划》中，包括南锣鼓巷在内的共25处第一批的市级历史文化保护区要逐个划定范围，具体确定保护以及政治的目标，并且在图集中也划出了明确范围（见图6-57）。由于街区胡同里分布着众多的名人故居，再加上各种特色小商铺，南锣鼓巷一直以来吸引着无数的中外游客，更是被美国《时代》周刊评选为"亚洲25处不得不去的地方"。

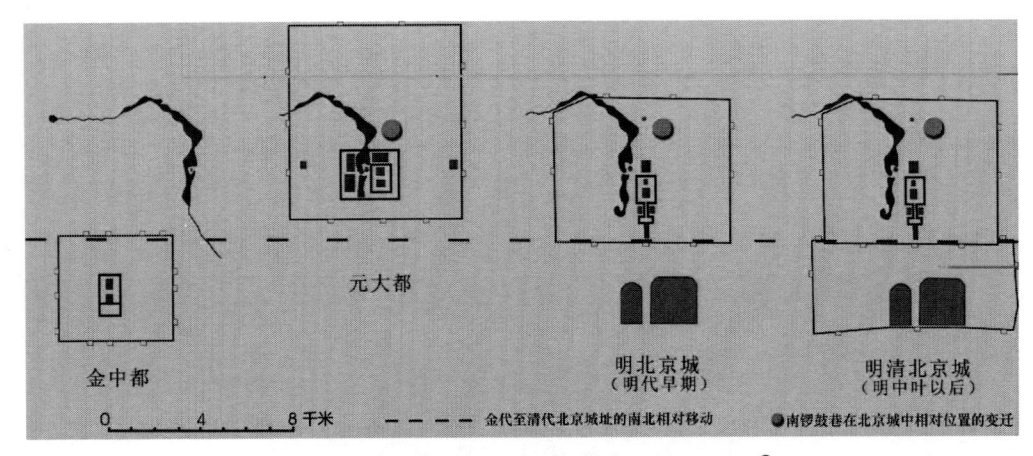

图 6-57　南锣鼓巷在北京城中相对位置的变迁 ❶

表 6-6　南锣鼓巷的文物保护单位 ❷

名称	历史记载	地址
国家级文物保护单位（1处）		
可园		帽儿胡同9号
市级文物保护单位（17处）		
段祺瑞执政府		张自忠路3号
和敬公主府		张自忠路7号
孙中山逝世纪念地	陈圆圆旧宅	张自忠路23号
四合院	陈圆圆旧宅	府学胡同36号
顺天府学	孔祠	府学胡同65号
文丞相祠	文天祥祠	府学胡同65号

❶ 参见《南锣鼓巷保护与发展规划（2006—2020）》。

❷ 同 ❶.

续表

名称	历史记载	地址
四合院	婉容花园	帽儿胡同35号
四合院	婉容故居	帽儿胡同37号
四合院		帽儿胡同5号
四合院		前鼓楼苑7、9号
四合院	奎俊旧宅	黑芝麻胡同13号
四合院	奎俊旧宅	沙井胡同15号
四合院	绮园	秦老胡同35号
拱门砖雕		东棉花胡同15号
僧王府		板厂胡同30、32号
茅盾故居		后圆恩寺胡同13号
四合院	蒋介石行辕	后圆恩寺胡同7号
区级文物保护单位（9处）		
四合院		板厂胡同27号
四合院	荣禄故宅	菊儿胡同3、5号
四合院	荣禄故宅	寿比胡同6号
四合院		帽儿胡同11号
四合院	齐白石旧居	雨儿胡同13号
御制护国文昌帝君碑	刘埔字碑	帽儿胡同21号
僧格林沁祠堂		地安门东大街11号
欧阳予倩故居		张自忠路5号
田汉故居		细管胡同9号

然而，大量游客的涌入除带来商业利益之外，也带给南锣鼓巷很大的负担。南锣鼓巷曾是元代的商业街，在历史演变过程中商业氛围逐渐淡化，逐渐成为封闭性较强的居住区。其封闭的院墙缺乏经营与交流的界面，不利于商业活力的再现。南锣鼓巷周边遗留了很多具有较高历史价值的四合院，但这些大院门户紧闭、守卫森严，拒绝向公众开放，限制了历史文化资源价值的体现。

尽管南锣鼓巷的历史文化价值突出，但目前这些宝贵资源却没有得到充分利用。一些具有历史文化价值的遗产由于各种原因，得不到有效保护和及时修缮。历史建筑数量较多，但保存完好的较少，影响了南锣鼓巷的整体风貌和历史价值。另外，本地区居民参与经营的意识不足，使以商业活化为目的的房屋转让等遇到很大困难（见表6-7、表6-8）。

表 6-7　南锣鼓巷用地功能构成 ❶

用地功能	比例
居住	73%
商业文化	6.70%
行政办公	3.20%
历史文保单位	1.80%
特殊用地	6.10%
其他	9%

表 6-8　南锣鼓巷建筑权属构成 ❷

用地权属	比例
军产	12%
私产	13%
单位自管产（央属、市属、区属）	36%
直管公房	35%
其他	4%

如何趋利避害，促进历史文化街区的整体复兴，传承历史文化，成为亟待解决的问题。❸ 在此背景下，北京市东城区的南锣鼓巷四条胡同启动了改善工作，试点开展"申请式退租"，引导留住居民制定自治公约，以南锣鼓巷四条胡同、前门草厂地区为示范打造一批"共生院"，坚持"一院一策"和"一户一方案"，改善提升居住条件，实现建筑共生、居民共生、文化共生。在当前全球许多大城市人口超载、城市发展面临巨大压力的背景下，许多城市采取疏解产业人口和腾退低端业态的转移方式，解决城市问题。北京老城内的胡同四合院等平房院落，以大杂院为主，人口超载严重，在保护和改善居住条件的过程中，既要留住当地居民和传统文化，又要创造更好的公共服务，这为城市更新带来了挑战。在这一背景下提出的"共生院"城市更新理念，为北京老城空间腾退注入了新的生机。

---

❶　按照城市规划用地标准分类，地区内的二类居住（R2）用地占有绝大部分比例。同时也包含少量其他用地类型，按照用地分类中的面积递减顺序依次为城市公共设施大类（C）中的商业金融（C1）、行政办公（C2）、文化娱乐（C3）、科研教育（C6）和文物古迹（C7）；特殊用地中的军事用地（D1）；市政公用设施用地（U）；一类工业用地（M1）；公共绿地（G1）。

❷　南锣鼓巷建筑总占地面积的构成：军产建筑占12%，私产建筑占13%，单位自管建筑占36%，区房管局直管建筑占12%，其他权属建筑占4%。建筑权属中私产、军产比例较高的特征，将对规划建筑用途的转变形成一定程度的制约。

❸　时少华.基于社会网络分析的历史文化街区保护中的利益网络治理研究：以北京南锣鼓巷街区为例[J].现代城市研究，2018（7）：61-67.

第六章 城市更新的文化实践

（一）社区赋权，公共空间共建共治

作为历史文脉丰厚的核心区，城市更新需要的是一种如绣花般精细的织补方式。"共生院"为老城保护打开了一扇新世界的大门。共生院不仅是人的群居地，更是文化的组织和社交的单元。共生院还是充满了归属感和生活方式共性中的多样性的地域单元和时空坐落，是文化传承创新的鲜活经验和创新智慧的贮存器。以"共生院"为代表的城市更新单元，以"生活+"为理念，其构建的"新邻里"关系，既可以为文化产业发展融入新的力量，创造新的空间，又可以为在地居民构筑新的在地场景，创造新的工作场域。

根据"共生院"的城市文化更新模式，大杂院内的居民可以根据自己的意愿开展"申请式"腾退，腾出来的空间再进行重新设计，住进新人，引入新文化。❶ 共生院的关键在于"以人为本"，将居民的文化诉求和生活需要作为解决问题和创意营造的关键。共生院的空间改造中，许多设计师通过前期走访询问，了解居民的意愿，更好地打造社区文化生活圈（见图6-58）。事实上，对共生空间并不做大规模规划和改造，而是通过更新、共生的理念来唤醒街区的活力，如北京市东城区的"新邻里—青龙胡同文化创新街区"以文化活动为主线，调动每一个文化企业，推出自己的特色活动。如在开展的活动中，有一个活动以中国传统二十四节气的时间轴排开，使文化自觉融入居民生活中。再如创意市集可能会开在居民院里，居民也可以分享活动带来的收益；而"回家吃饭"这样的活动，则通过写字楼里的员工在他们附近的居民家里吃到温暖的午餐的方式，缓解了写字楼和胡同二元对立的空间格局造成的疏离感。

图6-58 雨儿胡同16号院、18号院和20号院 ❷

---

❶ 共生院成为城市更新的新路径［EB/OL］.（2019-01-15）［2020-03-20］.http://www.bjdch.gov.cn/n1515644/n5685672/n5685692/c7286157/content.html.

❷ 雨儿胡同16、18和20号院是典型的"共生院"，以本地居民为主。按照"共生院"的改造理念，即建筑共生，居民共生，文化共生，坚持地以老城保护和民生改善为重点，建筑设计团队以留住京味儿，留住老北京的乡愁和记忆为前提展开思考，同时遵循整体改造工作机制，深入开展了大量的现场踏勘和居民沟通工作。URBANUS都市实践团队对北京市东城区南锣鼓巷雨儿胡同16、18、20号院进行了城市更新，建成时间2019年。

共生院的推进得益于北京市东城区在"百街千巷"环境整治提升过程当中创新性的实施责任规划师制度。由中国城市规划设计研究院、清华同衡、北京工业大学等12家知名设计院和大学分别派遣2~3名责任规划师组成的团队,以技术顾问的形式,深入东城区17个街道,全程参与街巷设计以及具体改造实施,并且广泛发动在地单位以及居民参与街区规划建设和管理中来,引导形成由专家、社会、居民共同组成的历史文化街区共治共管、共建共享的保护管控格局,以自下而上的"绣花"精神为街区更新把好关(见图6-59)。

图6-59 共生院改造后的空间场景 ❶

协调复杂社会文化环境中的多元关系,也是共生院建设过程中重要的探索和实践。如通过制度设计和规章安排,推进南锣鼓巷城市更新计划的实施。处理好政府、开发商(投资商)、被拆迁户(搬迁安置户)、改造后的经营商和社会相关利益主体(文物专家、民俗专家、社会学者)等之间的关系等,可以更好地促进社区赋权,引导居民参与到城

---

❶ 通过对公共空间的重新布局和私人空间的重新调整,改造后的共生院,既实现了居民自下而上对日常生活的习承,尽可能地激发居民自发维护公共区域的美观,使之成为邻里关系的凝聚力;又从大杂院的痛点出发,以基础民生为本,切中不断反复的杂院问题实质,使老百姓有改造后的获得感,日常生活的体面感,以及老城区的邻里感。用简单的方式,来解决老胡同复杂的问题,从而带来一种有生活温度、可持续发展的新生。URBANUS都市实践团队对北京市东城区南锣鼓巷雨儿胡同16号院、18号院、20号院进行了城市更新,建成时间2019年。

市更新中。如在尊重现有胡同机理和风貌、灵活利用空间的基础上，推进"在地居民商家合作共建、社会资源共同参与"的主动改造，实现新老居民、传统与新兴业态相互混合、不断更新、和合共生，探索弹性空间的城市更新路径（见图6-60）。

图 6-60　改造前后的雨儿胡同共生院❶

以南锣鼓巷为代表的共生空间打造，为社会积极主动地参与到城市建设微更新中起到了模范带头作用。而事实上，不管是"自上而下"的政府主导型治理方式还是"自下而上"的社会主导型治理方式，都存在一定的缺陷。城市建设既离不开政府的管控引导，同时也离不开市场的活力推动。只有两者互动，才能不断推动城市建设更好地发展。

（二）新老融合，渐进式针灸式更新

南锣鼓巷在城市更新中，秉持着多元共生、新老融合的基本原则。一方面，在完成

---

❶ URBANUS 都市实践团队对北京市东城区南锣鼓巷雨儿胡同 16、18、20 号院进行了城市更新，建成时间 2019 年。

大杂院部分居民腾退后，对老建筑进行保护性修缮，并利用腾退空间，为留下来的居民改善居住条件，建设包括共享厨房、污水处理设施、配建卫生间等。既实现了对老建筑的保护，又完善了基本的生活设施配套。另一方面，在腾退的居住空间中，引入新居民居住，原居民和新居民在胡同、四合院里共生。同时，充分利用新居民带来的新文化、新业态，与胡同四合院的在地文化进行深度融合。通过当地居民，实现对传统四合院文化的传承、传播，通过新居民，为老城文化发展注入新活力。同时，腾空建筑除引入新居民外，也可以引入图书馆、文化创意产业等新业态，实现文化共生。

做好顶层设计，实施渐进式更新策略。南锣鼓巷在城市更新伊始，便着力于摸清家底，展开地毯调查，对南锣鼓巷所辖胡同、院落进行确图管理，绘制胡同四合院地理位置、空间结构及形态样式图进行编号确图。在南锣鼓巷的居住空间中，存在大量历史文化构件，许多体现地方文化特色的灰筒瓦屋顶、影壁、砖雕、门墩、门角石、上马石、拴马桩、门窗装饰等，以及诸如门帖、下马石、栓马环等官府文化的遗存，普通四合院中的门礅、各种影壁、彩绘、木构件残存等，都被保存下来，并体现在胡同场景中。同时，在深入研究南锣鼓巷区域文化历史、功能定位、空间格局、土地利用、文化资源、交通市政、人口密度的基础上，根据实际情况，南锣鼓巷所在的街区、城区，从不同层面制定了南锣鼓巷文化创意产业发展的专项规划、街区保护与发展的规划，并出台相关指导意见，从实现空间正义和优化产业功能的角度，对区域中长期发展提供可持续的实施指南。

在南锣鼓巷共生院的建设中，基本采用了小规模、渐进式、微循环的模式，这也是在生活圈层面，城市更新向社区更新转变后所主要采用的建设方式，以此来对南锣鼓巷的文物建筑、胡同肌理、民居四合院以及文化遗产进行有机保护更新，最大限度地保护历史人文环境和风貌特色，设计合理的开发模式，避免因南锣鼓巷文化创意产业升级和空间再造带来的"大拆大建"式改造，实现由点到面的"小规模、微循环、渐进式"开发。

加强融合创新，推进嵌入式更新计划。从南锣鼓巷的历史看，该街区的地脉和人脉都具有突出的特点。元大都初建时按照"里坊制"的思想，对街巷民居的规制作出了严整的要求，包括院落的进深（决定胡同间隔）、占地面积（通常为8亩地）等。随着明清两代的民居形态的流变，尺度均一的院落格局被打破，同时出现了大尺度连通的跨院和小尺度割裂或加建而成的"半院""杂院"。南锣鼓巷周边的居民因为居民的根植性强、代际传承固定化，保留了规格严整的民居院落形态，是北京传统建筑——"四合院"的典型代表。这些保留至今的院落，既具有历史风貌的空间布局，又保存传统生活的价值理念。与此同时，在清末民国时期"洋务运动"的影响下，西洋风格也在南锣鼓巷周边的建筑中有所体现。目前，南锣鼓巷中的许多酒吧仍采用了中西合璧的装饰风格，同时招徕中外顾客，达到了促进跨文化交流的目的。"吧"作为一种国外游客熟悉的西方社

第六章 城市更新的文化实践

交空间，在东方传统的街巷中具有传播传统文化的精神象征。❶

正是基于上述两个方面的影响，在南锣鼓巷的城市更新中，文化的包容和价值观的兼收并蓄体现得十分明显。南锣鼓巷的共生院设计，也必须传承其历史和文化的基因。在南锣鼓巷的城市更新中，我们提出了以"业态主题化、商业遗产活态化、游憩节点情景化、创意活动跨界化"为立足点，加强主题化商业打造，释放商业遗产文化竞争力，通过情景再现和文化复兴计划赋予提高文化软实力，通过创意、节庆、会展、峰会等城市事件拓展南锣鼓巷空间界限的建议和措施。❷ 实践证明，南锣鼓巷通过丰富的文化活动举办和传统的文化场景打造，有效地优化了街区的整体氛围。随着北京市整体城市更新，中心城区功能空间的疏解和整治，南锣鼓巷的文化业态也得到了进一步优化。空间的腾退和低端业态的疏解，为生活圈与艺术圈的融合创造出新的环境，并使整个街区的空间逐渐向周围蔓生，形成典型的鱼骨状街区布局。

（三）探索范式，产城融合重塑生活圈

南锣鼓巷文化生活主题的活化和文化创意氛围提升，对实现南锣鼓巷街区的整体更新起到了重要的作用。在城市更新中，南锣鼓巷不断推进文化创意产业供给侧改革，推进文化创意和设计服务与相关产业融合发展，通过产品融合、产业融合、产城融合等不同类型的新业态，创造新供给，引领新需求，通过构建全域服务体系，实现从街区（景区）公共服务到社区（全民）公共服务、从基础保障服务到产品化体验服务、从传统信息服务到智慧街区建设全过程服务的全域服务体系，建设标准化、产品化、本土化的主客共享的文创产业典范（见图6-61）。

图6-61 雨儿胡同16号院、18号院、20号院综合整治改造提升效果图和实景图 ❸

---

❶ 参见《南锣鼓巷保护与发展规划（2006—2020）》。
❷ 参见《南锣鼓巷文化业态升级的政策建议》。
❸ 在城市更新中，雨儿胡同的共生院采用了"胡同中的胡同"的设计，通过对普通的一砖一瓦的精心铺砌，表现对日常生活的礼赞。

塑造文化主题，提高文创产业层级。自从2009年被美国《时代》周刊评为"亚洲25处最具风情的地方"，成为十大新京味旅游名片之一以来，南锣鼓巷进入了快速商业化发展阶段。人群的激增和管理的混乱为南锣鼓巷商业开发带来许多问题和矛盾。在此背景下，从2016年6月底开始，南锣鼓巷所属辖区交道口街道以黑芝麻胡同为试点，15户违规"开墙打洞"被封堵。随后开展了整个地区的违规"开墙打洞"治理工作。2016年4月15日，南锣鼓巷主动取消了3A级景区资质，从2016年4月25日起限制团队游客前往，并于2016年年底前将经营门店从235家减少至154家。在清理商业和规范经营的同时，南锣鼓巷还不断引导文化创意产业集约发展，根据南锣鼓巷文化创意产业发展整体定位，推动优势业态（以文化创意和设计服务为主业的高附加值业态）集中化，逐步实施以IP为核心的文创产业集聚工程，促进以IP为纽带的业态集聚，鼓励企业、院校、科研机构成立战略联盟，引导创意和设计、科技创新要素向南锣鼓巷集聚，并在业态调整中，有意识地实现与在地区民生活的融合。通过对南锣鼓巷居住空间建筑格局、文化生态进行环境优化提升，也激发了胡同住户对历史文化风貌保护和传统民俗延续的文化自觉精神。如在雨儿胡同共生院的改造中，建筑设计团队在技法上开展创新，旧的石门蹲和拆下来的窗户被设计师重新利用，以焕发历史文化构件的作用。砖的组合方式所显示出的手工匠意，给空间带来精神上的温度。色彩上，红砖、灰砖的夹杂使用，也表白了这个杂院的身份，给空间带来生活的温度。布品上，具有年代感的石门蹲、私家花盆、老物件、晒衣杆等被糅合到新的语境中，呈现出包容性，作为大杂院视觉活力点，给空间带来了日常的温度。建构上，植入框架式的构筑物，和邻居家的后墙对话，并形成胡同里的核心空间，给空间带来邻里的温度。❶

举办主题活动，推动空间主题化。在城市更新中，南锣鼓巷采取了活化文化创意产业氛围，举办文化创意活动的方式，实现文化生态的优化。如在春节期间举办民俗活动——四合院里闹花灯活动，夏暑季节举办北京·南锣鼓巷戏剧节活动，来活跃文化生态，形成主题式的创意氛围。在举办活动的同时，南锣鼓巷还加强了空间的文化渗透，以"鱼骨状"空间肌理为立足点，科学开发支线胡同，实现横纵联合发展，多维拓展文化空间，构建高品质、高颜值、高标准的有效文化空间；在符合控制性规划的前提下，合理开发地上地下空间和胡同民居存量空间，打造创意迸发、人文荟萃、空间灵动、生机盎然的宜游宜居街区，实现南锣鼓巷区域文化空产业聚和文化空间集约。如对南锣鼓巷商业空间整体建筑、内外装修风格进行统一规范管理（外部空间：空间格局、建筑体量、尺度、形式、色彩等；外部设施：空调、遮雨篷、招牌、霓虹灯、泛光照明等），在符合整体标准的基础上，鼓励特色空间设计；对影响老街区整体风貌的商户建筑进行

---

❶ 日常生活礼赞：雨儿胡同16、18、20号院综合整治改造提升［EB/OL］.（2019-10-03）［2020-03-20］.https：//kuaibao.qq.com/s/20191003A051J900？ refer=spider.

限期整改，对违章建筑进行拆除；加强文化空间管理规范和服务规范，建立健全严格的质量管理、质量监督、质量保证体系，并进行检查考核，整个街区的建筑风格应有60%以上的店铺保留北京历史和民俗文化特色及风貌。

共生院改变了以往老城改造通常采取的开发的方式——把居民都腾空，腾出整个院子，再进行修缮利用。❶"共生院"理念的提出，是基于生态共栖和共建共享的发展理念，也标志着老城改造转向不再大拆大建，而是采用留住格局、肌理，还要留住当地居民、老街坊，延续生活方式、社区网络、乡愁和文脉等方式，以"针灸式"方法，实现城市文化更新的方式，适用于空间局促的老城区腾退和改造，也适用于地方色彩浓厚、群落居住传统的民族聚落。这种保留文化风貌，尊重文化价值的城市更新方式，为当地居民带来了生活和身份的尊严，无疑为一种城市文化更新的成功探索和尝试。

---

❶ 老城保护东城推出"共生院"[N].北京日报，2019-01-09（003）.

后 记

在新型冠状病毒肺炎全球大流行中，2020场景（中国）高峰论坛在线上如期召开。从学术研究的角度看，数十万全球学者共同关注场景研究，无疑推动了新芝加哥学派城市研究的一次本土化进程。对我个人而言，这确是我在芝加哥大学社会科学学院为期一年访问交流的汇报路演。

在芝加哥大学，我无数次勾勒创意之城的理想框架，也无数次畅享明日之城的美好空间。作为城市的芝加哥，为社会研究提供了广阔的场景，为城市更新积淀了深厚的沃土，更为跨学科的学术创新，创造了无限的可能。作为知名学派诞生地的芝加哥，从19世纪30年代仅有数千居民的原木贸易站，到60年后因为世博会而闻名遐迩的中部重镇，再到19世纪末一跃而成现代化都市，所孕育的现代工业，所滋生的社会问题，既赋予了文化的多样性，也赋能了文化艺术的能动性，对都市社会问题的实证研究，对社会学研究方法的发展产生了重要的影响。

尽管芝加哥学派经历过起伏兴衰，而芝加哥作为一个瞩目的城市，则以具有魅力的文化场景、富有引力的都市生活、充满活力的社区邻里，尤其是延续百年的"大规划"而充满了戏剧性、流淌着真实性并具有合法性。这也是芝加哥的"场景"魅力。作为新芝加哥学派城市研究的代表性人物，芝加哥大学社会学系终身教授特里·N.克拉克提出的"场景理论"，在后工业社会城市形态不断转向，消费主导替代生产驱动的城市发展转场期应运而生。近年来，"场景理论"嵌入中国文化产业、城市发展领域的研究中，并创造出新的理论工具和分析方法，深刻地影响着人文社会科学与城市经济研究的学术走向。

在芝加哥大学访问期间，作为城市创新项目的高级合作学者，我参与了芝加哥大学社会科学学院的数门课程，发现这些课程有一些共同的特点，它们均把"芝加哥"作为芝加哥大学教学研究的重要场所，选择芝加哥城市扩张、城市更新以及绅士化中的一些重要场景，开展田野调查、实证研究，大学与所在的城市一直是一个联合体。这不仅仅是因为芝加哥作为一个种族分割依然严峻、骚乱暴动时有发生、城市贫困和阶层流动只增不减的城市，具有典型的研究价值，更是因为芝加哥作为一个滨湖城市壮阔的天际线、宏伟的建筑群、鳞次栉比的博物馆、儿童友好都会区，以及打眼可以发现的充满异质性的场景和富于波西米亚气息的街角……这些都构成了场景研究绝佳的取景地。

与特里·N.克拉克教授开展城市创新的联合研究中，我们既发现了场景理论对城市研究，尤其是全球化和城市化进程中文化价值的呈现和折射作用的突出价值，更鲜明地体现出场景理论科学和因地制宜的本土化的重要意义，创造一个专注于场景研究的跨界平台，推动场景理论的全球合作、学术交流、理论创新和实践创造，既是新芝加哥学派城市研究可持续发展的责任和使命，也是中国城市参与全球发展、嵌入世界场景研究、打造创意之城的推手。因此，以2020场景（中国）高峰论坛为新的里程碑，打造一个场景研究的学术联合体的想法一经提出，便得到了特里·N.克拉克教授的鼎力支持。于是，我们联合场景理论的提出者，多伦多大学丹尼尔·西尔教授，以及一直参与并引领中国场景研究的武汉大学陈波教授、北京行政学院吴军副教授等，发起成立了"场景学院"学术联合体，以寻找全球化和城市化时代的文化动力，探寻全球—本土的文化治理创新之路。

而事实上，"场景学院"作为场景研究的一个平台，更多的关注点和着眼点，在于搭建一个以关注场景、营造可持续的邻里空间、塑造有品质的美好生活的网络。目前，国家治理模式正面临重塑，全球分水岭下，经济增长范式也面临挑战，"场景学院"嵌入中国经济社会发展领域恰逢其时，为解决经济增长转型、社会结构变动和生活方式重构，起到了重要的理论创新作用，其吸纳和融汇的大量全球跨界研究的学者和精英，也将为中国双循环发展格局下的城市理论创新，起到重要的智库支持作用。这也是我在芝加哥大学一年来访问交流中最值得欣慰的幸事。

21世纪，城市发展面临新的境遇，人类成长面对新的挑战。城市更新作为实现美好生活有机载体的一个动态过程，从文化到美学，从生产到消费，从城市到乡村，从街区到里坊，还有一系列亟待解决、值得关注的文化治理、城市更新和社会创新问题，值得我们共同关注、一起研讨，产生蜂鸣。重塑高品质的场景，既是美好生活的新期待，也是全球城市的新愿景。

齐　骥

于芝加哥大学约瑟夫·雷根斯坦图书馆

2020年8月11日